Die neue Dimension des Marketings

Philip Kotler, S. C. Johnson & Son Distinguished Professor für internationales Marketing an der Kellogg School of Management der Northwestern University, gilt weithin als Vater des modernen Marketings. Er wird vom *Wall Street Journal* zu den sechs einflussreichsten Wirtschaftstheoretikern gezählt.

Hermawan Kartajaya ist Gründer und Chef von MarkPlus, Inc. und gehört laut dem britischen Chartered Institute of Marketing zu den »50 Gurus, die die Zukunft des Marketings geprägt haben«.

Iwan Setiawan ist leitender Berater bei MarkPlus, Inc.

Philip Kotler,
Hermawan Kartajaya,
Iwan Setiawan

Die neue Dimension des Marketings

Vom Kunden zum Menschen

Aus dem Englischen von Petra Pyka

Campus Verlag
Frankfurt / New York

Die amerikanische Originalausgabe erschien 2010 unter dem Titel
Marketing 3.0: From Products to Customers to the Human Spirit
bei John Wiley & Sons, Inc.

Copyright © 2010 by Philip Kotler, Hermawan Kartajaya and Iwan Setiawan.
All rights reserved.

All rights reserved. This translation published under license.

Bibliografische Information der Deutschen Nationalbibliothek:
Die Deutsche Nationalbibliothek verzeichnet diese Publikation in der
Deutschen Nationalbibliografie. Detaillierte bibliografische Daten
sind im Internet unter http://dnb.d-nb.de abrufbar.
ISBN 978-3-593-39343-8

Das Werk einschließlich aller seiner Teile ist urheberrechtlich geschützt.
Jede Verwertung ist ohne Zustimmung des Verlags unzulässig. Das gilt
insbesondere für Vervielfältigungen, Übersetzungen, Mikroverfilmungen
und die Einspeicherung und Verarbeitung in elektronischen Systemen.
Copyright © 2010. Alle deutschsprachigen Rechte bei Campus Verlag GmbH,
Frankfurt am Main
Umschlaggestaltung: Guido Klütsch, Köln
Satz: Campus Verlag, Frankfurt am Main
Druck und Bindung: Druckhaus »Thomas Müntzer«, Bad Langensalza
Gedruckt auf Papier aus zertifzierten Rohstoffen (FSC/PEFC).
Printed in Germany

Besuchen Sie uns im Internet: www.campus.de

»Der nächsten Generation von Marketingfachleuten, die den Beitrag des Fachgebiets Marketing zu Gesellschaft und Umwelt steigern wird.«

Philip Kotler

»Für meinen ersten Enkel Darren Hermawan, den nächsten großen Marketingmann.«

Hermawan Kartajaya

»Für Louise, weil sie mich unablässig unterstützt.«

Iwan Setiawan

Inhalt

Zum Geleit 13

Vorwort 15

    Eine Anmerkung zur Entstehung dieses Buches 17

TEIL I: Trends

1. **Willkommen im Marketing 3.0** 21

    Wozu Marketing 3.0? 21

    Das Zeitalter der Mitwirkung und des kooperativen
    Marketings 23

    Das Zeitalter des Globalisierungsparadox und des
    kulturellen Marketings 31

    Das Zeitalter der kreativen Gesellschaft und des
    Human-Spirit-Marketings 37

    Marketing 3.0: Kooperativ, kulturell und spirituell 41

2. **Das Zukunftsmodell für die neue Dimension**
    des Marketings 43

    Die letzten 60 Jahre des Marketings: Eine kurze
    Retrospektive 43

Die Zukunft des Marketings: Horizontal statt vertikal 47

Der Schritt zum Human Spirit: Das 3i-Modell 53

Die Umstellung auf wertorientiertes Marketing 59

Marketing 3.0: Der Sinn von Marketing und die
Vermarktung von Sinn 65

TEIL II: Strategie

3. Die Mission beim Verbraucher vermarkten 69

Die Verbraucher als die neuen Besitzer der Marke 69

Wie eine gelungene Mission aussieht 71

Zusammenfassung: Das Versprechen von Wandel,
überzeugende Geschichten und mehr Macht für die
Verbraucher 86

4. Die Werte bei den Mitarbeitern vermarkten 87

Werte unter Beschuss 87

Was sind Werte? 89

Werte werden Ihnen gut tun 94

Auf Worte müssen Taten folgen 99

Zusammenfassung: Gemeinsame Werte und
gemeinschaftliches Verhalten 103

5. Die Werte bei den Vertriebspartnern vermarkten 105

Wachstumsmigration und Kooperationszwang 105

Vertriebspartner im Marketing 3.0 107

Zusammenfassung: Wertorientierte Vertriebskanal-
partnerschaften 118

6. Die Vision bei den Aktionären vermarkten 119

Kurzfristig denken schadet der Wirtschaft 119

Langfristiger Shareholder-Value = Vision von
Nachhaltigkeit 122

Nachhaltigkeit und Shareholder-Value 126

Die Vermarktung visionärer Strategien 129

Zusammenfassung: Wirtschaftliche Argumente für
Marketing 3.0 134

TEIL II: Anwendung

7. Soziokulturellen Wandel bewirken 137

Marketing in einem Markt nach der Wachstumsphase 137

Von Philantropie zum Wandel 141

Drei Schritte zum Wandel 145

Zusammenfassung: Wie Wandel Bestandteil des
Unternehmenscharakters wird 152

8. Die Entwicklung zum Schwellenländerunternehmer 153

Von der Pyramide zur Raute – von Entwicklungshilfe
zum Unternehmertum 153

Drei grundlegende Faktoren und vier Prämissen 155

Ein Sozialunternehmen – was ist das? 158

Marketing zur Armutsbekämpfung 161

Zusammenfassung: Weniger Armut durch mehr
Unternehmertum 167

9. Das Streben nach ökologischer Nachhaltigkeit 168

Drei Akteure, die sich für die Umwelt stark machen 168

Die Zusammenarbeit zwischen Innovator, Investor
und Propagator 176

Zielgruppen für grünes Marketing 178

Zusammenfassung: Grüne Innovation für Nachhaltigkeit ... 182

10. Zusammenfassung 184

Die zehn Credos von Marketing 3.0 184

Credo 1: Lieben Sie Ihre Kunden und achten Sie Ihre
Konkurrenten 185

Credo 2: Erkennen Sie Veränderungen und zeigen Sie sich
wandlungsfähig 187

Credo 3: Achten Sie auf Ihren guten Namen und zeigen
Sie, wer Sie sind 188

Credo 4: Kunden sind unterschiedlich. Wenden Sie sich
zunächst an solche, die am meisten von Ihnen profitieren ... 189

Credo 5: Bieten Sie stets ein interessantes Paket zu einem
fairen Preis an 190

Credo 6: Zeigen Sie Präsenz, verbreiten Sie die gute
Nachricht 191

Credo 7: Gewinnen Sie Kunden, halten und mehren
Sie sie 192

Credo 8: Jedes Unternehmen ist ein Dienstleistungs-
unternehmen 193

Credo 9: Verbessern Sie laufend Ihre Geschäftsprozesse in
Bezug auf Qualität, Kosten und Lieferung 193

Credo 10: Sammeln Sie einschlägige Informationen, doch
treffen Sie am Ende weise Entscheidungen 194

Die neue Dimension des Marketings: Jetzt ist Wandel
angesagt! 195

Anmerkungen 196

Register 212

Zum Geleit

Alvin Toffler unterscheidet in der Entwicklung der menschlichen Zivilisation drei wirtschaftliche Wellen. Die erste Welle ist das Agrarzeitalter, in dem Ackerland das wichtigste Kapital darstellte. Mit dieser Art von Kapital ist mein Heimatland Indonesien fraglos reich gesegnet. Die zweite Welle ist das Industriezeitalter, das mit der industriellen Revolution in England und im übrigen Europa einsetzte. Die wichtigsten Arten von Kapital in dieser Ära waren Maschinen und Fabriken. Die dritte Epoche ist das Informationszeitalter, in dem Verstand, Informationen und hoch entwickelte Technik das Kapital sind, das über den Erfolg entscheidet. Heute nimmt die Menschheit die Herausforderung der globalen Erwärmung an, und wir bewegen uns auf eine vierte Welle zu, die auf Kreativität, Kultur, Erbe und Umwelt ausgerichtet ist. Das ist der Kurs, den ich künftig bei der Führung Indonesiens einschlagen werde.

Bei der Lektüre dieses Buches wurde mir klar, dass sich auch das Marketing in diese Richtung entwickelt. Marketing 3.0, die neue Dimension des Marketings, setzt stark auf die Fähigkeit von Marketingfachleuten, menschliche Ängste und Wünsche wahrzunehmen, die in Kreativität, Kultur, Erbe und Umwelt wurzeln. Für Indonesien ist das ganz besonders wichtig, denn das Land ist berühmt für die Vielfalt seiner Kultur und seines Erbes. Indonesien ist überdies ein Land, in dem Werte eine große Rolle spielen. Spiritualität war stets ein wichtiger Teil unseres Lebens.

Mir gefallen die in diesem Buch angeführten Beispiele für erfolgreiche multinationale Konzerne, die die Millenniumsentwicklungsziele zur Bekämpfung von Armut und Arbeitslosigkeit in Entwicklungsländern unterstützen. Meiner Ansicht nach waren Public-Private-Partnerships stets eine starke Grundlage für Wirtschaftswachstum – vor allem in Entwicklungsländern. Dieses Buch unterstützt darüber hinaus klar meine Mission, die armen Menschen am unteren Rand der Pyramide in Indonesien in die Mitte der Pyramide zu heben. Außerdem fördert es die Bestrebungen des Landes, die Umwelt als unseren größten Aktivposten zu erhalten.

Kurz gesagt, es macht es mich stolz, dass namhafte Marketinggurus ihre Energie und Mühe in ein Buch für eine bessere Welt investieren. Ich gratuliere Philip Kotler, Hermawan Kartajaya und Iwan Setiawan zu diesem anstoßgebenden Werk. Ich hoffe, dass es jeden Leser dazu anregt, die Welt, in der wir leben, spürbar zu verändern.

Susilo Bambang Yudhoyono
Präsident der Republik Indonesien

Vorwort

Die Welt erlebt eine Phase des raschen und schmerzhaften Wandels. Die jüngste Finanzkrise hat leider für mehr Armut und Arbeitslosigkeit gesorgt – Entwicklungen, denen jetzt in aller Welt mit Anreizpaketen zur Wiederherstellung des Vertrauens und des Wirtschaftswachstums entgegengetreten wird. Überdies stellen Klimawandel und zunehmende Umweltverschmutzung die Länder vor das Problem, ihren Kohlendioxidausstoß in die Atmosphäre zu verringern. Der Preis dafür sind höhere Belastungen für die Wirtschaft. Hinzu kommt, dass die reichen Länder der westlichen Hemisphäre mittlerweile deutlich geringere Wachstumsraten verzeichnen und die Wirtschaftsmacht rasch auf Länder im Osten mit höherem Wachstum übergeht. Schließlich entwickelt sich die Technik von einer mechanischen in eine digitale Welt – mit Internet, Computern, Mobiltelefonie und sozialen Medien –, was das Verhalten von Herstellern und Verbrauchern prägt.

Diese und andere Veränderungen erfordern ein grundlegendes Umdenken im Marketing. Das Konzept des Marketings kann als Gegengewicht zum makroökonomischen Konzept verstanden werden. Wenn sich das makroökonomische Umfeld ändert, ändert sich auch das Verhalten der Verbraucher – und das wiederum verändert das Marketing. In den vergangenen 60 Jahren hat sich Marketing vom Schwerpunkt auf dem Produkt (Marketing 1.0) zum Schwerpunkt auf dem Verbraucher (Marketing 2.0) hin entwickelt. Heute erleben wir, wie sich das Marketing erneut wandelt – in Reaktion auf die neue Dynamik der Umgebung. Wir beobachten, wie Unternehmen ihren Fokus von Produkten über Verbraucher auf Fragen erweitern, die die Menschheit bewegen. Marketing 3.0 ist das Stadium, in dem sich Unternehmen nicht mehr auf den Verbraucher konzentrieren, sondern auf den Menschen, und in dem unternehmerische Verantwortung zum Gegenpol der Rentabilität wird.

Wir sehen ein Unternehmen nicht mehr als autarken Einzelkämpfer in einer wettbewerbsgeprägten Welt, sondern als eine Organisation, die innerhalb eines loyalen Netzes von Partnern agiert – Mitarbeitern, Vertriebspartnern, Händlern und Zulieferern. Wenn das Unternehmen sein Netz von Partnern sorgfältig auswählt und ihre Ziele aufeinander abgestimmt sind, und wenn es sich für alle gleichermaßen lohnt, sodass sie auch gleich stark motiviert sind, werden das Unternehmen und seine Partner zu einem Schwergewicht im Wettbewerb. Um das zu erreichen, müssen das Unternehmen und seine Teammitglieder dieselbe Mission, dieselbe Vision und dieselben Werte verfolgen, damit sie einmütig handeln und ihre Ziele erreichen können.

In diesem Buch schildern wir, wie ein Unternehmen seine Mission, seine Vision und seine Werte bei jeder seiner maßgeblichen Interessengruppen vermarkten kann. Ein solches Unternehmen erwirtschaftet Gewinn, indem es seinen Kunden und Partnern mehr Wert bietet. Wenn es nach uns geht, betrachtet ein Unternehmen seine Kunden als strategischen Ausgangspunkt – als ganze Menschen, mitsamt ihren Bedürfnissen und Anliegen.

Dieses Buch gliedert sich in drei Hauptteile. Im ersten Teil fassen wir die wichtigsten wirtschaftlichen Trends zusammen, die dafür verantwortlich sind, dass Marketing unbedingt auf den Menschen ausgerichtet werden muss, und die die Grundlagen für Marketing 3.0 legen. Im zweiten Teil zeigen wir auf, wie ein Unternehmen seine Vision, seine Mission und seine Werte bei allen maßgeblich Beteiligten vermarkten kann – bei Verbrauchern, Mitarbeitern, Vertriebspartnern und Aktionären. Im dritten Teil greifen wir ihre Ansichten zu verschiedenen wesentlichen Aspekten der Umsetzung von Marketing 3.0 zur Lösung globaler Probleme auf, etwa in Bezug auf Gesundheit, Armut und ökologische Nachhaltigkeit, und auch dazu, wie Unternehmen durch die Realisierung eines auf den Menschen konzentrierten Geschäftsmodells ihren Beitrag leisten können. Das Nachwort schließlich fasst die zehn zentralen Ideen von Marketing 3.0 zusammen und liefert dazu ausgewählte Beispiele aus Unternehmen, die dieses Konzept in ihr Geschäftsmodell integriert haben.

Eine Anmerkung zur Entstehung dieses Buches

Die Idee zu *Die neue Dimension des Marketings* wurde erstmals im November 2005 in Asien von einer Gruppe von Beratern bei MarkPlus formuliert, einem südostasiatischen Marketingdienstleister unter Leitung von Hermawan Kartajaya. Nachdem er und Philip Kotler das Konzept zwei Jahre lang gemeinsam weiterentwickelt hatten, legten sie beim 40. Jubiläum des Verbandes Südostasiatischer Staaten (ASEAN) in Jakarta einen Entwurf des Manuskripts vor. Als einziges G20-Mitglied aus Südostasien ist Indonesien ein Land, in dem die in der Vielfalt begründeten Probleme durch Ausrichtung auf den Menschen und durch den spirituellen Charakter des Landes bewältigt werden. Der Präsident der Vereinigten Staaten, Barack Obama, hat in seiner Kindheit vier Jahre in Indonesien verbracht und erfahren, dass im Osten der Mensch im Mittelpunkt steht. *Die neue Dimension des Marketings* ist im Osten entstanden und östlich geprägt und wir fühlen uns geehrt, dass Susilo Bambang Yudhoyono, Präsident der Republik Indonesien, das Geleitwort verfasst hat.

Iwan Setiawan, einer der Berater von MarkPlus, die das Konzept erdacht haben, hat an der Kellogg School of Management der Northwestern University, einer der führenden betriebswirtschaftlichen Fakultäten der westlichen Hemisphäre, mit Philip Kotler zusammengearbeitet, um die besondere Bedeutung von Marketing 3.0 im Kontext der Herausbildung der neuen globalen Wirtschaftsordnung und dem Aufstieg der digitalen Welt hervorzuheben.

TEIL I: Trends

Kapitel 1

Willkommen im Marketing 3.0

Wozu Marketing 3.0?

Im Lauf der Jahre vollzog das Marketing drei Entwicklungsstadien, die wir als Marketing 1.0, Marketing 2.0 und Marketing 3.0 bezeichnen. Viele der heutigen Marketingfachleute praktizieren noch immer Marketing 1.0, manche Marketing 2.0 und wenige steigen auf die neue Dimension des Marketings – Marketing 3.0 – um. Diesen winken die größten Chancen.

Vor langer Zeit, im Industriezeitalter – als die wichtigste Technologie in Industriemaschinen bestand – ging es beim Marketing darum, die Produkte, die in einer Fabrik erzeugt wurden, an alle zu verkaufen, die sie abnehmen würden. Die Produkte selbst waren recht einfach und sollten einen Massenmarkt bedienen. Das Ziel war, durch Vereinheitlichung und Größenvorteile die Produktionskosten zu minimieren, damit diese Güter billiger angeboten werden konnten und für mehr Käufer leichter erschwinglich waren. Henry Fords Model T ist der Inbegriff dieser Strategie. Ford sagte: »Jeder Kunde kann ein Auto in der Farbe seiner Wahl erhalten – vorausgesetzt sie ist schwarz.« Das war Marketing 1.0 oder das Zeitalter der Produktorientierung.

Im heutigen Informationszeitalter bildete sich Marketing 2.0 heraus, bei dem die Informationstechnologie im Mittelpunkt steht. Die Aufgabe des Marketings ist schwieriger geworden. Heute sind die Verbraucher gut informiert und können problemlos verschiedene Produktangebote vergleichen. Der Wert eines Produktes wird vom Konsumenten definiert. Die Präferenzen von Verbrauchern sind sehr unterschiedlich. Ein Marketingspezialist muss den Markt segmentieren und für einen bestimmten Zielmarkt ein überlegenes Produkt entwickeln. Die Goldene Regel »Der Kunde ist König« funktioniert für die meisten Unternehmen gut. Die Verbraucher profitieren, weil auf ihre Wünsche und Bedürfnisse eingegangen wird. Sie können aus einem breiten Spektrum funktionaler Merkmale und Alternativen auswählen. Das Marketing von heute versucht, Kopf und Herz der Verbraucher anzusprechen. Leider sieht der verbraucherorientierte Ansatz Verbraucher implizit als passive Ziele von Marketingkampagnen. Das ist die Sichtweise in Marketing 2.0 – der kundenorientierten Epoche.

Nun erleben wir den Aufstieg von Marketing 3.0, also des wertorientierten Zeitalters. Menschen werden nicht länger nur als Verbraucher betrachtet, sondern vom Marketing stattdessen als ganze Menschen mit Kopf, Herz und Seele – Human Spirit – angegangen. Verbraucher suchen verstärkt nach Lösungen, die ihnen die Angst davor nehmen, ob und wie die globalisierte Welt eine bessere Welt wird. In einer chaotischen Welt suchen sie nach Unternehmen, deren Mission, Vision und Werte ihren ureigenen Bedürfnissen nach sozialer, wirtschaftlicher und ökologischer Gerechtigkeit entsprechen. Sie wünschen sich von den Produkten und Dienstleistungen, die sie wählen, Erfüllung – nicht nur in funktioneller und emotionaler Hinsicht, sondern auch in seelischer.

Wie das verbraucherorientierte Marketing 2.0 ist auch Marketing 3.0 darauf ausgerichtet, den Konsumenten zufriedenzustellen. Doch Unternehmen, die Marketing 3.0 praktizieren, haben ehrgeizigere Missionen, Visionen und Werte. Sie wollen einen Beitrag leisten. Sie möchten Lösungen für gesellschaftliche Probleme anbieten. Marketing 3.0 hebt die Idee des Marketings auf eine Ebene menschlicher Sehnsüchte, Werte und seelischer Ansprüche. Marketing 3.0 nimmt den Verbraucher als ganzen Menschen wahr, dessen anderweitige Bedürfnisse und Hoffnungen niemals vernachlässigt werden dürfen. Daher ergänzt Marketing 3.0 emotionales Marketing durch das Element des Human Spirit.

In wirtschaftlichen Krisenzeiten gewinnt Marketing 3.0 im Leben der Verbraucher an Bedeutung, da sie von drastischen sozialen, wirtschaftlichen und ökologischen Veränderungen und Turbulenzen stärker in Mitleidenschaft gezogen werden. Aus Krankheiten werden Pandemien, die Armut greift um sich und die Umweltzerstörung geht weiter. Unternehmen, die auf Marketing 3.0 setzen, liefern Menschen, die vor solchen Problemen stehen, Antworten und Hoffnung und berühren die Verbraucher so auf einer höheren Ebene. Bei Marketing 3.0 differenzieren sich Unternehmen durch ihre Werte. In unruhigen Zeiten machen solche Unterschiede viel aus.

Tabelle 1 gibt einen umfassenden Überblick über Marketing 1.0, 2.0 und 3.0.

Um mehr über Marketing 3.0 zu erfahren, untersuchen wir die Herausbildung dreier wichtiger Kräfte, die die Unternehmenslandschaft zu Marketing 3.0 hingeführt haben: das Zeitalter der Mitwirkung, das Zeitalter des Globalisierungsparadox und das Zeitalter der Kreativgesellschaft. Sie werden sehen, wie diese drei entscheidenden Faktoren die Verbraucher verstärkt auf Kooperation, Kultur und Human Spirit orientiert haben. Wer diese Entwicklung nachvollziehen kann, versteht Marketing 3.0 besser – nämlich als Verknüpfung von kooperativem, kulturellem und spirituellem Marketing.

Das Zeitalter der Mitwirkung und des kooperativen Marketings

Der technische Fortschritt hat in den letzten 100 Jahren gewaltige Veränderungen für Verbraucher, Märkte und Marketing gebracht. Marketing 1.0 wurde von der Entwicklung der Produktionstechnik während der industriellen Revolution initiiert. Marketing 2.0 fußte auf Informationstechnologie und Internet. Die neue Technologiewelle wird jetzt zum wesentlichen Treiber für die Entstehung von Marketing 3.0.

Tabelle 1: Marketing 1.0, 2.0 und 3.0 im Vergleich

	Marketing 1.0 Produktorientiertes Marketing	Marketing 2.0 Verbraucherorientiertes Marketing	Marketing 3.0 Wertorientiertes Marketing
Ziel	Produkte verkaufen	Verbraucher zufriedenstellen und binden	Die Welt verbessern
Triebkräfte	Industrielle Revolution	Informationstechnologie	New-Wave-Technologie
Wie Unternehmen den Markt sehen	Massenkäufer mit physischen Bedürfnissen	Klügere Konsumenten mit Herz und Verstand	Ganze Menschen mit Kopf, Herz und Human Spirit
Zentrales Marketingkonzept	Produktentwicklung	Differenzierung	Werte
Marketingpolitik der Unternehmen	Produktspezifizierung	Positionierung von Unternehmen und Produkten	Mission, Vision und Werte des Unternehmens
Wertangebot	Funktional	Funktional und emotional	Funktional, emotional und spirituell
Interaktion mit dem Verbraucher	One-to-Many-Transaktion (Massenabfertigung)	One-to-One-Beziehung (individuelle Betreuung)	Many-to-Many-Kooperation (von der Masse für die Masse)

Seit Anfang 2000 setzt sich die Informationstechnologie auf dem breiten Massenmarkt durch und entwickelt sich zur sogenannten New-Wave-Technologie. Das ist Technologie, die Einzelnen und Gruppen Konnektivität und Interaktivität ermöglicht. New-Wave-Technologie stützt sich auf drei Haupttriebkräfte: billige Computer und Handys, preiswertes Internet und offene Quellen.[1] Die Technik ermöglicht es den Menschen, zu kommunizieren und mit anderen zusammenzuarbeiten. Die Entstehung von New-Wave-Technologie kennzeichnet eine Ära, die Scott McNealy, Chef von Sun Microsystems, als Zeitalter der Mitwirkung bezeichnet. In dieser Epoche konsumieren die Menschen Nachrichten, Ideen und Unterhaltung nicht mehr nur, sie machen sie selber. New-Wave-Technologie macht aus Konsumenten Prosumenten.

Ein Faktor, der die New-Wave-Technologie erst ermöglichte, war die zunehmende Verbreitung sozialer Medien. Diese lassen sich grob in zwei Kategorien unterteilen. Da sind zum einen die *expressiven* sozialen Medien wie Blogs, Twitter, YouTube, Facebook, Foto-Sharing-Seiten wie Flickr und andere soziale Netzwerkseiten. In die zweite Kategorie fallen *kollaborative* Medien. Dazu gehören Seiten wie Wikipedia, Rotten Tomatoes und Craigslist.

Expressive Sozialmedien

Untersuchen wir zunächst den Effekt expressiver sozialer Medien auf das Marketing. Anfang 2008 ermittelte Technorati 13 Millionen aktiver Blogs weltweit.[2] Wie bei Printmedien auch gibt es in Bezug auf die Leserschaft bei Blogs landesspezifische Unterschiede. Anders als in Japan, wo 74 Prozent der Internetnutzer Blogs lesen, tun das in den Vereinigten Staaten nur rund 27 Prozent. Trotz dieser niedrigen Zahl sind 34 Prozent der Blogleser der Vereinigten Staaten sogenannte »Influencer«, die andere beeinflussen. Infolgedessen veranlassen US-Blogs 28 Prozent ihrer Leser zu bestimmten Aktivitäten.[3] Der bekannte Marketingexperte Seth Godin betreibt eine beliebte Website, die jeden Tag eine neue Idee präsentiert, um die Tausenden von Menschen zu beeinflussen, die diese abrufen.

Eine weitere beliebte Form des Blogging, und eine der wachstumsstärksten, ist das Sozialmedium Twitter. Von April 2008 bis April 2009 ist die Zahl der Twitter-Nutzer um 1 298 Prozent gestiegen.[4] Die Microblogging-Seite ermöglicht es Mitgliedern, für ihr Publikum sogenannte Tweets – maximal 140 Zeichen lange Kurzmeldungen – einzustellen. Das gilt als viel einfacher als Bloggen, weil Nutzer solche Tweets problemlos von Handgeräten wie iPhones oder Blackberrys aus verschicken können. Über Twitter können sich Nutzer mit Freunden oder Fans über Gedanken, Aktivitäten und sogar über ihre Stimmung austauschen. Schauspieler Ashton Kutcher soll mit einer Million Mitlesern bei Twitter sogar CNN geschlagen haben.

Viele Blogs und Tweets sind privater Natur. Dort teilt ein Mensch ausgewählten anderen Nachrichten, Meinungen und Ideen mit. Andere Blogs und Tweets werden von Menschen ins Netz gestellt, die Nachrichten kommentieren, Meinungen äußern oder kleine Aufsätze über etwas schreiben möchten, das ihnen gerade durch den Kopf geht. Andere Blogger oder Twitterer schreiben über Unternehmen und Produkte, die sie empfehlen oder kritisieren. Ein verärgerter Blogger oder Twitterer mit großem Publikum hat das Potenzial, viele Verbraucher davon abzubringen, mit einem bestimmten Unternehmen oder einer spezifischen Organisation Geschäfte zu machen.

Die Popularität des Bloggens und Twitterns erreicht die Unternehmenswelt. So ermuntert zum Beispiel IBM seine Mitarbeiter, eigene Blogs zu verfassen, in denen sie sich frei über ihr Unternehmen äußern können, solange sie sich an bestimmte Spielregeln halten. Ein weiteres Beispiel ist General Electric, das eine sogenannte Tweet Squad eingerichtet hat – eine Gruppe junger Mitarbeiter, die ältere Beschäftigte an die Nutzung sozialer Medien heranführt.

Aber es werden auch Videoclips gedreht und an YouTube geschickt, wo sie die ganze Welt sehen kann. Viele kommen von ambitionierten Filmemachern, die hoffen, dass ihr kreatives Potenzial entdeckt wird und sich Chancen auftun. Andere Videos werden von Organisationen erstellt, um Unterstützung für oder gegen ein Anliegen oder eine Aktion zu mobilisieren. Wieder andere Videoclips werden von Unternehmen eingestellt, um ihre Produkte oder Dienstleistungen hervorzuheben. Eine aufsehenerregende YouTube-Kampagne war zum Beispiel Marc Eckos *Air Force One*-Schwindel. Um ihre Nähe zur Graffiti-Szene herauszustellen, zeigte die Modefirma ein Video, auf dem eine Gruppe junger Leute zu sehen war, die die Worte »Still Free« auf die *Air Force One* sprayten. Später stellte das Unternehmen richtig, dass es sich bei dem abgebildeten Flugzeug in Wirklichkeit nicht um die Maschine des US-Präsidenten gehandelt habe, sondern im Rahmen der Initiativen zum Markenaufbau auf YouTube nur ein Pop-Kultur-Feeling ausgelöst werden sollte.

Mit der zunehmenden Ausdrucksstärke sozialer Medien können Verbraucher andere Konsumenten durch ihre Meinungen und Erfahrungen immer stärker beeinflussen. Die Wirkung der Werbung von Unternehmen auf das Kaufverhalten wird entsprechend zurückgehen. Außerdem beschäftigen sich die Verbraucher immer mehr mit Videospielen, sie schauen DVDs und sitzen am Computer – und sehen weniger Werbung.

Soziale Medien sind kostengünstig und unvoreingenommen. Deshalb liegt dort die Zukunft für die Marketingkommunikation. Verlinkungen zwischen Freunden auf den Webseiten sozialer Netzwerke wie Facebook und MySpace können Unternehmen ebenfalls helfen, Einblicke in den Markt zu gewinnen. Forscher bei IBM, Hewlett-Packard und Microsoft erfassen Daten von sozialen Netzwerken, um Profile zu erstellen und bessere Kommunikationsansätze für ihre Mitarbeiter und Verbraucher zu entwickeln.[5]

Kollaborative Sozialmedien

Ebenfalls zu berücksichtigen sind kollaborative soziale Medien auf Open-Source-Basis. Vor zehn Jahren wusste man bereits, dass Software quelloffen sein und kollektiv weiterentwickelt werden konnte.

Die Menschen kannten Linux. Doch es war noch niemand auf die Idee gekommen, dass solche Zusammenarbeit auch in anderen Branchen stattfinden konnte. Wer hätte sich wohl eine Enzyklopädie wie Wikipedia vorstellen können, an der jeder mitarbeiten kann?

Die Inhalte von Wikipedia werden von einer großen Zahl von Menschen beigesteuert, die in ihrer Freizeit für dieses gemeinschaftsbasierte Lexikon Einträge zu unzähligen Themen erstellen. Mitte 2009 existierte Wikipedia bereits in 235 aktiven Sprachausgaben mit über 13 Millionen Artikeln (2,9 Millionen in englischer Sprache).[6] Vergleichen Sie das mit *We Are Smarter than Me*, einem Buch, an dem Tausende von Menschen mitgeschrieben haben. Dieses Buch ist ein Beispiel für Zusammenarbeit im traditionellen Buchverlag.[7] Noch ein Beispiel ist Craigslist, wo kostenlos Millionen von Kleinanzeigen gesammelt und veröffentlicht werden – eine Bedrohung für Zeitungen, die Anzeigen verkaufen wollen. Die Website, an der auch eBay beteiligt ist, entwickelt sich darüber hinaus zum Markt für eine große Zahl von Gemeinschaften, die Kauf- und Verkaufsanzeigen für verschiedene Artikel schalten wollen.

Zusammenarbeit kann aber auch zur neuen Innovationsquelle werden. In *Open Business Models*[8] erklärte Chesbrough, wie Unternehmen durch »Crowdsourcing« – Schwarmauslagerung – neue Ideen und Lösungen finden. Ein Unternehmen namens InnoCentive macht Forschungs- und Entwicklungsprobleme publik und sucht möglichst geeignete Lösungen. Es ist die richtige Anlaufstelle für Unternehmen, die Lösungen für ihre Probleme brauchen (Lösungssucher), aber auch für Einzelne, Wissenschaftler und Forscher, die Lösungen vorschlagen können (Problemlöser). Ist die optimale Lösung gefunden, bittet InnoCentive den Lösungssucher um einen finanziellen Obolus für den Problemlöser. Wie Wikipedia und Craigslist entwickelt sich auch InnoCentive zu einem Markt, auf dem Zusammenarbeit gefördert wird. Dieses Phänomen der Zusammenarbeit vieler wird von Tapscott und Williams in ihrem Buch *Wikinomics*[9] beschrieben.

Der zunehmende Trend zur Zusammenarbeit zwischen Verbrauchern hat die Wirtschaft verändert. Marketingabteilungen haben ihre Marken heute nicht mehr richtig im Griff, weil sie im Wettbewerb mit der kollektiven Macht der Konsumenten stehen. Diese verstärkte Tendenz der Verbraucher, Marketingaufgaben an sich zu reißen, hat Wipperfürth in *Brand Hijack*[10] vorhergesehen. Unternehmen müssen mittlerweile mit ihren Verbrauchern zusammenarbeiten. Diese Zusammenarbeit beginnt dort, wo Marketingmanager ihren Konsumenten zuhören, um zu erfahren, was sie denken, und Markteinblicke zu gewinnen. Eine höher entwickelte Form der Zusammenarbeit findet statt, wenn die Verbraucher selbst durch Beteiligung an der Entwicklung von Produkten und Dienstleistungen eine Schlüsselrolle bei der Wertschöpfung übernehmen.

Trendwatching, ein umfangreiches Trendforschungsnetz, bringt die Motivation der Verbraucher zur Mitwirkung an der Produktentwicklung auf den Punkt. Manchen Konsumenten gefällt es, ihre Fähigkeiten zur Wertschöpfung öffentlich zu demonstrieren. Manche möchten ein Produkt oder einen Service konkret auf ihren Lebensstil zuschneiden. Mitunter geht es den Verbrauchern auch um die Belohnungen, die Unternehmen für solche Leistungen zahlen. Wieder andere sehen darin eine Möglichkeit, sich einen Arbeitsplatz zu beschaffen. Und dann sind da noch diejenigen, die einfach aus Spaß an der Freude an der Produktentwicklung mitwirken.[11]

Procter & Gamble verfolgt bekanntlich eine Connect & Develop-Strategie, die seinen traditionellen Forschungs- und Entwicklungsansatz ersetzt. Das bei Procter & Gamble eingesetzte Modell erinnert an einen Seestern, der laut Brafman und Beckstrom eine treffende Metapher für Unternehmen der Zukunft ist, da er keinen Kopf hat und eher wie eine Gruppe von Zellen aussieht, die zusammenarbeiten.[12] Durch das offene Innovationsprogramm kann Procter & Gambels Netzwerk von Unternehmern und Zulieferern weltweit den Zustrom frischer, innovativer Produktideen nutzen. Auf dieses Programme entfallen rund 35 Prozent des Umsatzes von Procter & Gamble.[13] Zu den bekannten Produkten, die dem Connect & Develop-Programm zu verdanken sind, gehören Oil of Olaz Regenerist, der Swiffer Staubmagnet und die Crest SpinBrush. Das Programm beweist, dass Zusammenarbeit nicht nur in

Willkommen im Marketing 3.0 | **29**

der Informationstechnologie, sondern auch in anderen Branchen funktionieren kann.

Doch Verbraucher helfen Unternehmen nicht nur dabei, Produkte zu entwickeln. Sie können zum Beispiel auch Ideen für die Werbung beisteuern. Denken Sie nur an die »Free Doritos«-Reklame. Der nutzergenerierte Werbespot belegte den ersten Platz im 21. jährlichen USA Today Super Bowl Ad Meter und schlug damit von professionellen Agenturen erstellte Kampagnen. Dieser Erfolg zeigt, dass nutzergenerierte Inhalte die Verbraucher leichter erreichen, weil sie treffender und eingängiger sind.

Die vermehrte Mitwirkung von Verbrauchern und die Zusammenarbeit mit ihnen wird in *The Future of Competition*[14] beleuchtet. Die Autoren Prahalad und Ramaswamy behaupten, dass sich die Rolle des Verbrauchers wandelt. Bei einem Verbraucher handelt es sich nicht mehr um eine isolierte Einzelperson. Vielmehr ist er mit anderen vernetzt. Bei der Entscheidungsfindung ist er nicht mehr unbedarft, sondern gut informiert. Er ist nicht länger passiv, sondern aktiv, indem er Unternehmen nützliches Feedback liefert.

Deshalb hat sich das Marketing weiterentwickelt. Im ersten Stadium war Marketing transaktionsorientiert – das bedeutete, dass es auf den Abschluss konzentriert war. Im zweiten richtete es sich auf Beziehungen aus – darauf, wie man einen Verbraucher binden und dazu veranlassen konnte, mehr zu kaufen. Im dritten Stadium schließlich hat sich Marketing darauf verlegt, Verbrauchern zu mehr Mitwirkung an der Produktentwicklung und an der Unternehmenskommunikation zu animieren und dafür zu begeistern.

Kollaboratives Marketing ist der erste Baustein für Marketing 3.0, die neue Diemension des Marektings. Unternehmen, die Marketing 3.0 umsetzen, möchten die Welt verändern. Das schaffen sie nicht allein. In einer vernetzten Wirtschaft müssen sie mit anderen Unternehmen, mit ihren Aktionären, ihren Vertriebspartnern, ihrer Belegschaft und ihren Verbrauchern zusammenarbeiten. Marketing 3.0 ist die Zusammenarbeit von Wirtschaftsorganisationen mit ähnlichen Werten und Wünschen.

Das Zeitalter des Globalisierungsparadox und des kulturellen Marketings

Neben den Effekten der Technologie, die dem Verbraucherverhalten eine neue Richtung gaben – hin zu Marketing 3.0 –, war die Globalisierung ein weiterer maßgeblicher Faktor. Die Globalisierung ist technologiegesteuert. Es ist die Informationstechnologie, die den Austausch von Daten zwischen Ländern, Unternehmen und Menschen in aller Welt ermöglicht, während die Verkehrstechnologie die Voraussetzungen schafft für den Handel und sonstigen physischen Austausch in der globalen Wertschöpfungskette. Wie die Technologie erreicht auch die Globalisierung weltweit jeden und schafft eine vernetzte Wirtschaft. Doch anders als die Technologie ist die Globalisierung eine Kraft, die nach einem Gegenpol verlangt. Auf der Suche nach dem richtigen Kräfteverhältnis sorgt die Globalisierung oft für paradoxe Situationen.

Das war 1989 der Fall – in dem Jahr, das die Entstehung des Globalisierungsparadox symbolisiert. Damals schlug die chinesische Regierung mit militärischer Gewalt einen Protest auf dem Platz des Himmlischen Friedens nieder. Eine Reihe prodemokratischer Demonstrationen, angeführt von Studenten, Intellektuellen und Gewerkschaftsaktivisten, mündete in einem Militäreinsatz, bei dem zwischen 400 und 800 Zivilisten starben und zwischen 7 000 und 10 000 verletzt wurden. Im selben Jahr ereignete sich in Europa ein weiteres historisches Ereignis. Die Berliner Mauer, die West- und Ostdeutschland getrennt hatte, wurde niedergerissen – und damit ein greifbares Symbol für den Kalten Krieg. David Hasselhoff sang auf der Berliner Mauer seinen populären Song »Looking for Freedom«. Diese beiden Vorkommnisse des Jahres 1989 sind paradox. Der Vorfall auf dem Platz des Himmlischen Friedens kennzeichnete den Niedergang der Demokratiebewegung in China, was die Freiheitsbewegung stoppte, während der Fall der Berliner Mauer den Beginn einer neuen Welt der Freiheit und Demokratie versinnbildlicht. Die Globalisierung befreit, aber gleichzeitig setzt sie Nationen und Menschen in aller Welt unter Druck.

In diesem Zusammenhang sind auch die beiden gegensätzlichen Ansichten von Thomas Friedman und Robert Samuelson zu berücksichtigen, die jeweils für Globalisierung beziehungsweise für Nationalismus stehen. Auf der einen Seite argumentierte Friedman in *The World Is Flat*[15], dass die Welt keine Grenzen mehr kennt. Der Strom an Gütern, Dienstleistungen und Menschen fließt nahtlos, weil Transport und Informationstechnologie billig sind. Auf der anderen Seite führte Samuelson in seinem Artikel »The World Is Still Round«[16] an, dass Staatsgrenzen bleiben werden, weil sie politisch und psychologisch motiviert sind. Die Globalisierung bietet allen Ländern der Welt gleiche Bedingungen, doch gleichzeitig bedroht sie sie. Daher werden Einzelstaaten ihre nationalen Märkte gegen die Globalisierung abschotten. Anders ausgedrückt: Die Globalisierung schürt Nationalismus.

Die Globalisierung birgt tatsächlich jede Menge Widersinn. Wir können mindestens drei makroökonomische Widersprüche aufzeigen, die sich infolge der Globalisierung ergeben haben. Zum Ersten: Während die Demokratie zunehmend weltweit Wurzeln schlägt, wächst der Einfluss der neuen undemokratischen Supermacht China. China ist globales Produktionszentrum und nimmt in der Weltwirtschaft eine Schlüsselrolle ein. Trotz der zunehmenden Bedeutung der Demokratie in der Welt zeigt dieses Land mit seinen gut gefüllten Kassen, dass Kapitalismus auch ohne Demokratie funktioniert. Die Globalisierung bewirkt vielleicht eine wirtschaftliche Öffnung, doch keine politische. Die politische Landschaft wird weiter durch Einzelstaaten bestimmt. Das ist das politische Paradox der Globalisierung.

Zum Zweiten: Die Globalisierung erfordert wirtschaftliche Integration, sorgt aber nicht für volkswirtschaftliche Gleichheit. Wie Joseph Stiglitz in *Globalization and Its Discontents*[17] anführte, wurden Privatisierung, Liberalisierung und Stabilisierung schlecht gemanagt, weshalb es vielen Ländern der Dritten Welt und ehemals kommunistischen Staaten heute effektiv schlechter geht als früher. Wirtschaftlich scheint die Globalisierung ebenso vielen Ländern zu schaden wie zu nutzen. Selbst innerhalb ein und desselben Landes gibt es ungleiche

Wohlstandsverteilung. Heute leben überall auf der Welt Millionen Menschen im Wohlstand. In Indien gibt es über 50 Milliardäre. Der durchschnittliche CEO in den USA verdient 400 Mal so viel wie der durchschnittliche Arbeitnehmer. Bedauerlicherweise lebt aber immer noch über eine Milliarde Menschen auf der Welt in extremer Armut und muss mit weniger als 1 US-Dollar pro Tag auskommen. Das ist das wirtschaftliche Paradox der Globalisierung.

Zum Dritten: Die Globalisierung sorgt nicht etwa für kulturelle Einheitlichkeit, sondern für Vielfalt. 1996 schrieb Benjamin Barber das Buch *Jihad vs. McWorld: How Globalism and Tribalism Are Reshaping the World*. Dort behauptet er, dass es in unserer Epoche zwei axiale und gegensätzliche Prinzipien gibt: Tribalismus und Globalismus.[18] Im Jahr 2000 schrieb Thomas Friedman in *The Lexus and the Olive Tree: Understanding Globalization*[19] über den Zusammenprall des Globalisierungssystems, symbolisiert vom Lexus, mit den überlieferten Kräften von Kultur, Geografie, Tradition und Gemeinschaft, verkörpert vom Ölbaum. Globalisierung schafft eine universelle Weltkultur, stärkt aber gleichzeitig die traditionelle Kultur als Gegengewicht. Das ist das soziokulturelle Paradox der Globalisierung, das sich am unmittelbarsten auf Menschen oder Verbraucher auswirkt.

Die Beispiele für Paradoxe sind damit lange nicht erschöpft – es gibt viel mehr als drei –, doch sie genügen, um darzulegen, warum sich das Verbraucherverhalten mit der Globalisierung verändert und warum die neue Dimension des Marketings notwendig ist, um auf diese Trends aufzuspringen. Dank der Technologie nehmen diese Paradoxe der Globalisierung, allen voran das soziokulturelle Paradox, nicht nur Einfluss auf Länder und Unternehmen, sondern auch auf den Einzelnen. Die Menschen spüren allmählich den Druck, der davon kommt, dass man vom lokalen zum globalen Bürger werden muss. Infolgedessen haben viele Angst und quälen sich mit widerstreitenden Wertvorstellungen. Und die Angst wächst – vor allem in wirtschaftlich unruhigen Zeiten. Viele Menschen sehen in der Globalisierung die Ursache der weltweiten Wirtschaftskrise.

Der Autor Charles Handy empfiehlt seinen Lesern, mit widersprüchlichen Situationen leben zu lernen, statt sie lösen zu wollen.[20] Zu diesem Zweck suchen die Menschen in ihrem Leben nach einem Gefühl der Kontinuität. Sie schalten sich mit anderen zusammen. Sie verschmelzen mit ihrer lokalen Gemeinschaft und mit der Gesellschaft. Doch in paradoxen Zeiten ist auch Orientierung erforderlich, da sich die Menschen zusammenschließen, um Anliegen wie Habitat for Humanity oder den Sierra Club zu unterstützen. In diesem Fall hat die Globalisierung eine positive Wirkung auf unser Leben. Paradoxe steigern das Bewusstsein für und die Anteilnahme an Armut, Ungerechtigkeit, ökologischer Nachhaltigkeit, verantwortungsbewusster Gemeinschaft und sozialen Anliegen.

Ein wesentlicher Effekt dieser Globalisierungsparadoxe ist, dass Unternehmen nunmehr im Wettbewerb darum stehen, Kontinuität, Bindung und Orientierung zu liefern. Laut Holt zielen kulturelle Marken darauf ab, gesellschaftliche Paradoxe aufzulösen. Sie können soziale, wirtschaftliche und ökologische Probleme in der Gesellschaft anpacken. Weil sie die kollektiven Ängste und Wünsche einer Nation ansprechen, stellen kulturelle Marken oft enormes Kapital dar.[21]

Kulturelle Marken müssen dynamisch sein, weil sie in der Regel nur eine gewisse Zeit lang Bedeutung haben – dann nämlich, wenn sich in der Gesellschaft bestimmte Widersprüche zeigen. Daher sollten kulturelle Marken stets auf die Herausbildung von Paradoxen achten, die sich mit der Zeit verändern. In den 1970er Jahren warb Coca-Cola mit dem Song »I'd Like to Teach the World to Sing«. Damals schlug das ein, weil sich die US-Gesellschaft in Befürworter und Gegner des Vietnamkrieges spaltete. Heute wäre das anders, obwohl sich die Menschen noch gut an diese kulturorientierte Kampagne erinnern.

Um eine solche zielführende kulturelle Kampagne zu entwickeln, muss Marketing etwas von Anthropologie und Soziologie verstehen. Es sollte in der Lage sein, kulturelle Paradoxe zu erkennen, die nicht unbedingt offensichtlich sind. Das ist schwierig, weil diese in der Regel nicht in aller Munde sind. Zwar spricht eine kulturelle Kampagne die Mehrheit der Verbraucher an, doch handelt es sich dabei um eine schweigende Mehrheit. Diese spürt die Widersprüche zwar, bezieht aber erst Stellung, wenn sie von einer kulturellen Marke dazu animiert wird.

Manchmal sind kulturelle Marken die Antwort auf Bewegungen von Globalisierungsgegnern. In *Citizen Brand*[22] schreibt Marc Gobé, dass sich der Normalbürger gegenüber globalen Konzernen für machtlos hält, die keinen Respekt vor lokalen Kommunen und Umwelt zeigen. Das bringt die Verbraucher gegen solche globalen Unternehmen auf. Es zeigt aber auch, dass sich die Menschen nach verantwortungsbewussten Marken sehnen, die auf die Verbraucher eingehen und das Leben schöner machen. Solche Marken sind Marken der Bürger, die in ihrem Marketingansatz das öffentliche Interesse am Guten – im Gegensatz zum Bösen – berücksichtigen. Manche kulturellen Marken sind nationale Marken, die sich auf die Präferenzen von Verbrauchern einstellen, die eine negativ besetzte globale Kultur ablehnen, wie sie von globalen Marken repräsentiert wird, und Alternativen suchen.[23] Kulturelle Marken sind die Guten, globale Marken die Bösen. Solche Marken fördern Nationalismus und Protektionismus, weil sie sich als kulturelle Ikonen einer lokalen Gesellschaft gerieren.

Kulturelle Marken sind in der Regel nur für bestimmte Gesellschaften von Bedeutung. Das heißt aber nicht, dass globale Marken nicht auch kulturelle Marken sein können. Manche bekannten Weltmarken bauen beständig an ihrem Status als Kulturmarke. So positioniert sich zum Beispiel McDonald's als Inbegriff der Globalisierung. Es versucht, den Eindruck zu vermitteln, dass die Globalisierung ein Symbol für Frieden und Zusammenarbeit ist. Das Unternehmen steht fast allen Menschen weltweit zu Diensten. In *The Lexus and the Olive Tree* führt Friedman die Golden-Arches-Theorie zur Konfliktvermeidung ein, nach der Länder, in denen es McDonald's-Restaurants gibt, noch nie gegeneinander Krieg geführt haben. Diese Theorie formt Friedman später in *The World is Flat* zur Dell-Theorie der Konfliktvermeidung um, die besagt, dass es zwischen den Ländern, die in Dells Logistikkette eingebunden sind, noch keinen Krieg gegeben hat. Stattdessen arbeitet man zusammen, um eine Logistikkette für die globale

Gesellschaft zu entwickeln. So verdrängt Dell McDonald's zunehmend als Ikone der Globalisierung.

Ein weiteres Beispiel ist The Body Shop – das Vorbild für soziale Gleichheit und Gerechtigkeit. Die Globalisierung berücksichtigt die soziale Gerechtigkeit in ihrer Strategie gewöhnlich nicht. Sie zollte vielmehr all jenen Beifall, die bei Kosten und Kompetenzen die Nase vorn haben. Einer starken Minderheit geht es gut, doch die schwache Mehrheit hat es schwer. Dadurch entsteht ein Gefühl sozialer Ungerechtigkeit – das Schüsselthema, das The Body Shop aufgegriffen hat. Die Menschen nehmen The Body Shop als Förderer sozialer Gerechtigkeit wahr – eine Angelegenheit, die in der globalisierten Welt häufig zu kurz kommt. Die Body-Shop-Philosophie spricht sich in Wirklichkeit für globale Märkte aus. Sie geht davon aus, dass Gerechtigkeit nur durch weltweit tätige Unternehmen herbeigeführt werden kann.

Kulturelles Marketing ist der zweite Baustein für Marketing 3.0. Marketing 3.0 ist ein Ansatz, der die Anliegen und Wünsche von Weltbürgern aufgreift. Unternehmen, die Marketing 3.0 umsetzen, sollten wissen, welche für die Gemeinschaft interessanten Themen Bezug zu ihrem Geschäft haben.

Glücklicherweise wirft das Konzept des öffentlichen Interesses in der neuen Marketingdefinition, die 2008 von der American Marketing Association formuliert wurde, seine Schatten voraus. Sie lautet: »Marketing umfasst die Aktivität, das Netz von Einrichtungen und die Verfahren zur Schaffung, Kommunikation, Bereitstellung und zum Austausch von werthaltigen Angeboten für Verbraucher, Kunden, Partner und die Gesellschaft als Ganzes.«[24] Durch Einschluss der »Gesellschaft« erkennt diese neue Definition an, dass Marketing über die privaten Geschäfte von Einzelnen und Unternehmen hinaus weitreichende Effekte hat. Sie zeigt außerdem, dass Marketing heute bereit ist, auf die kulturellen Auswirkungen der Globalisierung einzugehen.

Marketing 3.0 ist Marketing, das kulturelle Fragen in den Mittelpunkt des Geschäftsmodells eines Unternehmens stellt. In den folgenden Kapiteln untersuchen wir näher, wie ein Unternehmen, das Marketing 3.0 praktiziert, seine Anteilnahme an den Gemeinschaften zeigt, die es umgeben: an den Verbrauchern, Mitarbeitern, Vertriebspartnern und Aktionären.

Das Zeitalter der kreativen Gesellschaft und des Human-Spirit-Marketings

Die dritte Kraft, die zur Entstehung von Marketing 3.0 beigetragen hat, ist die Herausbildung der kreativen Gesellschaft. Menschen in einer kreativen Gesellschaft zeichnen sich durch schwerpunktmäßige Nutzung ihrer rechten Hirnhälfte aus. Sie arbeiten in kreativen Sparten wie Wissenschaft, Kunst und Dienstleistungen. Eine solche Gesellschaft hat nach Daniel Pinks *A Whole New Mind*[25] das höchste soziale Entwicklungsniveau der menschlichen Zivilisation erreicht. Pink stellt die menschliche Evolution dar – vom primitiven Jäger, Ackerbauern und Arbeiter, der sich auf seine Muskelkraft verlässt, über den Manager, der hauptsächlich mit der linken Hirnhälfte arbeitet, bis hin zum Künstler, der verstärkt seine rechte Hirnhälfte strapaziert. Wiederum ist die Technologie die Haupttriebfeder dieser Entwicklung.

Forschungsergebnisse weisen darauf hin, dass es zwar viel weniger kreative Menschen gibt als Arbeiter, doch dass ihre Rolle in der Gesellschaft immer wichtiger wird. Sie stellen meist die Innovatoren, die neue Technologien und Konzepte entwickeln und einsetzen. Sie sind die Schaltzentralen, die die Verbraucher untereinander vernetzen. Sie sind die ausdrucksstärksten und kooperativsten Verbraucher, die soziale Medien am intensivsten nutzen. Sie beeinflussen durch ihre Lebensweise und durch ihre Einstellungen die ganze Gesellschaft. Ihre Ansichten zu den Paradoxen der Globalisierung und zu den Problemen und Fragen der Gesellschaft prägen die Meinungen anderer. Wie die meisten hochkarätigen Mitglieder der Gesellschaft favorisieren sie kooperative und kulturelle Marken. Als Pragmatiker kritisieren sie Marken mit negativer sozialer, wirtschaftlicher oder ökologischer Wirkung auf das Leben der Menschen.

Weltweit wächst die kreative Gesellschaft. In *The Rise of the Creative Class*[26] weist Richard Florida nach, dass die Menschen in den Vereinigten Staaten immer mehr wie kreative Wissenschaftler und Künstler arbeiten und leben. Seine Recherchen zeigen, dass sich im kreativen Sektor Investitionen, Output und Anzahl der dort Tätigen in den letzten Jahrzehnten deutlich gesteigert haben. In *The Flight of the Creative Class*[27] beschreibt er, wie er seine Forschungen auf andere Teile der Welt ausgeweitet und festgestellt hat, dass die europäischen Länder ebenfalls einen hohen Kreativitätsindex aufweisen. Dieser misst die kreative Entwicklung eines Landes anhand seiner Fortschritte in der Technik, der Fähigkeiten und Kompetenzen und der Toleranz. In fortschrittlichen Nationen bilden kreative Menschen das Rückgrat der Wirtschaft. Regionen mit einem Cluster kreativer Bürger haben in der Vergangenheit im Vergleich höhere Wachstumsraten erzielt.

Floridas Feststellungen bedeuten nicht, dass Kreativität hoch entwickelten Ländern vorbehalten ist. In *The Fortune at the Bottom of the Pyramid* zeigt Prahalad auf, wie Kreativität auch in ärmeren Gesellschaften gedeihen kann. Er schildert mehrere Beispiele dafür, wie in ländlichen Gegenden Kreativität in Reaktion auf soziale Probleme entsteht. Hart und Christensen argumentieren ähnlich, indem sie belegen, dass es auf ertragsschwachen Märkten häufig Innovationen gibt, die die Weichen neu stellen.[28] Kreative kostengünstige Technologie stammt oft aus armen Ländern, die Probleme zu lösen haben. So gelang Indien mit seinem chronischen Armutsproblem durch seine große Zahl technologiebegeisterter kreativer Köpfe die Entwicklung zum Backoffice der Welt.

Laut Zohar[29] ist es die Kreativität, die die Menschen von anderen Lebewesen auf der Erde unterscheidet. Menschen formen durch ihre Kreativität die Welt. Kreative Menschen sind bestrebt, sich und ihre Umwelt laufend zu verbessern. Kreativität findet ihren Ausdruck in Humanität, Moralität und Spiritualität.

Je mehr kreative Menschen es in Industrie- und Schwellenländern gibt, desto rascher nähert sich die menschliche Zivilisation ihrem Höhepunkt. Eines der wichtigsten Merkmale einer fortschrittlichen und kreativen Gesellschaft ist, dass die Menschen über ihre lebensnotwendigen Bedürfnisse hinaus an Selbstverwirklichung glauben. Sie sind ausdrucksstarke und kooperative gemeinschaftliche Schöpfer. Als komplexe menschliche Wesen glauben sie an den menschlichen Geist und hören auf ihre innersten Wünsche.

Stellen Sie sich die klassische Maslow-Pyramide der Bedürfnishierarchie vor. Abraham Maslow hat gezeigt, dass die Menschheit Bedürfnisniveaus hat, die erfüllt werden müssen – vom Überleben (den Grundbedürfnissen) über Sicherheit, Zugehörigkeit und soziale Achtung (Ego) bis hin zur Selbstverwirklichung (Sinn). Er hat auch festgestellt, dass die höher angesiedelten Bedürfnisse nicht vor den grundlegenden erfüllt werden können. Die Pyramide bildet die Grundlage des Kapitalismus. In *Spiritual Capital*[30] enthüllt Zohar jedoch, dass Maslow, selbst ein Kreativer, seine früheren Äußerungen vor seinem Tod bedauerte und die Ansicht vertrat, dass seine Pyramide auf den Kopf gestellt werden sollte. In der umgekehrten Pyramide stünde die Selbstverwirklichung als Grundbedürfnis aller Menschen an erster Stelle.

Kreative Menschen glauben tatsächlich fest an die kopfstehende Maslow-Pyramide. Die Definition der Spiritualität als »Wertschätzung immaterieller Aspekte des Lebens und Andeutungen einer dauerhaften Realität« erlangt ihre eigentliche Bedeutung erst in einer kreativen Gesellschaft.[31] Wissenschaftler und Künstler verzichten in ihrem Streben nach Selbstverwirklichung häufig auf materielle Erfüllung. Sie suchen etwas, was man mit Geld nicht kaufen kann. Sie streben nach Sinn, Glück und spiritueller Erkenntnis. Materielle Erfüllung als Belohnung für ihre Leistungen steht für sie an letzter Stelle. Julia Cameron beschreibt in *The Artist's Way*[32] das Leben einer kreativen Künstlerin als einen Prozess, der Kreativität und Spiritualität in sich vereint. Spiritualität und Kreativität sind im Geist eines Künstlers ähnlich. Kreativität führt zur Spiritualität. Nichts motiviert einen Menschen so wie spirituelle Bedürfnisse, die tiefere persönliche Kreativität freisetzen. Der Aufstieg kreativer Wissenschaftler und Künstler veränderte dementsprechend die Art und Weise, wie Menschen ihre Bedürfnisse und Wünsche wahrnehmen. Spiritualität verdrängt dabei immer mehr das

Überleben als Primärbedürfnis der Menschen, wie Gary Zukav in *The Heart of the Soul*[33] feststellt. Robert William Fogel, der den Nobelpreis für Wirtschaftswissenschaft erhielt, bestätigte, dass die heutige Gesellschaft neben der Erfüllung materieller Bedürfnisse verstärkt auf der Suche nach spirituellen Ressourcen ist.[34]

Infolge dieses wachsenden gesellschaftlichen Trends wollen die Verbraucher nicht nur Produkte und Dienstleistungen, die ihre Bedürfnisse befriedigen, sondern suchen darüber hinaus Erfahrungen und Geschäftsmodelle, die sie auf spiritueller Ebene ansprechen. Das Marketing der Zukunft muss Sinnhaftigkeit versprechen. Das wertorientierte Geschäftsmodell ist die neue »Killerapplikation« von Marketing 3.0. Die Erkenntnisse, die Melinda Davis aus ihrem Human Desire Project gewann, untermauern diese These. Sie hat festgestellt, dass das grundlegendste Bedürfnis der Verbraucher durch psychospirituellen Nutzen befriedigt wird, und dass dieser möglicherweise die ultimative Differenzierung darstellt, die Marketing überhaupt bewirken kann.[35]

Wie aber können Unternehmen Werte in ihre Geschäftsmodelle einbauen? Richard Barrett hat festgestellt, dass Unternehmen ein spirituelles Niveau erreichen können, das dem von Menschen ähnelt. Er gelangte zu der Erkenntnis, dass sich der Grad der spirituellen Motivation der Menschen auf die Mission, die Vision und die Werte von Unternehmen übertragen lässt.[36] Wir haben jedoch oft erlebt, dass Unternehmen bürgerliche Werte lediglich in ihrer Mission, ihrer Vision und ihren Werten festgeschrieben haben, ohne diese im Tagesgeschäft auch zu praktizieren. Ebenso haben wir viele Unternehmen gesehen, die sozialverantwortliches Handeln als Public-Relations-Geste an den Tag legen. Bei Marketing 3.0 geht es aber nicht um die Wirkung in der Öffentlichkeit. Es geht darum, dass Unternehmen Werte fest in ihrer Unternehmenskultur verankern.

Wie kreative Menschen sollten Unternehmen über materielle Ziele hinaus an ihre Selbstverwirklichung denken. Sie müssen verstehen, was sie sind und warum sie ihr Geschäft betreiben. Sie sollten wissen, was sie werden möchten. All das sollte in die Mission, die Vision und die Werte einfließen. Gewinn ist die Folge der Wertschätzung der Verbraucher für die Beiträge solcher Unternehmen zum Wohl der Menschheit. Das ist spirituelles oder humanitäres Marketing aus Sicht eines Unternehmens. Darin besteht der dritte Baustein für Marketing 3.0.

Marketing 3.0: Kooperativ, kulturell und spirituell

In der Summe ist das Zeitalter von Marketing 3.0 die Ära, in der sich die Marketingpraxis stark an Veränderungen des Verhaltens und der Einstellungen der Verbraucher ausrichtet. Es ist eine Weiterentwicklung der verbraucherbezogenen Epoche, in der die Konsumenten Ansätze verlangen, die stärker auf Kooperation, Kultur und Spiritualität abgestellt sind (siehe Abbildung 1).

Abbildung 1: Drei Veränderungen, die zu Marketing 3.0 führen

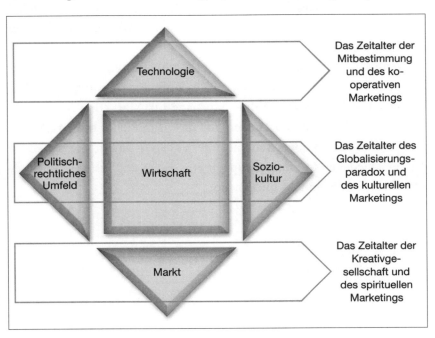

Tabelle 2: Die Bausteine für Marketing 3.0

Bausteine			Warum?
Was angeboten wird	Inhalt	Kooperatives Marketing	Zeitalter der Mitbestimmung (der Anstoß)
	Kontext	Kulturelles Marketing	Zeitalter des Globalisierungsparadox (das Problem)
Wie es angeboten wird		Spirituelles Marketing	Zeitalter der Kreativität (die Lösung)

Die New-Wave-Technologie ermöglicht eine weite Verbreitung von Informationen, Ideen und öffentlicher Meinung, was die Verbraucher in die Lage versetzt, gemeinsam an der Wertschöpfung zu arbeiten. Technologie treibt die Globalisierung der politisch-rechtlichen, wirtschaftlichen und soziokulturellen Landschaft voran, was für kulturelle Widersprüche in der Gesellschaft sorgt. Die Technologie ist aber auch der Antrieb für den kreativen Markt, der in seiner Weltsicht stärker auf den Human Spirit ausgerichtet ist.

Wenn die Verbraucher vermehrt auf Kooperation, Kultur und Spiritualität orientiert sind, verändert sich damit der Charakter des Marketings. Tabelle 2 fasst die drei Bausteine für Marketing 3.0 zusammen. In den Folgekapiteln setzen wir uns gründlicher mit Marketing 3.0 auseinander und befassen uns unter anderem damit, wie wir es auf die verschiedenen Interessengruppen anwenden und ins Geschäftsmodell eines Unternehmens übersetzen.

Kapitel 2

Das Zukunftsmodell für die neue Dimension des Marketings

Die letzten 60 Jahre des Marketings: Eine kurze Retrospektive

Marketing gehörte in den vergangenen 60 Jahren zu den aufregendsten Themen in der Wirtschaft. Im Grunde hat sich Marketing um drei wichtige Disziplinen herum entwickelt: *Produktmanagement, Kundenmanagement* und *Markenmanagement*. Marketingkonzepte entstanden in den 1950er und 1960er Jahren, ursprünglich infolge der Konzentration auf das Produktmanagement, und verschoben ihren Schwerpunkt in den 1970er und 1980er Jahren aufs Kundenmanagement. Sie entwickelten sich weiter und wurden in den 1990er und 2000er Jahren durch die Disziplin des Markenmanagements ergänzt. Die laufende Anpassung von Marketingkonzepten an verschiedene menschliche Lebensbereiche ist es, die dieses Fach so spannend macht.

Seit Neil Borden in den 1950er Jahren den berüchtigten Begriff »Marketing-Mix« geprägt und Jerome McCarthy in den 1960er Jahren die vier P des Marketings eingeführt hat, haben sich Marketingkonzepte im Zuge ihrer Anpassung an Veränderungen im Umfeld drastisch gewandelt.[1] In den 1950er Jahren, nach dem Krieg, stand der Produktionssektor im Mittelpunkt der US-Wirtschaft. Unter diesen Umständen war es logisch, dass die Entwicklung von Marketingkonzepten zunächst schlicht unter dem Aspekt der Konzentration auf das Produktmanagement betrachtet wurde.

Marketing galt zunächst – neben Finanzen und Humanressour-

Das Zukunftsmodell für die neue Dimension des Marketings ▌ **43**

cen – als nur eine von mehreren wichtigen Funktionen zur Unterstützung der Produktion. Seine wichtigste Aufgabe war die Generierung von Nachfrage für Produkte. McCarthys vier P brachten die übergreifende Praxis im Produktmanagement jener Tage präzise auf den Punkt: ein *Produkt* entwickeln, den *Preis* bestimmen, es bewerben (*Promotion*) und für die richtige *Platzierung* sorgen (Distribution). Da die Wirtschaft in jenen beiden Dekaden im Aufschwung war, musste das Marketing bis auf diese taktischen Leitlinien weiter nichts leisten.

Das alles wurde plötzlich anders, als die Wirtschaft in den USA – und in der ganzen westlichen Welt – in den 1970er durch die Ölkrise in die Stagflation geriet. Die wirtschaftliche Lage blieb die 1980er Jahre hindurch unsicher, weil sich das Wirtschaftswachstum weitgehend auf asiatische Schwellenländer verlagert hatte. In diesen turbulenten und ungewissen Zeiten wurde es schwieriger, für Nachfrage zu sorgen. Das erforderte mehr als nur die vier P. Die Abnehmer machten sich rar. Manche Produkte wurden lanciert, um untereinander um die Gunst der Käufer zu konkurrieren. Im Zuge dieser zwei Jahrzehnte entwickelten sich die Verbraucher zu klügeren Käufern. Sie betrachteten viele Produkte als Massenware, weil diese nicht klar positioniert waren. Die geänderten Umstände zwangen die Marketingprofis, intensiver nachzudenken und bessere Konzepte zu entwickeln.

Zu den ursprünglichen vier P gesellten sich weitere hinzu – für Menschen (People), Prozesse, physische Belege, die Meinung des Publikums und politische Macht.[2] Dennoch blieb das klassische Modell von Marketing 1.0 seinem Wesen nach taktisch. Vielleicht war der Abschwung ja in Wirklichkeit ein verkappter Segen, da Marketing in dieser nachfrageschwachen Periode schließlich an Bedeutung gewann. Um die Nachfrage nach Produkten anzuheizen, ging das Marketing von rein taktischer auf eine eher strategische Ebene über. Die Marketingfachleute erkannten, dass das »Produkt« im Zentrum aller Marketingaktivitäten durch den »Kunden« ersetzt werden musste, wenn effektiv Nachfrage erzeugt werden sollte. Die Disziplin des Kundenmanagements bildete sich heraus, die Strategien wie Segmentierung, Targeting und Positionierung (STP) umfasste. An diesem Punkt war Marketing

44 ▌ Die neue Dimension des Marketings – Trends

bereits nicht mehr ausschließlich taktisch. Je mehr es sich auf den Kunden statt auf die Produkte konzentrierte, desto strategischer wurde es. Seither ist die Entwicklung von STP der Weiterentwicklung der vier P stets vorausgegangen. Die Einführung des strategischen Marketingmodells war gleichbedeutend mit der Geburt des modernen Marketings. Das war der Ursprung von Marketing 2.0.

Im ersten Kapitel haben wir 1989 als Wendepunkt für die Globalisierung bezeichnet. Dieses Jahr war das Jahr der paradoxen Vorfälle. Es erwies sich aber auch als Wendepunkt für das Marketing. Der Personal Computer war zum Massenprodukt geworden und erfuhr durch das Internet Anfang der 1990er Jahre eine wesentliche Ergänzung. Mit der Vernetzung der Rechner ging die Vernetzung der Menschen einher. Durch die Zusammenschaltung der Rechner wurden mehr zwischenmenschliche Interaktionen möglich. Sie erleichterte die Weitergabe von Informationen durch persönliche Empfehlung. Informationen waren allgegenwärtig und längst keine Mangelware mehr. Die Verbraucher waren engmaschig vernetzt und entsprechend gut informiert.

Um diesen Veränderungen Rechnung zu tragen, erweiterten die Marketingexperten in aller Welt das Konzept des Marketings um die Konzentration auf menschliche Emotionen. Sie führten neue Konzepte ein wie emotionales Marketing, Erfahrungsmarketing und Markenkapital. Um Nachfrage hervorzurufen, reichte es nicht mehr, mit einem klassischen Positionierungsmodell auf die Köpfe der Kunden zu zielen. Vielmehr musste man auch ihre Herzen erreichen. Die Marketingkonzepte, die in den 1990er und 2000er Jahren entstanden, bezogen sich meist auf die Disziplin des Markenmanagements.

Rückblickend erkennen wir, dass der Fachbereich Marketing mehrere Stadien durchlaufen hat – mit einer explodierenden Anzahl neuer Konzepte. Abbildung 2 zeigt die Hauptkonzepte, die sich seit 1950 in jedem Jahrzehnt jeweils herausgebildet haben. Es waren eindeutig die Dynamik des Marketings und die unermüdliche Entschlossenheit seiner Praktiker, neue Wege zu entwickeln, um die sich verändernden Märkte, Kunden, Konkurrenten und Partner zu verstehen, die zu neuen Erkenntnissen und Instrumenten führten.

Das Zukunftsmodell für die neue Dimension des Marketings | **45**

Abbildung 2: Die Entwicklung der Marketingkonzepte

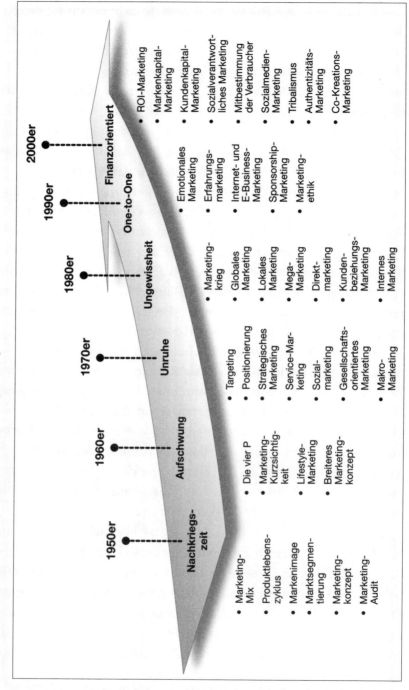

46 ❙ Die neue Dimension des Marketings – Trends

Die Zukunft des Marketings:
Horizontal statt vertikal

Die Zukunft des Marketings wird zum Teil durch die aktuellen Entwicklungen, zum Teil aber auch durch langfristige Faktoren bestimmt. In den letzten Jahren haben Unternehmen in aller Welt die schlimmste Rezession seit der Weltwirtschaftskrise der 1930er Jahre erlebt. Der Kardinalfehler bestand darin, dass zu großzügig Kredite in Form von Hypotheken, Kreditkartenkrediten, gewerblichen und Wohnbaudarlehen an Privatpersonen und Organisationen vergeben wurden, die ihre Schulden nicht zurückzahlen konnten. Schuld daran waren Banken, gierige Investoren, Spekulanten und Händler, die Schrottanleihen vertrieben. Als die Finanzblase platzte und die Häuserpreise einbrachen, wurden Arme und Reiche dabei ärmer. Die Verbraucher gaben weniger Geld aus und kauften billigere Marken und Produkte. Für die US-Wirtschaft, deren BIP zu 70 Prozent auf den Konsumausgaben beruht, war das eine Katastrophe. Die Unternehmen entließen viele Mitarbeiter, die Arbeitslosigkeit stieg von 5 auf 10 Prozent.

Die neue Regierung Obama sorgte unverzüglich für Anreize in Milliardenhöhe, um die Wirtschaft zu stützen. Weitere Unternehmenszusammenbrüche, wie sie Bear Stearns und Lehman Brothers zerstört sowie AIG, General Motors und andere an den Rand des Ruins getrieben hatten, sollten unbedingt verhindert werden. Die Anreize kamen genau zur rechten Zeit und stabilisierten die Lage Mitte 2009, jedoch ohne große Aussichten auf einen dynamischen Aufschwung. Bestenfalls sah es nach einer schleppenden Erholung aus.

Die Frage ist nun, ob die Verbraucher im neuen Jahrzehnt, das 2010 angebrochen ist, ihr Geld zurückhaltender ausgeben werden als in der Vergangenheit. Eine Rückkehr zum bisherigen Lebensstil nach dem Motto »jetzt kaufen, später bezahlen« ist eher unwahrscheinlich – teils, weil die Regierung die Kreditvergabe künftig strenger regeln will, teils, weil die Konsumenten Angst haben und Risiken scheuen. Bleiben die Ausgaben niedrig, wird die Wirtschaft nur langsam wachsen – zwei Entwicklungen, die sich gegenseitig verstärken. Für die Marketingabteilungen bedeutet das, dass sie härter denn je arbeiten müssen, um die Verbraucher dazu zu bringen, sich von ihrem Geld zu trennen.

Marketing 1.0 und 2.0 werden nach wie vor eine gewisse Bedeutung haben. Es wird beim Marketing auch weiterhin um die Entwicklung einer Segmentierung, um die Auswahl von Zielgruppen, um die Definition einer Positionierung, um die Umsetzung der vier P und um den Aufbau einer Marke rund um ein Produkt gehen. Die Veränderungen im Unternehmensumfeld – Rezession, Sorgen um den Klimawandel, neue soziale Medien, Stärkung des Verbrauchers, New-Wave-Technologie und Globalisierung – werden aber weiterhin massive Verschiebungen bei den Marketingpraktiken bewirken.

Neue Marketingkonzepte entstehen stets in Reaktion auf veränderte Rahmenbedingungen für die Unternehmen. Ein jüngster Forschungsbericht von McKinsey & Company führt für die Zeit nach der Finanzkrise 2007 bis 2009 zehn Trends im Unternehmenssektor auf.[3] Ein maßgeblicher Trend zeigt, dass sich der Markt, auf dem Unternehmen tätig sind, immer mehr zu einem von geringem Vertrauen geprägten Umfeld entwickelt. Der Chicago Booth/Kellogg School Financial Trust Index belegt, dass die meisten Amerikaner großen Unternehmen, in die sie ihr Geld investieren können, nur geringes Vertrauen entgegenbringen. Das vertikale Misstrauen ist aber beidseitig. Auch die Finanzinstitute haben aufgehört, Verbrauchern Kredite einzuräumen.

Heute besteht Vertrauen eher in horizontalen als in vertikalen Beziehungen. Verbraucher glauben einander mehr als den Unternehmen. Der Aufstieg der sozialen Medien ist schlicht ein Ausdruck der Verlagerung des Vertrauens der Verbraucher von Unternehmen auf andere Verbraucher. Laut dem Nielsen Global Survey verlassen sich immer weniger Konsumenten auf die Werbung von Unternehmen.[4] Verbraucher betrachten Mundpropaganda zunehmend als neue, glaubwürdige und verlässliche Form der Werbung. Rund 90 Prozent der befragten Konsumenten glauben den Empfehlungen von Bekannten. 70 Prozent halten die ins Internet gestellten Meinungen von Kunden für zuverlässig. Die Forschungsergebnisse von Trendstream/Lightspeed Research

48 ┃ Die neue Dimension des Marketings – Trends

offenbaren interessanterweise, dass Verbraucher Fremden in ihren sozialen Netzwerken mehr vertrauen als Experten.

All diese Forschungsergebnisse sind Frühwarnungen an Unternehmen, die besagen, dass die Verbraucher generell das Vertrauen ins Geschäftsgebaren verloren haben. Manche halten das für ein Problem, das die Unternehmensethik betrifft und weit über den Einflussbereich des Marketings hinausgeht. Doch leider ist das Marketing dafür mitverantwortlich. Marketing wird gleichgesetzt mit Vertrieb – mit dem Einsatz von Überredungskunst, ja, vielleicht sogar Manipulation. Selbst nach Entstehung des modernen, kundenorientierten Marketings werden im Marketing häufig übertriebene Behauptungen über die Leistung und Differenzierung von Produkten aufgestellt, um sie zu verkaufen.

Dazu die folgende Anekdote über Exxon Mobil aus den 1980er Jahren. Inzwischen rangiert das Unternehmen ganz oben unter den Fortune 500-Unternehmen.

In den 1980er Jahren hielt die Exxon Oil Co. eine Belegschaftsversammlung ab, um ihre neuen »zentralen Werte« zu verkünden. Ganz oben auf der Liste stand die einfache Aussage »Der Kunde kommt zuerst«. An jenem Abend diskutierten Führungskräfte aus dem Unternehmensbereich beim Abendessen über die Erklärung zu den Werten. Ein forscher junger Mann mit großem Potenzial für die Zukunft namens Monty brachte einen Toast aus. »Ich finde einfach, Sie sollten wissen«, setzte er an, »dass der Kunde nicht zuerst kommt.« Monty zeigte auf den Chef des Unternehmensbereichs. »Er kommt zuerst.« Dann nannte er den Leiter des Europageschäfts. »Und er kommt als Zweiter.« Anschließend den Präsidenten für Nordamerika. »Und er als Dritter.« Monty ratterte noch vier weitere Topmanager des Unternehmensbereichs herunter, die allesamt anwesend waren. »Der Kunde«, schloss er, »kommt an achter Stelle.« Verdutztes Schweigen breitete sich im Saal aus, bis einer der Manager lächelte und die Versammelten in hysterisches Gelächter ausbrachen. Zum ersten Mal an diesem Tag hatte jemand die Wahrheit gesagt.[5]

Das ist eine alte Geschichte, die sich jedoch auch heute noch oft so oder ähnlich zuträgt. Viele Marketingleute sollten zugeben, dass die

Verbraucher bei ihnen in Wirklichkeit nie an erster Stelle standen. Das Marketing mag für den Verlust von Verbrauchervertrauen verantwortlich sein, hat jedoch die besten Chancen, dieses Problem zu lösen. Immerhin ist Marketing der Managementprozess mit der größten Verbrauchernähe.

Wir glauben, dass die Zeit reif ist, um mit dem Zwiespalt zwischen Marketing und Verbraucher aufzuräumen. Wer ein Produkt oder eine Dienstleistung vermarktet, sollte sich bewusst sein, dass er gleichzeitig immer auch Verbraucher anderer Produkte und Dienstleistungen ist. Dem Konsumenten sollte klar sein, dass er möglicherweise im Alltag selbst Marketing betreibt, um andere Verbraucher zu überzeugen. Jeder ist gleichzeitig Vermarkter und Verbraucher. Marketing findet nicht nur zwischen Marketingfachleuten und Verbrauchern statt, sondern auch zwischen Verbrauchern.

Tabelle 3: Die Zukunft des Marketings

Die Disziplin des Marketings	Heutiges Marketingkonzept	Künftiges Marketingkonzept
Produkt-management	Die vier P (Produkt, Preis, Platzierung, Promotion)	Co-Kreation
Kunden-management	STP (Segmentierung, Targeting und Positionierung)	Vergemeinschaftung
Marken-management	Markenaufbau	Charakterbildung

Es zeigt sich, dass die Marketingkonzepte der letzten 60 Jahre meist vertikal sind. Um das Vertrauen der Verbraucher zurückzugewinnen, müssen wir verinnerlichen, was wir als »neues Verbrauchervertrauenssystem« bezeichnen. Dieses neue Verbrauchervertrauenssystem ist horizontal. Verbraucher treffen sich heute in eigenen Gemeinschaften, wirken an der Entwicklung eigener Produkte und Erfahrungen mit und suchen außerhalb dieser Gemeinschaften nach Vorbildern. Sie sind skeptisch, weil sie wissen, dass Charakter außerhalb ihrer Sphäre schwer zu finden ist. Aber wenn sie ihn finden, werden sie sofort zu loyalen Anhängern.

Unternehmen, die Erfolg haben wollen, müssen begreifen, dass Verbraucher immer mehr Wert auf Mitwirkung an der Entwicklung, auf Vergemeinschaftung und auf Charakter legen (siehe Tabelle 3). Diese drei Aspekte, die nach unserer Prognose die drei Grundpfeiler künftiger Marketingpraxis sein werden, wollen wir genauer untersuchen.

Co-Kreation

»Cocreation« ist der von C. K. Prahalad geprägte Begriff, der diesen neuen Innovationsansatz beschreibt. Prahalad und Krishnan haben in *The New Age of Innovation*[6] festgestellt, welche neuen Methoden der Produktentwicklung und Erfahrung durch die Zusammenarbeit zwischen Unternehmen, Verbrauchern, Zulieferern und Vertriebspartnern entstehen, die in einem Innovationsnetz untereinander in Beziehung stehen. Eine Produkterfahrung ist nie nur eine Produkterfahrung. Es ist die Sammlung individueller Verbrauchererfahrungen, die einem Produkt höchsten Wert verleiht. Die Erfahrung eines einzelnen Verbrauchers mit einem Produkt wird durch dessen individuelle Bedürfnisse und Wünsche personalisiert.

Wir beobachten drei wichtige Prozesse des aktiven Einbeziehens. Erstens sollten Unternehmen das einrichten, was wir als eine »Plattform« bezeichnen – ein standardisiertes Produkt, das noch passgenau zugeschnitten wird. Zweitens sollten einzelne Verbraucher innerhalb eines Netzes die Plattform auf ihre spezifischen Identitäten ausrichten. Schließlich sollte Feedback von den Kunden eingeholt und die Plattform durch die Einarbeitung sämtlicher individueller Anpassungen bereichert werden, die vom Verbrauchernetz vorgenommen werden. Diese Praxis ist beim Open-Source-Ansatz in der Softwareentwicklung üblich und wir glauben, dass sie auch auf andere Branchen ausgeweitet werden kann. So sollten Unternehmen die Vorteile der aktiven Einbeziehung in die Entwicklung nutzen, die im horizontalen Verbrauchernetz stattfinden.

Vergemeinschaftung

Technologie verbindet nicht nur Länder und Unternehmen und beschleunigt deren Globalisierung, sondern sie verbindet auch Verbraucher und beschleunigt deren Vergemeinschaftung. Das Konzept der Vergemeinschaftung ist eng mit dem Marketingkonzept des Tribalismus verwandt. In *Tribes*[7] argumentiert Seth Godin, dass Verbraucher untereinander vernetzt werden möchten, nicht mit Unternehmen. Unternehmen, die auf diesen neuen Trend aufspringen wollen, sollten diesem Bedürfnis Rechnung tragen und den Verbrauchern helfen, sich in Gemeinschaften zusammenzuschalten. Godin behauptet, dass geschäftlicher Erfolg nur mit Unterstützung von Gemeinschaften möglich ist.

Laut Fournier und Lee können sich Verbraucher in Gemeinschaften organisieren – in *Pools, Webs* oder *Hubs*.[8] Verbraucher in Pools teilen dieselben Werte, interagieren aber nicht unbedingt. Sie werden nur von ihrer Überzeugung und ihrer starken Beziehung zu einer Marke zusammengehalten. Diese Art der Gemeinschaft ist die typische Gruppe von Markenenthusiasten, wie sie viele Unternehmen pflegen sollten. Verbraucher in Webs interagieren dagegen. Dabei haben wir es mit einer typischen Sozialmediengemeinschaft zu tun, die durch One-to-One-Beziehungen zwischen ihren Mitgliedern verbunden ist. Verbraucher in Hubs sind anders. Sie kreisen um eine starke Leitfigur und bilden eine loyale Fangemeinde. Die Klassifizierung der Gemeinschaft entspricht Godins These, dass Verbraucher entweder untereinander vernetzt sind (in Webs), mit einem Anführer (in Hubs) oder durch eine

Idee (in Pools). Godin, Fournier und Lee sind sich darin einig, dass Gemeinschaften nicht bestehen, um dem Unternehmen zu dienen, sondern ihren Mitgliedern. Dessen sollten sich die Unternehmen bewusst sein und sich am Dienst an den Mitgliedern der Gemeinschaften beteiligen.

Charakterbildung

Damit sich Marken mit Menschen vernetzen können, müssen sie eine echte DNS entwickeln, die im Zentrum ihrer Differenzierung steht. Diese DNS spiegelt die Identität der Marke in den sozialen Netzen der Verbraucher wider. Marken mit einzigartiger DNS entwickeln im Laufe ihres Lebens Charakter. Für Marketingfachleute ist es schon schwer, überhaupt Differenzierung zu erreichen. Das gilt für echte Differenzierung umso mehr.

In ihrem Buch *Authenticity*[9] argumentieren Pine und Gilmore, dass die heutigen Verbraucher bei der Beurteilung einer Marke sofort sagen können und werden, ob diese falsch oder echt ist. Unternehmen sollten stets nach Authentizität streben und Erfahrungen liefern, die ihren Behauptungen gerecht werden. Sie sollten nicht versuchen, in der Werbung lediglich den Anschein von Authentizität zu wecken, denn dann verlieren sie sofort Glaubwürdigkeit. In der horizontalen Welt der Verbraucher aber ist der Verlust der Glaubwürdigkeit gleichbedeutend mit dem Verlust eines ganzen Netzes potenzieller Käufer.

Der Schritt zum Human Spirit: Das 3i-Modell

In Marketing 3.0 müssen Unternehmen den Verbraucher als ganzen Menschen ansprechen. Laut Stephen Covey gehören zu einem ganzen Mensch vier grundlegende Komponenten: ein physischer Körper, ein zu unabhängigem Denken befähigter analytischer Verstand, ein Herz mit Empfindungen und der Geist – also die Seele beziehungsweise das philosophische Zentrum.[10]

Im Marketing wurde das Konzept der Bedeutung für den Verstand des Verbrauchers mit dem Klassiker von Al Ries und Jack Trout, *Positioning*[11], eingeführt. Sie vertraten die Ansicht, dass die Idee hinter einem Produkt im Kopf der Kundenzielgruppe eine bedeutende und einzigartige Stellung einnehmen müsse. Daher waren die Marketingspezialisten von Volvo auch so erfolgreich damit, Autokäufern die Idee einzugeben, dass Volvo die sichersten Autos baut.

Doch später erkannten wir, dass die emotionale Komponente der menschlichen Psyche vernachlässigt wurde. Es reicht nicht mehr, nur auf den Verstand abzuheben. Marketing sollte auch die Herzen der Verbraucher ansprechen. Das Konzept des emotionalen Marketings wurde in mehreren Büchern beschrieben, zum Beispiel in *Experiential Marketing* von Bernd Schmitt, *Emotional Branding* von Marc Gobé und *Lovemarks* von Kevin Roberts, um nur ein paar zu nennen.[12]

Herausragende Beispiele für emotionales Marketing lieferten auch Marketinggrößen wie Howard Schultz von Starbucks, Richard Branson von Virgin und Steve Jobs von Apple. Das Starbucks-Konzept des »dritten Raums zum Kaffeetrinken«, Virgins »unkonventionelles Marketing« und Apples »kreative Fantasie« sind Umsetzungen von emotionsorientiertem Marketing. Diese Initiativen zielen auf unser Herz ab, auf unser Gefühlsleben.

Marketing muss ein drittes Entwicklungsstadium erreichen, indem es die Seele der Verbraucher anspricht. Marketingfachleute sollten versuchen, die Ängste und Wünsche der Verbraucher zu verstehen und das zu tun, was Stephen Covey als »Entschlüsselung des Seelencodes« bezeichnet, um nicht an Bedeutung zu verlieren. Unternehmen sollten auf den Verbraucher als ganzen Menschen abheben, der aus Kopf, Herz und Seele besteht. Und der letzte Punkt darf dabei nicht übergangen werden.

Marketing in der neuen Dimension sollte als gleichseitiges Dreieck aus Marke, Positionierung und Differenzierung neu definiert werden.[13] Zur Vervollständigung des Dreiecks haben wir das 3i-Modell einge-

Abbildung 3: Das 3i-Modell

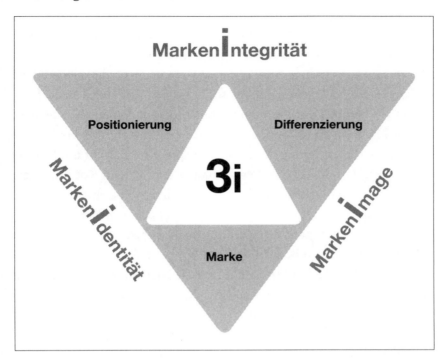

führt: Marken*identität*, Marken*integrität* und Marken*image*. In der horizontalen Welt der Verbraucher ist eine Marke nichts wert, wenn sie nur ihre Positionierung zum Ausdruck bringt.

Die Marke kann im Kopf des Verbrauchers eine klare Identität haben, doch diese muss nicht notwendigerweise positiv besetzt sein. Positionierung ist schlicht eine Behauptung, die Verbraucher zur Vorsicht in Bezug auf nicht authentische Marken anhält. Anders formuliert: Das Dreieck ohne die Differenzierung ist unvollständig. Die Differenzierung ist die DNS einer Marke, die ihre wahre Integrität wiedergibt. Sie ist der stichhaltige Beweis, dass eine Marke hält, was sie verspricht. Dabei geht es im Grunde darum, Zusagen gegenüber Ihren Kunden einzuhalten und deren Bedürfnisse zu erfüllen. Differenzierung ist der Synergieeffekt der Positionierung und sorgt automatisch für ein positives Markenimage. Nur ein vollständiges Dreieck ist in Marketing 3.0 auch glaubwürdig (siehe Abbildung 3).

Die Markenidentität bezieht sich auf die Positionierung Ihrer Marke in den Köpfen der Verbraucher. Ihre Marke sollte auf dem überfüllten Markt eine einzigartige Sonderstellung einnehmen, die niemandem verborgen bleibt. Darüber hinaus sollte sie den rationalen Bedürfnissen und Wünschen der Verbraucher entsprechen. Andererseits geht es bei der Integrität einer Marke auch darum, zu liefern, was Positionierung und Differenzierung der Marke versprechen. Es geht um Glaubwürdigkeit, darum, Versprechen zu halten und bei den Konsumenten Vertrauen in die Marke zu wecken. Markenintegrität zielt auf die Seele des Verbrauchers. Das Markenimage schließlich soll eine intensive emotionale Wirkung auf den Verbraucher ausüben. Der Markenwert sollte die emotionalen Bedürfnisse und Wünsche des Verbrauchers ansprechen – über die Funktionalität und die Merkmale eines Produkts hinaus. Sie sehen, das Dreieck soll für den ganzen Menschen relevant sein – für Kopf, Herz und Seele.

Ferner lässt sich aus diesem Modell ableiten, dass Marketingfachleute der Generation 3.0 gleichzeitig die Köpfe und Seelen der Verbraucher anvisieren sollten, um ihre Herzen zu berühren. Die Positionierung löst im Kopf eine Kaufentscheidung aus. Eine Marke muss sich authentisch differenzieren, damit der Human Spirit diese Kaufentscheidung gutheißt. Dann wird schließlich das Herz den Verbraucher zur Handlung animieren und er kauft das Produkt.

So positionierte sich S. C. Johnson & Son, Inc. als »nachhaltiges Familienunternehmen in der fünften Generation, das auf Konsumprodukte für den täglichen Gebrauch im Haushalt spezialisiert ist«. Die Differenzierung liegt im nachhaltigen Geschäftsmodell. Der Begriff »Bottom of the Pyramid« (der Fuß der Wohlstandspyramide), der Menschen bezeichnet, die unter 1 US-Dollar am Tag verdienen, ist in aller Munde, seit C. K. Prahalad *The Fortune at the Bottom of the Pyramid*[14] geschrieben hat: ein Buch darüber, wie rentable, nachhaltige Unternehmen den Armen nutzen können. Doch es war S. C. Johnson & Son, das auf verschiedenen Märkten, zum Beispiel in Kenia, als

Abbildung 4: Das 3i-Modell von S.C. Johnson4

Pionier den unteren Abschnitt der Pyramide bedient hat. In den letzten Jahren war S. C. Johnson & Son wichtiger Partner bei der Entwicklung des Bottom-of-the-Pyramid-Protokolls mit Stuart L. Hart, Autor von *Capitalism at the Crossroads*. Daher besitzt die Marke des Unternehmens die Integrität zur Positionierung als nachhaltiger Familienbetrieb in der fünften Generation (siehe Abbildung 4).

Ein weiteres geeignetes Beispiel für ein Unternehmen mit solider Markenintegrität ist Timberland. Es ist positioniert als Anbieter »hochwertiger Sport- und Freizeitschuhe und -bekleidung« (Abbildung 5). Das Unternehmen untermauert diese Positionierung durch handfeste Differenzierung. Es ist bekannt für seinen »Path of Service« – das gemeinnützige Freiwilligenprogramm für Mitarbeiter von Timberland. Die Differenzierung hat sich bereits bewährt, denn sie hat die Belastungsprobe durch den Zahn der Zeit überstanden. 1994 brach der

Abbildung 5: Das 3i-Modell

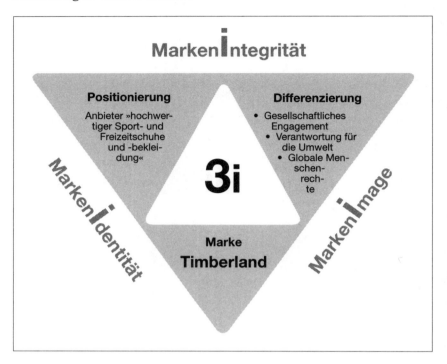

Nettogewinn des Unternehmens von 22,5 Millionen US-Dollar auf 17,7 Millionen US-Dollar ein. Im Folgejahr stagnierte die Umsatzentwicklung nach wie vor und das Unternehmen wies erstmals in seiner Geschichte einen Verlust aus. Viele prophezeiten, dass das Path-of-Service-Programm unter diesen Umständen gestrichen werden würde. Doch das Management von Timberland hielt das ehrenamtliche Engagement für einen festen Bestandteil der DNS, die die Marke anders und authentisch machte. Daher besteht das Programm bis heute.[15]

Das 3i-Modell ist auch für Marketing im Kontext sozialer Medien relevant. Im Zeitalter der Mitbestimmung des Verbrauchers – nicht zuletzt durch Informationsfülle und Vernetzung von Gemeinschaften – ist eine stimmige Marken-Positionierung-Differenzierung Grundvoraussetzung. Marken, die nicht authentisch sind, haben ausgespielt, wenn persönliche Empfehlungen das neue Werbemedium werden und

Verbraucher Fremden, die ihren Gemeinschaften angehören, mehr glauben als den Unternehmen. Natürlich wird in sozialen Medien gelogen und betrogen, doch gemeinsam kommt die Verbrauchergemeinschaft solchen Machenschaften schnell auf die Schliche.

In sozialen Medien ist eine Marke eine Art Mitglied. Die Markenidentität (quasi ihr Avatar) wird anhand ihres Erfahrungsschatzes innerhalb der Gemeinschaft bewertet. Eine schlechte Erfahrung schadet der Markenintegrität und zerstört das Markenimage in der Gemeinschaft. Jeder Nutzer sozialer Medien weiß das. Eliten in sozialen Medien wachen gnadenlos über deren Charakter. Diesen Trend sollten Marketingfachleute kennen und für sich entdecken. Üben Sie nicht zu viel Kontrolle über die Verbrauchergemeinschaft aus, sondern lassen Sie sie Ihre Marketingaufgaben übernehmen. Bleiben Sie einfach Ihrer Marken-DNS treu. Marketing 3.0 ist das Zeitalter horizontaler Kommunikation, in dem nicht vertikale Kontrolle greift, sondern nur Ehrlichkeit, Originalität und Authentizität.

Die Umstellung auf wertorientiertes Marketing

Marketingabteilungen müssen die Sorgen und Sehnsüchte der Verbraucher erkennen, um sich auf ihre Köpfe, Herzen und Seelen auszurichten. Im Globalisierungsparadox ist es die grundlegende Angst und Ambition der Verbraucher, ihre Gesellschaft – und die ganze Welt – zu einem besseren, ja, vielleicht sogar vollkommenen Lebensraum zu machen. Daher müssen Unternehmen, die Ikonen werden wollen, diesen Traum der Verbraucher teilen und etwas bewirken.

Manche Unternehmen erreichen dies, indem sie sich für ein soziales oder ökologisches Anliegen stark machen. Wie in *Compassionate Capitalism*[16] nachzulesen, ist philanthropisches Engagement für ein Unternehmen ein großartiger Weg zum geschäftlichen Erfolg. Zunächst veranlasst es Wirtschaftslenker zum Einsatz für einen sozialen Zweck und animiert sie, privat oder aus der Unternehmenskasse dafür zu spenden. Zweitens erkennt das Unternehmen, dass Philanthropie Marketingwert besitzt. Doch häufig lässt sich auf diesen beiden Grundpfeilern nicht erfolgreich aufbauen. Unternehmen, die den ersten Ansatz wählen, gelingt es oft nicht, den sozialen Gedanken in die Unternehmens-DNS einzubauen. Unternehmen, die es auf dem zweiten Weg versuchen, haben in der Regel Schwierigkeiten, das Engagement aufrechtzuerhalten. Viele Unternehmen hätten in Bezug auf Timberlands Festhalten an seinem Freiwilligenprogramm in Krisenzeiten Rechtfertigungsprobleme bekommen. Schließlich können Unternehmen noch in die Fallen mangelnder Authentizität tappen – wenn sie nämlich nur deshalb Gutes tun, um Geschäfte zu machen.

Mission, Vision und Werte

Damit gute Taten in die Unternehmenskultur einfließen und die Motivation hoch bleibt, muss Philanthropie in die Mission, die Vision und die Werte des Unternehmens Eingang finden. Topmanager müssen diesbezügliche Aussagen als die DNS des Unternehmens begreifen. Nehmen Sie die mitreißende Geschichte der Fetzer Vineyards unter Führung von Paul Dolan.[17] Dolan erkannte, wenn er Fetzer Vineyards zu einem Unternehmen machen wollte, das bewundert und in Sachen Nachhaltigkeit zum Vorbild werden sollte, wenn es ein stolzes Mitglied der Gemeinschaft werden sollte, dann musste das Engagement auf Unternehmensebene beginnen, damit es von allen Mitarbeitern verinnerlicht wurde.

Der verstorbene Peter Drucker hat ebenfalls einmal gesagt, dass eine der ersten Lektionen, die Unternehmen von erfolgreichen gemeinnützigen Organisationen lernen können, der Ansatz bei einer Mission ist.[18] Drucker behauptete, erfolgreiche Unternehmen begännen mit ihrer Planung nicht beim finanziellen Ertrag, sondern bei der Umsetzung ihrer Mission. Gewinne seien nur die Folge.

Manche definieren eine Mission als Erklärung des Geschäfts, das ihr Unternehmen betreibt. Doch in einem dynamischen Unternehmensumfeld kann sich die Definition des Betätigungsfelds schnell ändern. Wir definieren eine Mission daher lieber beständiger als Daseinsgrund eines Unternehmens. Sie gibt den eigentlichen Zweck des Bestehens Ihres Unternehmens wieder. Jedes Unternehmen sollte seine Mission so einfach wie möglich formulieren, da sie über die Nachhaltigkeit des Unternehmens bestimmt.

Vom berühmten Prinzip des Charles Handy inspiriert, verwenden wir einen Doughnut als Symbol für die Mission eines Unternehmens.[19] Das Doughnut-Prinzip besagt im Grunde, dass das Leben wie ein umgekehrter Doughnut ist – mit dem Loch außen und dem Teig in der Mitte. Aus der Doughnut-Perspektive ist der Kern fix und der begrenzte Raum um den Kern flexibel. Die Mission des Unternehmens ist der unveränderliche Kern. Das operative Geschäft und der Tätigkeitsbereich des Unternehmens sind flexibel, sollten aber auf den Kern abgestimmt sein.

Während die Mission fest in der Vergangenheit wurzelt, in der das Unternehmen gegründet wurde, geht es bei der Vision um die Erfindung der Zukunft. Eine Vision ist zu definieren als Bild des erstrebenswerten zukünftigen Zustands des Unternehmens. Sie gibt an, was das Unternehmen anstrebt und erreichen möchte. Um das festzulegen, muss das Unternehmen auf der Grundlage der festgelegten Unternehmensmission ein mentales Bild von der Zukunft entwerfen. Unser Symbol dafür ist ein Kompass, der das Unternehmen zu seinem zukünftigen Status hinführt.

Die Werte wiederum sind als »institutionelle Verhaltensmaßstäbe eines Unternehmens«[20] zu betrachten. Weil Unternehmen in der Regel demselben Wertezyklus folgen, wird dieser durch das Rad dargestellt. Werte formulieren eine Aufstellung der Prioritäten eines Unternehmens und der Bestrebungen des Managements, diese in der Praxis umzusetzen. Auf diese Weise hofft es, solche Verhaltensweisen zu verstärken, die dem Unternehmen und den Gemeinschaften innerhalb und außerhalb zugutekommen, und so am Ende die Werte der Institution zu stärken.

Abbildung 6: Wertbasierte Matrix (VBM-Modell)

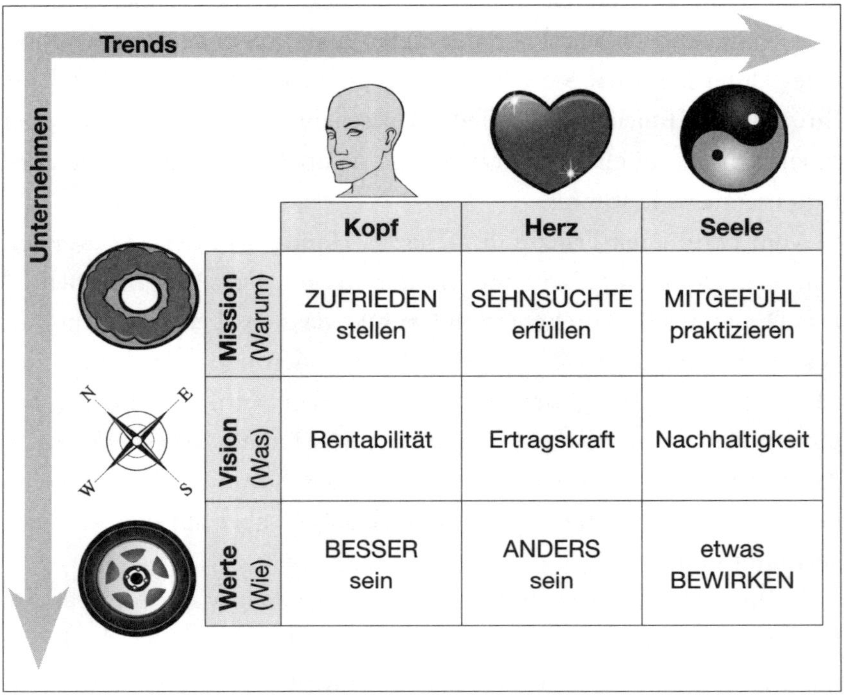

		Kopf	Herz	Seele
Mission (Warum)		ZUFRIEDEN stellen	SEHNSÜCHTE erfüllen	MITGEFÜHL praktizieren
Vision (Was)		Rentabilität	Ertragskraft	Nachhaltigkeit
Werte (Wie)		BESSER sein	ANDERS sein	etwas BEWIRKEN

Im Ganzen betrachtet sollte auch eine wertbasierte Matrix eingeführt werden, in der das Unternehmen auf einer Achse versucht, Kopf, Herz und Seele aktueller und künftiger Kunden anzusprechen. Die andere Achse beinhaltet die Mission, die Vision und die Werte des Unternehmens (Abbildung 6). Während es unbedingt notwendig ist, den Kunden auf Produktebene Leistung und Zufriedenheit zu bieten, sollte eine Marke auf höchster Ebene als Realisierung emotionaler Ziele und in irgendeiner Form auch als praktizierte Nächstenliebe verstanden werden. Sie darf nicht nur Rentabilität und Ertragskraft für bestehende und zukünftige Aktionäre versprechen, sondern muss auch für Nachhaltigkeit stehen. Sie muss zu einer Marke werden, die besser ist, anders, und für jetzige und künftige Mitarbeiter die Welt verändert. So steht etwa S. C. Johnson & Son für soziales Engagement und ökolo-

62 ▐ Die neue Dimension des Marketings – Trends

gische Nachhaltigkeit in Mission, Vision und Werten des Unternehmens (Tabelle 4). Mit der Mission »zum Wohle der Gemeinschaft beizutragen und gleichzeitig die Umwelt zu erhalten und zu schützen«, erfüllt S. C. Johnson & Son ein Kundenbedürfnis, indem es verschiedene Produkte anbietet, Wünsche erfüllt, weil es Kunden zur Mitwirkung am Umweltschutz anregt, und Anteilnahme praktiziert, indem es den unteren Bereich der Marktpyramide anvisiert.

Tabelle 4: Wertbasierte Matrix von S.C. Johnson

	Kopf	Herz	Seele
Mission Beitrag zum Wohl der Gemeinschaft, zu Nachhaltigkeit und Umweltschutz	Haushalts- und Konsumprodukt-linien	Förderung wiederverwend-barer Einkaufs-taschen	Ausrichtung auf den unteren Bereich der Wohl-standspyramide
Vision Global führend mit innovativen Lösungen, die auf der Basis der Nachhaltigkeit menschliche Bedürfnisse be-friedigen	Bei S.C. Johnson & Son bedeutet nachhaltige wirt-schaftliche Wert-schöpfung, dass zum Florieren von Gemeinschaften beigetragen wird, während das Un-ternehmen rentab-les Wachstum er-zielt.	Ron Brown Award für Unter-nehmensführung	Nachhaltige Werte vermitteln: S.C. Johnson Public Report
Legt Wert auf Nachhaltigkeit Wir schaffen wirt-schaftlichen Wert. Wir streben nach einer gesunden Umwelt. Wir fördern sozia-len Fortschritt.	Wir glauben, dass unsere grund-legende Stärke in unseren Mitar-beitern liegt.	Einer der 100 besten Arbeit-geber	Die Chance, das Richtige für die Umwelt und für eine nachhaltige Gesellschaft zu tun

Das Unternehmen hat die Vision, weltweit führender Anbieter innovativer Lösungen sein, die menschliche Bedürfnisse auf der Grundlage des Prinzips der Nachhaltigkeit erfüllen. Die Realisierung dieser Vision ist an rentablem Wachstum und an den Auszeichnungen abzulesen, die das Unternehmen erhalten hat. Außerdem veröffentlicht es einen Bericht, um seine Erfolge im Bereich Nachhaltigkeit zu kommunizieren.

Die Werte von S. C. Johnson & Son wurzeln im Konzept der drei Ziele, die unter dem Strich erreicht werden sollen: wirtschaftlicher Wert, gesunde Umwelt und sozialer Fortschritt. Um auf Kopf, Herz und Seele jetziger und künftiger Mitarbeiter abzuheben, arbeitet das Unternehmen mit diesem Konzept. Indem es mitteilt, dass seine fun-

Tabelle 5: Wertbasierte Matrix von Timberland

	Kopf	Herz	Seele
Mission Es besser machen	Hohe Produkt- qualität	Outdoor-Design der Shops	Slogan: »Make it better«
Vision Im 21. Jahrhundert weltweit Vorbild für ein Unternehmen mit gesellschaftlicher Verantwortung zu sein	Gewinn- steigerungen	Kursentwicklung der Aktie	Key Performance- Indikatoren für Nachhaltigkeit
Werte Menschlichkeit Demut Integrität Exzellenz	»In unserer Zentrale arbeiten die Mitarbeiter hart, um Produkte herzustellen, die zu den innovativsten der Welt zählen.«	Unter den besten 100 Arbeitgebern von *Fortune*	Path-of-Service- Programm

damentale Stärke in seinen Mitarbeitern liegt, zielt es auf den Kopf ab. Das Herz wird erreicht, indem das Unternehmen Frauen mit Kindern einstellt und zu den 100 besten Arbeitgebern für berufstätige Mütter gewählt wurde. Indem das Unternehmen möglich macht, das Richtige für Umwelt und soziale Nachhaltigkeit zu tun, spricht es die Seele an.

Oder nehmen wir das Beispiel Timberland. Timberland hat die einfache Mission, seine Produkte zu verbessern (Tabelle 5). Es stellt Kunden durch hochwertige Produkte zufrieden und fördert emotionale Erfahrungen – zum Beispiel durch die Gestaltung der Ladengeschäfte. Die Seele wird durch die als Slogan formulierte Mission berührt.

Timberland hat die Vision, im 21. Jahrhundert weltweit eine Vorbildrolle als sozialverantwortliches Unternehmen zu spielen. In den letzten Jahren hat es in Bezug auf seine Vision Erstaunliches erreicht und kann auf diese Erfolge aufbauen, um das Unternehmen bei den Aktionären zu vermarkten. Auf der Verstandesebene spiegelt sich die Vision in den Ertragssteigerungen, die das Unternehmen verbucht. Emotional ist sie an der eindrucksvollen Performance der Aktie zu erkennen. Spirituell zeigt sie sich in den auf Nachhaltigkeit abgestellten Key Performance-Indikatoren.

Für seine Mitarbeiter setzt Timberland auf die Werte Humanität, Demut, Integrität und Exzellenz. Diese Werte demonstriert es der Belegschaft durch verschiedene Initiativen. Die wichtigste ist das Path-of-Service-Programm, das Mitarbeitern Gelegenheit gibt, diese Werte zu leben.

Marketing 3.0: Der Sinn von Marketing und die Vermarktung von Sinn

Ein näherer Blick auf das 3i-Modell lässt erkennen, dass die neue Bedeutung des Marketings in der Version 3.0 im Grunde im Zusammenfließen dreier Konzepte besteht: Identität, Integrität und Image. Beim

Marketing geht es darum, Ihre einzigartige Identität zu definieren und durch glaubwürdige Integrität zu stärken, um ein überzeugendes Image aufzubauen.

Marketing 3.0 bezieht sich aber auch auf die Vermarktung des eigentlichen Sinns der Mission, der Vision und der Werte des Unternehmens. Indem wir Marketing so definieren, möchten wir es auf eine höhere Ebene heben – als wichtigen Faktor bei der Gestaltung der strategischen Zukunft des Unternehmens. Marketing soll nicht länger nur Vermarktung und Einsatz von Instrumenten zur Generierung von Nachfrage umfassen. Vielmehr sollte es als die große Hoffnung eines Unternehmens darauf gelten, das Verbrauchervertrauen wiederherzustellen.

TEIL II: Strategie

Kapitel 3

Die Mission beim Verbraucher vermarkten

Die Verbraucher als die neuen Besitzer der Marke

Erinnern Sie sich noch? 1985 gab es da diese Geschichte um New Coke, das nach nicht einmal drei Monaten vom Markt genommen wurde, weil die Verbraucher so heftig reagierten.[1] Dabei ging es ihnen gar nicht um den Geschmack. Mitte der 1980er Jahre war Coca-Cola bereits Teil der Popkultur in den Vereinigten Staaten. Die Verbraucher hatten eine Beziehung zu der Marke und zu ihrer ach-so-geheimen Rezeptur. Diese Beziehung wurde durch New Coke gestört. Infolgedessen lehnten die Verbraucher das neu eingeführte Produkt ab. Ganz anders in Kanada. Dort wurde New Coke gut angenommen, weil Coca-Cola keinen solchen Ikonenstatus hatte. In den Vereinigten Staaten war es ein teurer Flop, doch immerhin konnte Coca-Cola nunmehr davon ausgehen, dass die Verbraucher Wert auf die Marke legten.

Diese Geschichte wiederholte sich im 21. Jahrhundert. Diesmal stand der skandinavische Möbeldiscounter IKEA im Mittelpunkt. Um Kosten zu sparen, stieg IKEA 2009 von seiner stilvollen, individuellen offiziellen Schriftart Futura auf die funktionelle Verdana-Schrift um.[2] Die Verbraucher reagierten empört. Über Twitter wurde das Thema ausgiebig diskutiert. Wiederum verteidigten die Verbraucher eine Marke, zu der sie eine Beziehung aufgebaut hatten. Die sozialen Medien trugen dazu bei, dass sich die Beschwerden schneller und weiter verbreiteten.

Seinerzeit bei New Coke glaubten viele Marketingexperten, dass es sich dabei um einen Fehler in der Produktentwicklung handelte. Das

Management von Coca-Cola hatte schlicht die Ergebnisse der Markt-forschung fehlinterpretiert und daher die Bedürfnisse und Wünsche der Verbraucher missverstanden. Doch dass IKEA etwas ganz Ähn-liches erlebte, zeigt uns, dass solche wehrhaften Reaktionen etwas an-deres sind als einfach fehlgeschlagene Produkteinführungen. Wenn die Mission einer Marke den Verbrauchern fest in Kopf, Herz und Seele übergangen ist, dann gehört ihnen diese Marke. In Wirklichkeit haben beide Unternehmen fatalerweise die Mission ihrer eigenen Marke nicht so gut verstanden wie die Verbraucher.

Coca-Cola ist ein Symbol für das amerikanische Glück. Die Marke machte in den 1930er Jahren den fröhlichen Weihnachtsmann popu-lär. 1971 vermittelte der Song »I'd Like to Teach the World to Sing« den Amerikanern Wohlgefühl in Krisenzeiten. Das Geheimnis um das Originalrezept galt als Glücksformel. 2009 lancierte Coca-Cola die »Open Happiness«-Kampagne, doch in den 1980er Jahren war das Geheimnis noch wohl gehütet. 1977 zog sich Coca-Cola sogar aus In-dien zurück, um das Rezept vor der indischen Regierung geheim zu halten. Für Coca-Cola ging es bei der Einführung von New Coke um einen neuen Geschmack, mit dem man den Colakrieg gegen Pepsi ge-winnen wollte. Doch für die Verbraucher war die Manipulation am Geheimnis hinter der Ikone ein Angriff auf ihr Lebensglück. Das Gute daran war für Coca-Cola, dass die Verbraucher fest an die Marken-mission des Glücks glaubten.

Auch IKEA ist eine Ikone. Es ist ein Symbol für schicken, modischen Lebensstil. Vor IKEA waren bezahlbare Möbel in der Regel funktionell und wenig geschmackvoll. Mit IKEA wurde das anders. Bei IKEA be-deutete Erschwinglichkeit Selbstbedienung und Eigenmontage bei tol-lem Design. Die Markenmission von IKEA: zeitgemäße Möbel für cle-vere Kunden günstig anzubieten. Der Wechsel zur Schriftart Verdana mochte die Möbel noch günstiger machen, doch für das ansprechende Design war er ein K.o.-Kriterium. Insgesamt war das keine gute Ent-scheidung – vor allem für solche Verbraucher, die viel Wert auf die recht-schaffene Mission der Marke legten. Für IKEA lag in der vielseitigen Verwendbarkeit von Verdana ein erheblicher Ersparnisfaktor. Für die

70 ▌ Die neue Dimension des Marketings – Strategie

Verbraucher war es Verrat an ihren Überzeugungen und kratzte an der Vorstellung, dass sie wirklich clever waren. Wiederum waren geschäftliche Überlegungen nicht richtig auf die Markenmission abgestimmt.

Diese beiden Fallbeispiele beinhalten eine ausgesprochen wichtige Botschaft: In Marketing 3.0 verliert man das Besitzrecht an erfolgreichen Marken. Unternehmen, die Marketing 3.0 einführen, müssen sich damit abfinden, dass es fast unmöglich wird, die Marke zu kontrollieren. Die Markenmission wird zu ihrer Mission. Den Unternehmen bleibt nichts übrig, als ihre Handlungen auf diese Mission abzustimmen.

Wie eine gelungene Mission aussieht

Eine Markenmission ist nicht so leicht zu formulieren, wie es den Anschein hat. Es ist schwer, die Gründe für die Existenz einer Marke in einem schlichten Statement zusammenzufassen – umso mehr, wenn dieses auch noch griffig sein soll, statt verquast. Wenn es Ihnen schwer fällt, Ihre Markenmission in Worte zu fassen, sind Sie in guter Gesellschaft. Jack und Suzy Welch veranstalteten drei Jahre in Folge jeweils ein zweitägiges Seminar, an dem über 100 CEOs teilnahmen. Zu ihrer Überraschung gaben 60 Prozent der Unternehmenslenker zu, dass sie ihre Unternehmensmission nicht ausformuliert hätten. Die Mission-Statements der übrigen beruhten meist auf Schablonen und waren wenig aussagekräftig.[3]

Die offizielle Website von Scott Adams' *Dilbert* bot eine Zeit lang einen automatischen Generator für Mission-Statements an, mit dem Nutzer solche Aussagen durch zufälliges Zusammenwürfeln von Unternehmensjargon produzieren konnten. Mithilfe dieses Generators konnte man Tausende von lächerlich klingenden Mission-Statements verfassen. Ein Beispiel: »*Es ist unsere Aufgabe, laufend erstklassige Infrastrukturen zu fördern und gleichzeitig zügig prinzipienzentrierte Quellen zu entwickeln, um die Bedürfnisse unserer Kunden zu befrie-*

digen.«[4] Der Generator ist nicht mehr online, aber Sie sollten ihn ohnehin lieber nicht benutzen.

In diesem Buch geben wir Ihnen keine neuen Vorlagen oder Jargon-Generatoren an die Hand. Wir wollen Ihnen vielmehr die wesentlichen Merkmale nahebringen, die eine gute Markenmission ausmachen (siehe Abbildung 7). In Marketing 3.0 ist die Entwicklung einer gelungenen Mission gleichbedeutend mit der Eröffnung einer neuen unternehmerischen Perspektive, die das Leben der Verbraucher verändern kann. Wir nennen das »Business as Unusual« in Anlehnung an den bekannten Spruch der verstorbenen Anita Roddick, Gründerin von The Body Shop. Wir sind der Ansicht, dass hinter jeder guten Mission eine gute Geschichte steht. Die Verbreitung der Mission bei den Verbrauchern erfordert daher eine Story, die die Menschen berührt. Eine ungewöhnliche Idee, die in eine Mission eingebettet wird, müsste daher auf dem Massenmarkt ankommen, um wirklich etwas zu bewirken. Anders formuliert, die Umsetzung der Mission erfordert die aktive Mitwirkung der Verbraucher. Deshalb ist es so wichtig, diese einzubeziehen.

Abbildung 7: Drei Merkmale einer gelungenen Mission

Business as Unusual

Jedes junge Unternehmen träumt von einer originellen und innovativen Geschäftsidee. Im *Harvard Business Review* erscheint jedes Jahr eine Liste von »Breakthrough Ideas« – bahnbrechenden neuen Ideen, die in der Welt herumgeistern. Im Grunde geht es aber darum, solche Ideen für sich zu entdecken, bevor andere merken, dass sie bahnbrechend sind. Dafür ist eine Fähigkeit nötig, die als *strategische Weitsicht* bezeichnet wird. Sie ist rar gesät und jedem visionären und charismatischen Führer eigen, der in den letzten Jahrzehnten herausragende Geschäftsideen auf den Markt gebracht hat (siehe Tabelle 6, die eine nicht erschöpfende Liste visionärer Wirtschaftslenker und ihrer Einflüsse auf das konventionelle Geschäftsgebaren enthält). Ihre persönliche Mission und die Mission ihrer Marke sind dabei untrennbar und decken sich häufig. Visionäre Führer sind aber nicht notgedrungen auch Innovatoren und Pioniere. In Wirklichkeit haben sich herausragende Unternehmer wie Herb Kelleher, Anita Roddick und sogar Bill Gates von anderen Unternehmen inspirieren lassen. Sie waren aber diejenigen, die mehr aus der Idee gemacht und ihr Bedeutung für das Leben anderer Menschen verschafft haben.

Unternehmer, die mit einer kleinen Idee große Wirkung erzielen können – das sind die, die wirklich etwas bewirken. Day und Schoemaker nahmen 119 Unternehmen weltweit genau unter die Lupe und stellten fest, dass in einem vernetzten Unternehmen der »Schmetterlingseffekt« existiert.[5] Eine kleine Veränderung in einem Teil der Welt kann in anderen Teilen der Welt enorme Veränderungen hervorrufen. Ein Unternehmer, der es versteht, diese kleine Veränderung zu nutzen, kann sich maßgebliche Vorteile verschaffen. Zu diesem Zweck sollten Unternehmer nicht operative Manager sein, die sich auf die interne Organisation konzentrieren. Sie sollten vielmehr offen sein für Entdeckungen und von außen nach innen denken. Day und Schoemaker nennen solche Unternehmer »Vigilant Leader« – Lenker, die intensiv wahrnehmen, aufmerksam reagieren und bereit sind, auf der Basis weniger Informationen riskante Schritte zu wagen. Michael Maccoby be-

Tabelle 6: Beispiele für »Business as Unusual« – Praktiken und Markenmissionen visionärer Unternehmer

Unternehmer	Marke	Business as Unusual	Ursprüngliche Markenmission
Ingvar Kamprad	IKEA	Entwickelte (in den 1960er Jahren) ein Konzept für Möbel zur Selbstmontage und für erlebnisorientierte Selbstbedienungsläden, was erhebliche Kostenersparnisse im Möbeleinzelhandel ermöglichte.	Schicke Möbel bezahlbar zu machen
Richard Branson	Virgin	Erfand das Unternehmen neu – mit wagemutigen und ganz unterschiedlichen Projekten unter einem Namen (seit 1970). Setzte unternehmensweit unkonventionelle Geschäftspraktiken ein; jüngstes Projekt war der Versuch, mit Virgin Galactica (2004) ein kommerzielles Raumschiff zu entwickeln.	Langweilige Branchen aufzupeppen
Walt Disney	The Walt Disney Co.	Schuf erfolgreiche Trickfilmfiguren und eroberte mit Lizenzierung und Themenparks damit den Massenmarkt.	Eine magische Welt für Familien zu erschaffen
Herb Kelleher	Southwest Airlines	Obwohl er seine Ideen für das Billig-Airline-Modell und die Unternehmenskultur von der (1949 gegründeten) Pacific Southwest Airlines bezog, hat Kelleher seit 1971 Billigfluglinien auf den Massenmarkt gebracht und mit seinem Geschäftsmodell weltweit zur Nachahmung angeregt.	Den Flugverkehr vielen Menschen zugänglich zu machen

Unternehmer	Marke	Business as Unusual	Ursprüngliche Markenmission
Anita Roddick	The Body Shop	Obwohl sie den Markennamen und die Idee für Recycling-Verpackungen 1976 von einem US-Unternehmen abkupferte und erst zehn Jahre später mehr zufällig zur Sozialaktivistin wurde, war Roddick Vorreiterin der Idee, Kosmetikprodukten Hintergrundgeschichten zu geben.	Die Einbettung von Sozialaktivismus in ein Unternehmen
Bill Gates	Microsoft	Obwohl er nicht zu den ersten Pionieren gehörte, führte Gates ab 1975 Betriebssysteme in den Massenmarkt ein und hat wohl durch Nutzung des Netzwerkeffekts dafür gesorgt, dass Software zum wesentlichen Bestandteil der Computertechnik wurde.	Den Computer allgegenwärtig zu machen
Steve Jobs	Apple	Jobs veränderte das Computer-, Musik- und Telefongeschäft durch Einführung des Mac (1984), des iPod (2001) und des iPhone (2007) mit zeitgemäßem Kontrakultur-Ansatz; erfand mit Pixar den Trickfilm neu (2006).	Verändern, wie Menschen Technik nutzen
Amazon. com	Jeff Bezos	Bezos efand mit Amazon.com (1994) den Einzelhandel mit Büchern (und anderen Produkten) neu und mit Kindle (2007) das Buch selbst.	Wissen in breitester Auswahl komfortabel zu servieren
Pierre Omidyar	eBay	Omidyar brachte Verkäufer und Käufer durch eBay zusammen (1995), erleichterte Transaktionen und Governance durch Nutzerbewertungen und durch die Integration der Tochter PayPal (2002).	Einen von Nutzern bestimmten Markt zu schaffen

Unternehmer	Marke	Business as Unusual	Ursprüngliche Markenmission
Larry Page und Sergey Brin	Google	Seit 1998 erfindet Google die Suchmaschine neu (das Wort »googeln« wird in Wörterbüchern als Begriff für »suchen im Internet« definiert) und gab der Online-Werbung durch eine suchmaschinenbasierte Werbeplattform ein neues Gesicht.	Informationen global zu organisieren und zugänglich zu machen
Jimmy Wales und Larry Sanger	Wikipedia	Seit 2001 hat Wikipedia das Lexikon neu definiert und den von Ward Cunningham (1994) entwickelten kooperativen Wiki-Ansatz populär gemacht.	Ein von jedermann editierbares Lexikon zu schaffen
Mark Zuckerberg	Facebook	Obwohl nicht der Erfinder des sozialen Netzwerks (2002 wurde Friendster von Jonathan Abrams eingeführt, dann 2003 MySpace von Chris DeWolfe und Tom Anderson, Facebook folgte erst 2004), baute Zuckerberg die Idee mit der Einführung der Facebook Platform (2007) und mit Connect (2008) aus und verbreitete die Präsenz sozialer Netzwerke.	Ein soziales Netzwerk als Unternehmensplattform zur Verfügung zu stellen
Reid Hoffman	LinkedIn	LinkedIn führte das berufsbezogene Online-Netz ein und organisierte berufliche Kontaktinformationen neu; manche meinen, dass der traditionelle Lebenslauf bei der Jobsuche dadurch bald verdrängt wird.	Fachkräfte in aller Welt zusammenzuschalten
Jack Dorsey	Twitter	Twitter wurde 2006 gegründet und war Pionier bei Mini-Blogs im Internet; es bot den Menschen die Möglichkeit, ihre Gedanken ins Netz zu stellen.	Das Instrumentarium zu liefern, um Freunde zu treffen und andere Interessen zu verfolgen

zeichnete sie als »narzisstische Führer«: Menschen mit einer narzisstischen Persönlichkeit, die es ihnen ermöglicht, kühne Entscheidungen gegen die gängigen Überzeugungen zu treffen.[6]

Auf unserer Liste steht noch, dass Markenmissionen authentisch sein müssen. Darin spiegelt sich Peter Druckers These, dass der Ausgangspunkt eines Unternehmens eine gute Mission sein sollte.[7] Finanzieller Erfolg steht erst an zweiter Stelle. Amazon.com wies erstmals 2001 Gewinn aus, nachdem es schon sieben Jahre online war.[8] Twitters Geschäftsmodell ist noch unausgereift. Wie das Unternehmen seine Dienste monetisieren möchte, ist noch unklar.[9] Mark Zuckerberg sagte 2007 ausdrücklich, sein Schwerpunkt liege auf dem Aufbau von Gemeinschaften, er wolle nicht aussteigen und sich einen zahlungskräftigen Käufer für Facebook suchen – wie bei so vielen anderen Online-Start-ups geschehen.[10] Obwohl sie nicht primär auf Gewinn ausgerichtet sind, sind all dies bewundernswerte Marken mit authentischen Missionen, bei denen die Investoren Schlange stehen.

Die nächsten Zutaten zu einer guten Mission sind stets Wandel, Veränderung und Wirkung. Bei Marketing 3.0 geht es darum, die Art und Weise zu verändern, wie Verbraucher leben. Wenn eine Marke Veränderungen bringt, akzeptieren die Verbraucher diese Marke unbewusst als Teil ihres Alltags. Genau darum dreht sich Human-Spirit-Marketing. In ihrem Buch *The Experience Economy* behaupten Pine und Gilmore, sobald die Erfahrungswirtschaft ausgereift sei, werde es Zeit für die Wirtschaft des Wandels.[11] Unserer Ansicht nach hat die Wirtschaft des Wandels – in der ein Unternehmen dem Verbraucher Erfahrungen bietet, die sein Leben verändern – schon Einzug gehalten.

Markenmissionen müssen nicht kompliziert und hochgestochen sein. Im Gegenteil – sie sollten sogar möglichst schlicht ausfallen, um flexible geschäftliche Anwendungsbereiche zu ermöglichen. Schauen Sie sich einmal an, wie visionäre Unternehmer verschiedene Strategien verfolgen, um ihre Mission zu erfüllen. Steve Jobs tat das mit dem Mac, dem iPod und dem iPhone, die alle eine andere Branche geprägt haben. Jeff Bezos lancierte das Lesegerät Kindle, nachdem er erfolgreich Amazon.com aufgebaut hatte. Unternehmen müssen laufend neu überdenken, wie sie ihre Mission umsetzen können. Dabei können sie sich nicht ewig auf ihre Gründer verlassen. Sie brauchen Führungskräfte auf allen Ebenen. Manche sagen, dass Visionäre in der Regel Unternehmer sind. Das sollte Unternehmen aber nicht davon abhalten, Intrapreneure – Unternehmer im Unternehmen – mit visionären Fähigkeiten heranzuziehen. General Electric hat, wie Noel Tichy feststellt[12], stets Maßstäbe gesetzt bei der Führungsentwicklung innerhalb der Organisation. Das Unternehmen führte 2006 das viertägige Programm Leadership, Innovation and Growth (LIG) für Topmanager ein, das speziell auf die Entwicklung von Führungskräften innerhalb von GE für seine Expansionspläne ausgerichtet war. Nach Angaben von CEO Jeff Immelt ist das Programm wesentlich für die Integrierung von Wachstum in die Unternehmens-DNS von GE – also in seine Unternehmensmission.[13]

Eine Geschichte, die die Menschen mitreißt

Der berühmte Drehbuchautor Robert McKee glaubt, dass es nur zwei Möglichkeiten gibt, Menschen zu überzeugen[14]: Entweder setzt man ihnen Ideen vor und unterfüttert sie mit Fakten und Zahlen, um sie in eine intellektuelle Diskussion zu verwickeln oder – die seiner Ansicht nach effektivere Alternative – man schreibt um die Idee herum eine überzeugende Geschichte, um sie auf emotionaler Ebene zu packen. Bei der Einführung eines neuen Produkts wählt Apple-Chef Steve Jobs stets die zweite Variante. Wir halten ihn tatsächlich für einen der besten Geschichtenerzähler in der Wirtschaftsgeschichte. Jobs beginnt stets mit einer Story. Erst dann spricht er über die Merkmale und die Fakten zu seinem Produkt.

Im Herbst 1983 startete der junge Jobs die berüchtigte »1984«-Kampagne, die den Macintosh einem ausgewählten Publikum vorstellen sollte. Er erzählte eine überzeugende Geschichte darüber, warum 1984 für die Computerbranche ein Jahr des Wandels sein würde. Er beschrieb den Macintosh als Apples Antwort auf IBMs Versuch, die Computerindustrie zu beherrschen. Er behauptete, der Apple sei die einzige Hoffnung von Händlern und Verbrauchern, diese Vormachtstellung zu verhindern und sich Wahlfreiheit zu sichern. 2001 folgte ein weiteres brillantes Beispiel für seine Erzählkunst – mit der Einführung des iPod. Dessen Existenzgrundlage war, dass Menschen die gesammelten Musikstücke ihres ganzen Lebens in der Tasche mitführen konnten. 2007 stellte er das iPhone mit dem Versprechen vor, wesentliche Veränderungen herbeizuführen. Das iPhone wurde als revolutionäres, intelligentes und benutzerfreundliches Medium dargestellt, das Musik, Telefonie und Internet in sich vereint. Mit seinen packenden Geschichten übermittelte Steve Jobs in den letzten 25 Jahren die Mission einer Umwälzung in der Computer-, Musik- und Telefonbranche.

Doch die Geschichten, die Jobs präsentierte, waren erst der Anfang. An der ganzen Story der Marke Apple wird fortlaufend in Zusammenarbeit mit verschiedenen Autoren geschrieben: den Mitarbeitern, den Vertriebspartnern und vor allem den Verbrauchern. In der horizontalen Welt entstammt ein großer Teil der Geschichte um eine Marke den Köpfen vieler. Wenn der Faden von einem Autoren an einen anderen weitergegeben wird, wird die Geschichte laufend neu geschrieben. Wie sie am Ende aussieht, können die Unternehmen, die auf dem Markt unterwegs sind, nie wissen. Daher kommt es beim Erzählen einer authentischen Geschichte vor allem auf den Anfang an.

Eine Markengeschichte hat laut Holt mindestens drei Hauptbestandteile: Persönlichkeit, Handlung und Bildhaftigkeit.[15] Eine Marke verfügt über herausragende Charaktere, wenn sie zum Symbol einer Bewegung wird, die sich gesellschaftlicher Probleme annimmt und das Leben der Menschen verändert. Das ist der Kern von Holts Theorie über kulturelle Marken. Sobald eine Marke mit einer kulturellen Bewegung identifiziert wird, wird sie zur kulturellen Marke. The Body Shop ist zum Beispiel das Symbol für Sozialaktivismus, während Disney Familienideale verkörpert. Wikipedia ist Sinnbild für Zusammenarbeit und eBay das Wahrzeichen für Bestimmung durch den Nutzer.

Die Mission beim Verbraucher vermarkten | **79**

Anders formuliert, eine Marke sollte »Business as unusual« versprechen und kulturelle Bedürfnisse befriedigen.

Um den Charakteren für das Leben der Menschen Bedeutung zu verleihen, braucht eine gute Geschichte eine Handlung. In *Made to Stick*[16] offerieren Chip und Dan Heath drei geeignete Handlungsvarianten: Herausforderung, Verbindung und Kreativität. Die Geschichte von David und Goliath ist ein klassisches Beispiel für eine Herausforderungshandlung. Darin spielt die Marke die Rolle des schwächeren Protagonisten, der es mit einem stärkeren Gegner oder einem großen Hindernis aufnimmt. Natürlich geht die Marke am Ende als Sieger hervor. The Body Shop ist ebenfalls ein gutes Beispiel für eine Herausforderungshandlung, bei der die Geschichten der Bauern in Entwicklungsländern im Mittelpunkt stehen, die um faire Handelsbedingungen kämpfen. Beispiele für Verbindungshandlungen sind in der Buchreihe *Hühnersuppe* reichlich vertreten. In einer solchen Handlung überbrückt die Marke Gräben in unserem täglichen Leben, die durch Rasse, Alter, Geschlecht, und so weiter entstehen. Marken von Sozialmedien wie Facebook nutzen Verbindungshandlungen, um ihre Geschichte zu verbreiten. Kreativitätshandlungen dagegen werden von der Fernsehserie *MacGyver* versinnbildlicht, in der MacGyver mit seinem scharfen Verstand jedes Problem löst. Virgin ist bekannt dafür, mit solchen Geschichten zu arbeiten – mit Richard Branson in der Rolle des MacGyver.

Die meisten visionären Unternehmer erfinden solche Geschichten nicht, sondern greifen sie einfach aus dem alltäglichen Leben. Die meisten Geschichten existieren da draußen schon. Deshalb sind sie ja auch so aussagekräftig und jeder hat einen Bezug dazu. Natürlich muss man für solche Geschichten aufnahmefähig sein. Dabei helfen Ihnen Gerald und Lindsay Zaltman, die ein Verfahren zur Enthüllung tiefer Metaphern entwickelt haben.[17] Solche tiefen Metaphern werden in jedem Menschen schon in jungen Jahren unbewusst kodiert. Mit der Zaltman Metaphor Elicitation Technique (ZMET) können wir diese Metaphern an die Oberfläche holen, um zu begreifen, wie wir Geschichten aufbauen müssen, und wie Verbraucher aller Wahrscheinlichkeit nach auf diese Geschichten reagieren werden. Zaltmans sieben Metaphern, die 70 Prozent aller Metaphern repräsentieren, werden als die »sieben Riesen« bezeichnet. Es sind *Gleichgewicht, Wandel, Reise, Behältnis, Verbindung, Ressource* und *Kontrolle.*

Bei der ZMET werden Verbraucher gebeten, Bilder zu sammeln und daraus eine Collage zu erstellen. Durch systematische Sondierung der Collagen mit den Befragten, die sie zusammengestellt haben, können wir die darin enthaltenen tiefen Metaphern deuten. So könnten Menschen, die unbewusst die Gleichgewichtsmetapher verwendet haben, vielleicht von »Übergewicht« sprechen, wenn wir ihre Collage zum Thema Diät untersuchen, oder von »Gleichheit auf dem Arbeitsmarkt«, wenn wir ihre Collage zur Arbeitssuche hernehmen. Solche Einblicke sind nützlich für Unternehmen, deren Mission es ist, Verbraucher zu gesünderer Ernährung zu bewegen oder Vielfalt auf dem Arbeitsmarkt zu fördern. Die Erkenntnis eines Gefühls des Wandels, das Verbraucher haben, wenn sie etwa im Rahmen des Abwrackprogramms auf einen umweltfreundlichen Prius umsteigen, könnte sich eignen, um Geschichten für Toyota zu schreiben. Verbraucher, die die Reisemetapher verwenden, merken vielleicht an, dass »der Weg zur Überwindung der Krise bergauf führt.« Wer das erkennt, kann in der Rezession Markengeschichte(n) schreiben.

Das Bild vom Behältnis kann entweder Schutz oder Falle symbolisieren. Menschen in armen ländlichen Regionen empfinden ihre Armut als Falle, die sie von den anderswo gebotenen Chancen abschneidet, während ältere Arbeitnehmer in der Pensionskasse den Schutz sehen, der ihnen künftig ihre Existenz sichert. Metaphern können Unternehmen helfen, den Kontext zu verstehen, in dem Konsumenten leben. Bei der Verbindungsmetapher geht es um Beziehungen. Unternehmen können aufdecken, wie Verbraucher andere Menschen in ihren Netzwerken sehen. Unternehmen können die Bedeutung von Freundschaft aufgreifen oder das Gefühl, Fan einer Marke zu sein. Steve Jobs nutzte die Ressourcenmetapher, als er erzählte, dass das iPhone Menschen ermöglichen würde, Musik, Telefon und Internet in einem Gerät zur Verfügung zu haben. Das iPhone wurde als Ressource für Verbraucher positioniert. Im Zeitalter der Pandemien könnten Verbraucher sagen, dass sie keine Kontrolle über die Verbreitung von Krankheiten haben – wohl aber über ihr eigenes Immunsystem. Das ist ein Beispiel für eine Kontrollmetapher.

Dreh- und Angelpunkt einer Geschichte ist aber die Persönlichkeit. Charaktere symbolisieren die Marke aus der Human-Spirit-Perspektive. Eine Handlungsstruktur zeigt, wie die Charaktere sich durch das Netz von Menschen lavieren, die ihre eigenen Versionen der Geschichte schreiben. Metaphern sind der unbewusste Prozess, der im menschlichen Geist stattfindet. Geschichten mit stimmigen Bildern haben größere Bedeutung und werden von den Verbrauchern als zutreffend wahrgenommen. Geschichten, die die Menschen berühren, weisen alle drei dieser Kernkomponenten auf: Persönlichkeit, Handlung und Metaphern. Die Entwicklung einer erfolgreichen Mission ist ein Riesenschritt für ein Unternehmen. Sie durch das Erzählen einer Geschichte zu verbreiten, ein weiterer.

Mehr Macht für den Verbraucher

Jedes Jahr stellt die Zeitschrift *Time* eine Liste der 100 einflussreichsten Menschen der Welt zusammen. Diese Liste wird aber nicht als Rangordnung der 100 berühmtesten Namen präsentiert – zumindest nicht offiziell. Vielmehr überlässt *Time* Online-Lesern das Ranking. In der Liste für 2009, auf der Persönlichkeiten wie Barack Obama oder der verstorbene Ted Kennedy stehen, liegt ein geheimnisvoller 21-jähriger Typ namens »moot« an der Spitze. Er ist der Schöpfer von 4chan.org, einem einflussreichen bildbasierten Online-Bulletin-Board, und hat die Online-Abstimmung mit über 16 Millionen Stimmen mit großem Abstand gewonnen. Laut *Time* wird seine Website täglich 13 Millionen Mal aufgerufen und hat 5,6 Millionen Besucher pro Monat.

In der horizontalen Welt geben die Menschen unbekannteren Zeitgenossen gern mehr Einfluss. Sie identifizieren sich mit ihnen als Verbraucher mit wenig Macht unter großen Konzernen. Den Verbrauchern mehr Mitspracherecht einzuräumen ist daher bei der Umsetzung einer Markenmission entscheidend. Man muss zeigen, dass die Verbraucher maßgeblichen Anteil an der Mission haben und dass es ihre Aufgabe ist, die Mission zu erfüllen. Es geht nicht nur darum, sie zu überzeugen, sondern darum, etwas zu bewirken. Obwohl der einzelne Konsument schwach ist, ist seine kollektive Macht stets größer als der Einfluss jedes Unternehmens.

Der Wert der kollektiven Macht der Verbraucher wurzelt im Wert eines Netzwerks. Das Netzwerk kann sich aus Einzelbeziehungen, aus Beziehungen zwischen Einzelnen und Vielen oder aus Beziehungen zwischen Vielen und Vielen entwickeln. Wenn Unternehmen ihre Markengeschichten über Werbung an den Mann bringen, verbreiten sich diese Geschichten von einem Mitglied des Verbrauchernetzes zum anderen. Ethernet-Erfinder Robert Metcalfe formulierte dazu das metcalfesche Gesetz. Er behauptete, die Macht eines Netzes mit n Mitgliedern in einem von Einzelbeziehungen geprägten Umfeld ist gleich n^2. Das metcalfesche Gesetz unterschätzt aber die Macht von Netzen, in denen Beziehungen von einem zu Vielen oder von Vielen zu Vielen bestehen – wenn also Verbraucher gleichzeitig mit anderen Verbrauchern kommunizieren. Das wird vom reedschen Gesetz erfasst, das oft herangezogen wird, um das Phänomen der sozialen Medien zu erklären.[18] Laut Reed beträgt die Macht eines Netzes mit n Mitgliedern in einem von Beziehungen Vieler zu Vielen geprägten Umfeld 2^n. Wenn n größer oder gleich 5 ist, ist die Macht eines Netzwerkes mit Beziehungen von Vielen zu Vielen stets größer als die eines Netzwerks aus Einzelbeziehungen. Diese einfache Gleichung ist das zentrale Konzept der Übertragung von Verantwortung auf den Verbraucher.

Ein Paradebeispiel dafür ist Googles Project 10^{100}. Zur Feier seines 10. Geburtstags im September 2008 bat Google Verbraucher um Ideen, wie man anderen in den acht folgenden Kategorien helfen könnte: Gemeinschaft, Chance, Energie, Umwelt, Gesundheit, Bildung, Obdach und Sonstiges. Google wird 100 Finalisten herausfiltern und das Publikum bitten, per Abstimmung die 20 besten Ideen zu ermitteln. Die Umsetzung der fünf besten Ideen, die von einem Beirat ausgewählt

Die Mission beim Verbraucher vermarkten | **83**

werden, wird mit insgesamt 10 Millionen US-Dollar finanziert. Die beste Idee ist diejenige, die den meisten Menschen möglichst nachhaltig hilft. Google nutzt dabei die Macht des Netzwerks und praktiziert aktive Mitbestimmung der Verbraucher. Die Reaktion war enorm und Google arbeitet noch an der Auswahl der Finalisten.[19]

Auch bei unspektakulären Erzeugnissen wie Fertigkonsumprodukten liegt die Mitverantwortung der Verbraucher für die Realisierung einer Mission im Trend.[20] Colgate, eine Marke mit der Mission, die Menschen zum Lächeln zu bringen, setzt ein Programm zur Übertragung von Macht auf den Konsumenten um, das »Smile« heißt. Es ermutigt Verbraucher, Fotos ihres Lächelns einzuschicken und mit anderen Teilnehmern an dem Programm Kontakt aufzunehmen. Tide, eine Marke mit der einfachen Mission, für saubere Kleidung zu sorgen, verfolgt ein Programm namens »Loads of Hope«, über das Menschen anderen Menschen helfen können, die Opfer von Katastrophen geworden sind. Verbraucher können Tide auf vielerlei Weise helfen, kostenlos mobile Waschsalons an Schauplätzen von Katastrophen aufzustellen – von Spenden bis zu ehrenamtlicher Tätigkeit.

Die Mitverantwortung des Verbrauchers ist die Plattform für Konversation unter den Konsumenten. Dass Viele mit Vielen kommunizieren, macht Verbrauchernetzwerke so mächtig. Eine Markengeschichte bleibt bedeutungslos, wenn die Verbraucher nicht darüber sprechen. In der neuen Dimension des Marketings ist Konversation die neue Werbung. Auf Amazon ist es üblich, dass Leser Rezensionen von Büchern schreiben und diese anderen empfehlen. Ähnlich ist es bei eBay, wo Mitglieder Käufer und Verkäufer bewerten und Kommentare abgeben, die über ihren Ruf entscheiden. Es existiert sogar eine Website namens Yelp, die Besprechungen und Empfehlungen gewidmet ist und von der es lokalisierte Versionen für bestimmte Gegenden gibt. Das sind erste Bemühungen, das Gespräch unter den Verbrauchern in Gang zu bringen. In einem solchen Gespräch prüfen und bewerten Verbraucher Ihre Marke und die dazugehörige Markengeschichte. Fallen Prüfung und Bewertung positiv aus, wird das Netzwerk die Geschichten eher akzeptieren.

Wer Amazon und eBay kennt, weiß, dass solche Gespräche auch negative Folgen haben können, da die Teilnehmer ihre Meinungen unverblümt äußern dürfen. Verbraucher entdecken die Löcher in jeder Markengeschichte. Solches Konsumentenverhalten stellt eine Bedrohung für Unternehmen dar, die ihre Markenmission als Public-Relations-Werkzeug oder Mittel zur Verkaufsförderung betrachten. Doch Geschichten von ausgeprägter Integrität nehmen ihnen diese Sorge. Sie verdienen sich ihre Glaubwürdigkeit im Netzwerk. Unternehmen sollten aber nicht versuchen, sich den Weg ins Gespräch zu erkaufen, indem sie Verbraucher durch finanzielle Zuwendungen veranlassen, falsche Urteile abzugeben. So etwas empfinden Konsumenten als Manipulation. Wie Pine und Gilmore schreiben, gelten Unternehmen, die versuchen, ihre Verbraucher hinters Licht zu führen, als Lügengeneratoren.[21] Ein Gespräch ist mehr als Mundpropaganda oder eine Empfehlung. Positive Mund-zu-Mund-Werbung sind Empfehlungen von begeisterten Verbrauchern. Frederick Reichheld hat diesbezüglich mit Net Promoter Score ein praktisches Werkzeug im Angebot, das Loyalität auf der Grundlage der Bereitschaft der Verbraucher misst, eine Marke in ihren Netzwerken zu empfehlen.[22] Weil Kunden mit Abgabe einer Empfehlung ihren eigenen Ruf aufs Spiel setzen, haben nur starke Marken hohe Werte. Das ist ein guter Maßstab dafür, wie aktiv Ihre Marke im Netzwerk der Verbraucher ist. Eine hohe Punktzahl ist gut, weil die meisten Konsumenten sich bei der Kaufentscheidung auf Empfehlungen stützen. Doch Gespräche gehen noch darüber hinaus. Persönliche Empfehlungen sind nur ein Einzeldialog und folgen dem metcalfeschen Gesetz. Gespräche dagegen finden zwischen Vielen statt und folgen dem exakteren reedschen Gesetz.

Nur Markenstorys, über die in der Gemeinschaft gesprochen wird, nutzen die ganze Macht des Verbrauchernetzwerks. Eine jüngste Studie von Wetpaint und der Altimeter Group ergab, dass die Marken, die in sozialen Netzwerken am präsentesten waren, ihren Umsatz um 18 Prozent steigern konnten.[23] Gespräche haben eine solche Macht, dass Markengeschichten sogar dann noch Stärke zeigen, wenn die Marke selbst in Schwierigkeiten gerät. Nehmen Sie die Saab-Gemeinde.

Anfang 2010 ächzte Saab unter seiner Schuldenlast und das Unternehmen stand vor der Schließung durch General Motors. Doch Geschichten über die Marke nach dem Muster »wie Saab mein Leben gerettet hat«, »das Blinkritual, wenn man einen anderen Saabfahrer trifft« und die »Snaabery-Hierarchie« blieben im Gespräch.[24] Geschichten über eine Marke können die Marke überleben und Loyalität bei den Verbrauchern hervorrufen, die die Marke als Ikone betrachten.

Zusammenfassung: Das Versprechen von Wandel, überzeugende Geschichten und mehr Macht für die Verbraucher

Um die Mission eines Unternehmens oder eines Produkts an den Mann zu bringen, müssen Unternehmen drumherum eine überzeugende Geschichte spinnen und die Verbraucher einbeziehen. Die Definition einer guten Mission beginnt bei der Ermittlung kleiner Ideen, die einen großen Unterschied machen können. Ihnen muss bewusst sein, dass die Mission Vorrang hat und das Finanzergebnis sich daraus ergibt. Der beste Ansatz zur Verbreitung einer Mission ist, Geschichten zu erzählen. Bei diesen Geschichten geht es um den Aufbau von Persönlichkeit und Handlung auf der Grundlage von Bildern. Um die Verbraucher von der Authentizität Ihrer Geschichten zu überzeugen, müssen Sie mit ihnen über Ihre Marke ins Gespräch kommen. Die Mitbestimmung der Verbraucher ist entscheidend, um echte Wirkung zu erzielen. Die drei Grundsätze zur Vermarktung einer Mission beim Verbraucher sind: *Business as Unusual*, eine *Story, die die Menschen berührt*, und *die Mitbestimmung der Verbraucher*.

Kapitel 4

Die Werte bei den Mitarbeitern vermarkten

Werte unter Beschuss

Das Ansehen der Geschäftswelt ist in den letzten Jahren stark angekratzt worden. Viele Verbraucher haben das Vertrauen in große Unternehmen und ihre Manager verloren. Nach einer 2009 durchgeführten Erhebung zum Image verschiedener Berufsgruppen empfinden nur 16 Prozent der Befragten Achtung vor der Integrität von Managern.[1] Die Umfrage ergab ferner, dass marketingnahe Berufe wie Autoverkäufer und Werbefachleute in der Öffentlichkeit die geringste Wertschätzung genießen. Das höchste Ansehen verzeichneten Angehörige von Berufen mit persönlicherem Einfluss auf das Leben der Menschen wie Lehrer, Ärzte und Krankenschwestern.

Das negative Umfrageergebnis kommt angesichts der Ereignisse der letzten zehn Jahre kaum überraschend. Seit Anfang des neuen Jahrtausends wurde die Wirtschaft von einer Serie von Unternehmensskandalen erschüttert. Diese Skandale ließen die Werte von Unternehmen in den Augen der Verbraucher und Mitarbeiter bedeutungslos werden. Zu den schlagzeilenträchtigsten zählten die Skandale bei WorldCom, Tyco und Enron. Enron wurde durch Bilanzbetrug in den Konkurs getrieben. Das Unternehmen hatte noch unrealisierte Gewinne in die Ergebnisrechnung aufgenommen und auf diese Wiese den Ertrag künstlich aufgebläht – eine Bilanzierungspraxis, die als Mark-to-Market-Accounting bezeichnet wird.

In dem Bestseller über den Untergang von Enron, *The Smartest Guys in the Room*[2], können Sie die Werte des Unternehmens aus dem

Jahr 2000 nachlesen, ein Jahr vor dem Bankrott. Zwei der vier genannten Werte waren *Achtung* und *Integrität*. Nur leider hat die Führungsriege von Enron diese Werte in keiner Weise praktiziert. Es war offensichtlich, dass sich die Bilanztricksereien über lange Zeit hinzogen und dass sich die Topmanager der Gefahren bewusst waren. Tatsächlich galt Enron als »zutiefst funktionsuntüchtige Organisation, in der Finanzbetrug quasi unvermeidlich war.«[3]

Ein nicht ganz so lange zurückliegender Fall war die Kontroverse um die Bonuszahlungen des Versicherungsunternehmens AIG im März 2009. AIG-Managern wurden unter Verwendung der Steuergelder, die das Unternehmen vor dem Konkurs infolge der Finanzkrise bewahrt hatten, hohe Prämien ausgezahlt. Das Image des Unternehmens wurde insbesondere dadurch beschmutzt, dass zwei der sechs Unternehmenswerte von AIG – jedenfalls laut Verhaltenskodex – *Achtung* und *Integrität* sind.[4] Obwohl die Führungskräfte das Geld nach einem lauten öffentlichen Aufschrei zurückgezahlt haben, haben sie in keiner Form *Achtung* und *Integrität* demonstriert. Schlimmer noch, die AIG-Manager warfen dem Unternehmen Vertrauensbruch gegenüber seinen Mitarbeitern vor. Jake DeSantis, Executive Vice President von AIG, schickte AIG-CEO Edward Liddy ein Kündigungsschreiben, das auch in der *New York Times* veröffentlicht wurde:

> …wir im Bereich Finanzprodukte sind von AIG verraten worden … Ich kann in diesem gestörten Umfeld meine Aufgaben nicht mehr effektiv erfüllen … Nun haben Sie die jetzigen Mitarbeiter von AIG-FP aufgefordert, diese Einkünfte zurückzuzahlen. Wie Sie sich vorstellen können, hat es jede Menge ernsthafter Überlegungen und hitziger Diskussionen darüber gegeben, wie wir auf diesen Vertrauensbruch reagieren sollen. Da die meisten von uns nichts falsch gemacht haben, sind Schuldgefühle kein Beweggrund für Einkommensverzicht.[5]

Kommt es zu einem Verstoß gegen die Unternehmenswerte, werden Unternehmen von Verbrauchern und Mitarbeitern gleichermaßen abgestraft.

Manche Mitarbeiter kennen ihre Unternehmenswerte gar nicht oder halten sie für Public-Relations-Instrumente. Andere, die sich danach richten, sind enttäuscht, weil die Werte von Kollegen mit Füßen getreten werden. Die betreffenden Unternehmen praktizieren alle nicht Marketing 3.0, denn sonst müssten sie ihre Kunden und Mitarbeiter dazu bringen, ihre Werte ernst zu nehmen.

Mitarbeiter erfahren das Gebaren eines Unternehmens aus nächster Nähe. Sie müssen durch authentische Werte einbezogen werden. Unternehmen müssen im Umgang mit ihrer Belegschaft denselben Ansatz des Geschichtenerzählens einsetzen wie im Umgang mit ihren Verbrauchern.[6] Die Verwendung von Bildern, die die Menschen auf spiritueller Ebene ansprechen, funktioniert auch bei Mitarbeitern. Doch es ist schwerer, den eigenen Leuten eine Geschichte zu erzählen, denn dabei geht es um die Präsentation einer authentischen und stimmigen Arbeitsplatzerfahrung. Ein falscher Schritt, und die ganze Story ist beim Teufel. Verbraucher erkennen die mangelnde Authentizität von Markenmissionen sofort. Und Mitarbeiter nehmen vorgetäuschte Werte intern umso schneller war.

Privat geführte Unternehmen haben gewöhnlich bessere Chancen beim Aufbau starker Werte. Sie wachsen in der Regel im richtigen Tempo, ohne Druck durch Investoren. Sie können dafür sorgen, dass jeder einzelne Mitarbeiter die Werte verinnerlicht. Die Geschäftstätigkeit findet innerhalb des Rahmens der Unternehmenswerte statt. Aktiengesellschaften können solche Werte ebenfalls praktizieren, wie Unternehmen wie IBM, General Electric oder Procter & Gamble mustergültig vorgeführt haben. Wir glauben, dass durch die praktische Umsetzung von Unternehmenswerten Rentabilität, Ertragskraft und Nachhaltigkeit entstehen, was in Kapitel 6 noch näher erläutert wird.

Was sind Werte?

Wie Patrick M. Lencioni schreibt, gibt es vier verschiedene Arten von Unternehmenswerten.[7] *Platzreife-Werte* beinhalten die grundlegenden

Verhaltensweisen, die Mitarbeiter beim Eintritt ins Unternehmen mitbringen sollten. *Angestrebte Werte* sind die, die dem Unternehmen fehlen, die das Management aber zu erreichen hofft. *Zufällige Werte* ergeben sich aus charakterlichen Gemeinsamkeiten von Mitarbeitern. *Zentrale Werte* sind die eigentliche Unternehmenskultur, die die Handlungen der Mitarbeiter prägt.

Ein Unternehmen muss diese vier Arten von Werten unterschieden. Platzreife-Werte sind so grundlegend, dass diesbezüglich in allen Unternehmen die gleichen Standards gelten. Werte wie Professionalität und Integrität werden in der Regel vorausgesetzt und sind daher keine zentralen Werte, sondern Einstellungsvoraussetzung. Angestrebte Werte sind wohlgemerkt solche, die die Mitarbeiter noch nicht haben und die daher nicht Grundlage der Unternehmenskultur sein können. Auch zufällige Werte dürfen nicht als zentrale Werte betrachtet werden. Das könnte potenzielle Mitarbeiter mit abweichenden Charakterzügen befremden. Unternehmen, die diese vier Wertarten verstanden haben, können ihre zentralen Werte besser gestalten und mangelnde Authentizität vermeiden.

Wir wollen uns auf die zentralen Werte beschränken – die Werte, die Mitarbeiter dazu anleiten, die Markenmission zu leben. Diese bezeichnen wir als *gemeinsame Werte*. Gemeinsame Werte machen die eine Hälfte der Unternehmenskultur aus. Die andere Hälfte besteht im *gemeinschaftlichen Verhalten* der Mitarbeiter. Zur Gestaltung der Unternehmenskultur gehört die Anpassung des gemeinschaftlichen Verhaltens an die gemeinsamen Werte. Anders formuliert, es geht darum, die Werte innerhalb des Unternehmens im Alltagsverhalten an den Tag zu legen (Beispiele siehe Tabelle 7)[8]. Die Werte und das Verhalten der Mitarbeiter sollten im Zusammenspiel als Wertbotschafter fungieren und so die Markenmission beim Verbraucher vermarkten.

Nicht alle gemeinsamen Werte sind für Marketing 3.0 notgedrungen wesentlich und wirkungsvoll. Die richtigen Werte sind solche, die auf die am Arbeitsplatz herrschenden Einflusskräfte abgestimmt sind: kooperative Technologie, globalisierungsorientierter Kulturwandel und die wachsende Bedeutung der Kreativität. Diese Kräfte werden in Kapitel 1 beschrieben. In der vernetzten, durch Informationstechnologie angetriebenen Welt arbeiten Menschen verstärkt zusammen, um ein Ziel zu erreichen. Die Globalisierung bewirkt einen raschen und häufigen Kulturwandel. Und schließlich arbeiten sich die Menschen in der maslowschen Pyramide nach oben und werden immer kreativer. Daher sind die richtigen Werte solche, die die kooperative, kulturelle und kreative Seite von Mitarbeitern anregen und fördern (siehe Abbildung 8).

Ein Unternehmen mit kooperativen Werten hält seine Mitarbeiter dazu an, untereinander und mit externen Netzen zusammenzuarbeiten, um eine Wirkung zu erzielen. Cisco baut buchstäblich technische und menschliche Netze. Das Unternehmen nutzt seine eigenen Büros als interne Produktlabors. Mitarbeiter können von zuhause aus arbeiten und dabei die Infrastruktur des Unternehmensnetzes nutzen. Entscheidungsprozesse werden über 500 Führungskräfte in aller Welt verteilt. Dadurch kann Cisco wichtige Entscheidungen schneller treffen und die Zusammenarbeit seiner leitenden Mitarbeiter in aller Welt effektiver gestalten. Die Unternehmenswerte sind hauptsächlich auf Zusammenarbeit ausgerichtet, bewirken aber auch Kulturwandel, weil Menschen weltweit vernetzt werden.

Auch der Wertansatz der Mayo Clinic ist teamorientiert. Jeder Patient wird von einer Vielzahl von Ärzten und anderen medizinischen Fachleuten betreut. Sie arbeiten zusammen, um schneller genauere Diagnosen zu stellen und den Patienten umfassen zu therapieren. Die Kultur der Kooperation bewirkt, dass fähige Ärzte an die Mayo Clinic wollen. Durch ihr spezielles Versorgungsmodell verändert die Mayo Clinic als Anbieter im Gesundheitswesen die Art und Weise, wie Ärzte Patienten behandeln. Insofern hat diese Methode auch einen Einfluss auf die Kultur.[9]

Kulturelle Werte bedeuten, dass Mitarbeiter zu einem Kulturwandel in ihrem Leben und im Leben anderer angeregt werden. Bei Wegmans wird beeinflusst, wie Menschen Ernährung wahrnehmen. Die Mitarbeiter werden dazu ermuntert, Lebensmittel schätzen zu lernen wie nie zuvor. S. C. Johnson & Son macht seine Mitarbeiter zu Familienmenschen. Sie tragen mehr zum Familienleben bei. Das Unterneh-

Tabelle 7: Spezifische Beispiele für gemeinsame Werte

Unternehmen	Spezifische gemeinsame Werte	Spezifisches gemeinschaftliches Verhalten	Bedeutung für Marketing 3.0		
			Kooperativ	Kulturell	Kreativ
3M	Kooperative Neugier	Mitarbeiter dürfen einen Teil ihrer Zeit für die gemeinsame Arbeit an und die Kapitalbeschaffung für Lieblingsprojekte aufwenden; Fehlschläge werden als Innovationsprozess begrüßt.	●	◐	●
Cisco	Zusammenarbeit im Humannetzwerk	Büros sind Produktlabors. Mitarbeiter können Telearbeit betreiben. Entscheidungsprozesse erfassen Hunderte von Führungskräften.	●	●	◐
Enterprise Rent-A-Car	Unternehmertum	Alle Führungskräfte bis zum Chairman und CEO fangen als Management-Trainees an. Wer gute Leistungen bringt, erhält die Chance zur Leitung einer Niederlassung.	◐	◐	●
IDEO	Multidisziplinäre Kreativität	Es werden Teams aus Angehörigen vieler verschiedener Fachgebiete gebildet. Mitarbeiter dürfen ihren Arbeitsplatz frei gestalten.	●	●	●
Mayo Clinic	Integrierte Versorgung	Es arbeiten viele Ärzte, Wissenschaftler und andere Gesundheitsfachkräfte zusammen an der Diagnose und Behandlung jedes Patienten.	●	●	◐
S.C. Johnson & Son	Familiäre Werte	Keine Meetings am Freitag. (Ehe-)paare unter den Mitarbeitern werden gemeinsam ins Ausland versetzt.	◐	●	◐
Wegmans	Leidenschaft fürs Essen	Mitarbeiter werden zu Botschaftern für gutes Essen ausgebildet und können Gutscheinkarten zum verbilligten Lebensmitteleinkauf erhalten.	◐	●	◐
Whole Foods	Demokratie	Über Entscheidungen stimmen die Mitarbeiter ab. Filialen sind autonome Profit-Center.	●	◐	◐

Abbildung 8: Gemeinsame Werte und gemeinschaftliches Verhalten im Kontext von Marketing 3.0

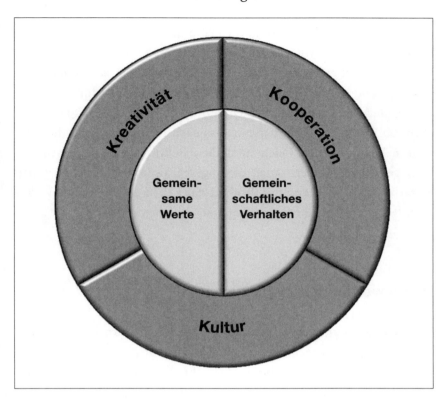

men entwickelt Produkte, die für Familien gut sind. Whole Foods nimmt Einfluss auf die Demokratieerfahrung seiner Belegschaft. Die Mitarbeiter fühlen sich mitverantwortlich, da viele Entscheidungen, die sie betreffen, per Abstimmung getroffen werden. Bei Enterprise Rent-A-Car werden College-Absolventen zu Unternehmern, indem sie die Chance erhalten, Zweigstellen zu übernehmen, sobald sie so weit sind. Außerdem verändert das Unternehmen, wie Menschen Autos mieten. Früher wurden Autos vor allem an Flughäfen angemietet – von Menschen, die auf Reisen waren. Heute mieten sich die Leute aus ganz verschiedenen Gründen mal eben ein Auto, weil es so viele Zweigstellen von Autovermietungen in ihrer Nähe gibt.

Beim Aufbau kreativer Werte schließlich geht es darum, Mitarbeitern Gelegenheit zu geben, ihre innovativen Ideen zu entwickeln und zu teilen. Unternehmen wie 3M und IDEO verlassen sich auf Innovation als Hauptquelle für Konkurrenzvorteile. Solche Unternehmen brauchen unbedingt kreative Mitarbeiter. Um Kreativität zu fördern, erlaubt 3M seinen Beschäftigten, einen Teil ihrer Zeit Projekten zu widmen, die ihnen besonders am Herzen liegen. Mitarbeiter können für diese Projekte Unternehmensmittel erhalten und Unterstützung bei Kollegen suchen. Im Erfolgsfall könnte daraus das nächste innovative Produkt des Unternehmens werden. Doch durch diese Politik wird nicht nur Kreativität gefördert, sondern auch die engere Zusammenarbeit zwischen Mitarbeitern. Und wenn das Produkt das Leben der Menschen verändert, besteht auch die Möglichkeit eines Kulturwandels.

Werte werden Ihnen gut tun

Die richtigen zentralen Werte zahlen sich gleich in mehrfacher Hinsicht aus. Ein Unternehmen, das Werte hat, hat einen Vorteil bei der Anwerbung fähiger Mitarbeiter. Es zieht die besseren Leute an und hält sie länger. Die Produktivität der Belegschaft ist höher, wenn ihre Handlungen von einem geeigneten Wertesystem geleitet werden. Außerdem werden sie bessere Vertreter ihres Unternehmens im Dienst am Kunden. Das Unternehmen ist darüber hinaus eher in der Lage, mit Unterschieden innerhalb der Organisation umzugehen, was vor allem in großen Konzernen wichtig ist.

Fähige Mitarbeiter finden und binden

In einer richtungweisenden Studie ermittelte McKinsey & Company 1997, dass 58 Prozent der Führungskräfte in Markenwerten und Kultur eine wesentliche Motivationsgrundlage ihrer Mitarbeiter sahen.[10]

Karrierechancen und Wachstum wurden im Vergleich dazu mit 39 Prozent bewertet, differenzierte Vergütung mit 29 Prozent. Das belegt eindeutig: Die richtigen Werte ziehen fähige Leute an. Potenzielle Mitarbeiter gleichen unbewusst ihre persönlichen Werte mit den Werten des Unternehmens ab und achten auf Vereinbarkeit.

Das gilt vor allem für Mitarbeiter, die frisch aus der Ausbildung kommen und häufig Idealismus mitbringen. So sagten etwa 50 Prozent der MBA-Absolventen in einer Umfrage, sie würden Abstriche beim Gehalt in Kauf nehmen, um für ein sozialverantwortliches Unternehmen zu arbeiten.[11] Das gilt ganz besonders für die wachsenden Schwellenmärkte. Eine jüngste Studie von Ready, Hill und Conger konzentrierte sich auf die Anwerbung und Bindung qualifizierter Mitarbeiter in Schwellenländern.[12] Sie ergab, dass Sinnhaftigkeit und Kultur für Erwerbstätige in Brasilien, Russland, Indien und China (BRIC) zu den wichtigsten Faktoren zählen. Menschen aus Schwellenländern suchen Arbeitgeber, die ihnen die Chance bieten, die Welt zu verändern und in ihren Heimatländern einen Kulturwandel herbeizuführen. Sie interessieren sich für Arbeitgeber, die ihre Markenversprechen auch im Unternehmen erfüllen – Unternehmen mit einer positiven Kultur also.

Sobald Arbeitssuchende ins Unternehmen eingetreten sind, stellen sie die Integrität ihres Arbeitgebers auf die Probe. Sie beobachten, wie Unternehmen die von ihnen propagierten Werte umsetzen. Eine Mitarbeiterumfrage von Tom Terez bestätigt, dass das Gefühl, etwas Sinnvolles zu tun, eine der maßgeblichsten Erfahrungen am Arbeitsplatz ist. Unternehmen, die zu ihren Werten stehen, auch wenn sie dadurch geschäftliche Nachteile erleiden, steigen in der Achtung ihrer Mitarbeiter. So gehören Gesundheit und Sicherheit zu den zentralen Werten von Bagel Works. Um sein Engagement für diese Werte zu demonstrieren, kauft das Unternehmen kleinere Mehlsäcke, um Rückenprobleme bei den Mitarbeitern zu vermeiden, die sie hochheben müssen – obwohl die kleineren Verpackungseinheiten im Einkauf teurer kommen.[13] Unternehmen müssen unbedingt ihre Integrität wahren und praktizieren, was sie predigen. Wenn Mitarbeiter bei ihrem Arbeitgeber Integrität wahrnehmen, bringen sie sich mit größter Wahrscheinlichkeit mit vollem Einsatz ein. Werte, die wirklich gelebt werden, steigern die Loyalität der Belegschaft.

Ein Eigentümerwechsel kann die Werte eines Unternehmens verändern. Dadurch kann das Engagement der Mitarbeiter beeinträchtigt werden. Ein Beispiel dafür sind die Werte, die bei Ben & Jerry's großgeschrieben wurden. Nach der Übernahme durch Unilever im Jahr 2000 hatten diese Werte zunächst Bestand. Doch wie aus dem Bericht zur Sozial- und Umweltverträglichkeit von 2007 hervorging, hatte das Engagement der Mitarbeiter nachgelassen – vielleicht infolge der anhaltenden Sorgen um die Zukunft der Unternehmenswerte unter Unilever.[14] Die gleiche Angst verbreitete sich bei The Body Shop nach der Übernahme durch L'Oreal. Die Mitarbeiter erkannten das höhere Wachstumspotenzial. Doch die Frage war, ob man an den Werten festhalten würde. Für Unternehmen, in denen das Praktizieren von Unternehmenswerten Tradition hatte – wie bei diesen beiden Beispielen gilt das in besonderem Maße.[15]

Produktivität im Backoffice, Qualität im Frontoffice

Die Zufriedenheit der Mitarbeiter hat wesentliche Auswirkungen auf ihre Produktivität. Unternehmen, die auf der Liste der 100 besten Arbeitgeber der *Sunday Times* stehen, schlagen den FTSE All-Share Index um 10 bis 15 Prozent.[16] Mitarbeiter sind produktiver, wenn sie an das glauben, was ihr Unternehmen erreichen will. Sie sind dann mit Kopf, Herz und Seele bei der Sache. Howard Schultz von Starbucks sprach davon »mit ganzem Herzen dabei zu sein«, wenn er sich auf das Engagement seiner Mitarbeiter bezog.

Porter und Kramer behaupten, dass sich Unternehmen mit einer sozialen Zielsetzung durch die aktive Gestaltung ihres Wettbewerbsumfelds Vorteile verschaffen können.[17] So bildet etwa Marriott Mitarbeiter weiter, die vielleicht nur eine begrenzte Bildung genossen haben. Weil das Unternehmen Weiterbildung in sein Wertesystem aufgenommen hat, kann Marriott bessere, produktivere Mitarbeiter anwerben.

Doch Mitarbeiter, die von Werten motiviert werden, arbeiten nicht nur härter, sondern repräsentieren das Unternehmen auch besser. Sie stellen für die Verbraucher einen Wert dar, der zu den Geschichten des Unternehmens passt. Ihre Überzeugungen beeinflussen ihr gemeinschaftliches Verhalten im Arbeitsalltag – vor allem im Umgang mit Verbrauchern. Ihr Verhalten wird zum Bestandteil der Markengeschichten, über die die Kunden sprechen. Unternehmen sollten ihre Mitarbeiter als Botschafter ihrer Werte betrachten. Die Verbraucher bewerten die Authentizität von Unternehmen nach ihren Mitarbeitern.

Wenn Wegmans erklärt, dass das Unternehmen mehr von gutem Essen versteht als andere, werden die Erfahrungen der Käufer in den Läden darüber Aufschluss geben, ob diese Behauptung wahr ist. Wegmans-Mitarbeiter sind eigens als Botschafter für gutes Essen geschult. Das Unternehmen unterstützt seine Leute dabei, ein Faible für gutes Essen zu entwickeln. Die Mitarbeiter wissen genau über alle Lebensmittel Bescheid, die sie verkaufen. Infolgedessen sind sie gerüstet, beim Kundenkontakt in den Geschäften ihr diesbezügliches Wissen an die Verbraucher weiterzugeben. Sie vermitteln die Integrität der Markenstory.

Die besten Verkäufer sind die, die ihre eigenen Produkte selbst verwenden und in- und auswendig kennen. Beim Netzwerk-Unternehmen Cisco erfahren die Mitarbeiter täglich, was es bedeutet, mit jedermann im Unternehmen und seinem Netzwerk verknüpft zu sein. Der Arbeitsalltag ist für sie eine Art Produktschulung. So vermitteln sie potenziellen Kunden überzeugend und realistisch die Vorzüge der Vernetzung von Menschen. Die Mitarbeiter haben alle Voraussetzungen, die Markengeschichte zu erzählen, weil sie sie leben. Sie »leben die Marke«, wie Nicholas Ind das nennt.[18]

Unterschiedlichkeit integrieren und stärken

Eine von Rosabeth Moss Kanter durchgeführte Studie von Großunternehmen zeigte, dass ausgeprägte gemeinsame Werte Unternehmen helfen, scheinbar gegensätzliche Ziele zu erreichen.[19] In einem großen Unternehmen gibt es viele Büros mit unterschiedlichen Mitarbeitern. Gemeinsame Werte verringern Unterschiede und integrieren Mitarbeiter in eine Unternehmenskultur. Starke Werte, die von jedem Mitarbeiter verinnerlicht werden, geben dem Unternehmen das Vertrauen, das nötig ist, um Mitarbeitern mehr Mitverantwortung zuzugestehen – auch solchen, die nicht in der Firmenzentrale sitzen. Solche Mitarbeiter widmen sich ganz dem Wohl des Unternehmens. Unternehmen mit starken gemeinsamen Werten fahren in der Regel gut mit dezentralisierten oder lokalisierten Entscheidungsprozessen. Solche Werte verhelfen Unternehmen nicht nur zu Einheitlichkeit, sondern auch zu Lokalisierung.

Enterprise Rent-A-Car ist ein Paradebeispiel dafür. Anders als Avis und Hertz, die sich meist an Flughäfen gegenseitig Konkurrenz machen, ist Enterprise auf Lokalmärkten präsent. Die vom Unternehmen geförderte Kultur sichert ihm seinen Erfolg. Alle Mitarbeiter von Enterprise sind Träger der ausgeprägten Werte hart arbeitender und zuvorkommender Unternehmer. Zum Aufbau dieser Kultur hat sich Enterprise einer bewährten Praxis bedient: der Einstellung junger College-Absolventen, die zunächst fleißig Autos waschen und hin und her fahren müssen, im Aufbau langfristiger Kundenbeziehungen geschult werden, durch die Hierarchie aufrücken und eine eigene Niederlassung bekommen, wenn sie so weit sind.[20] Mitarbeiter, die diese Routine durchlaufen haben, sind am Ende zupackende Unternehmer. Die Bescheidenheit, die Mitarbeiter erwerben, wenn sie Autos waschen und chauffieren, und der Aufbau von Beziehungen vermittelt ihnen angenehme Umgangsformen. Die Mitarbeiter stehen alle für dieselben Werte, doch jeder bringt einzigartiges lokales Wissen mit. Die Werte versetzen Enterprise in die Lage, nicht nur individuelle lokale Strategien zu entwickeln, sondern die Strategien verschiedener Märkte zu koordinieren. Die Werte sind so schwer zu kopieren, dass Enterprise auf den Lokalmärkten weiterhin eine Führungsposition hält.

Werte dienen aber gleichzeitig auch der Integration von Verschiedenheit und deren effektive Nutzung. Ein Blick auf die jährliche *For-*

98 ❙ Die neue Dimension des Marketings – Strategie

tune-Liste der 100 besten Arbeitgeber lässt eine Gruppe von Unternehmen erkennen, die Verschiedenheit fördert, indem sie Frauen und Minderheiten beschäftigt. Die gemeinsamen Werte der Unternehmen vereinen unterschiedliche Mitarbeiter in einer Kultur. Die Verschiedenheit bleibt erhalten, ohne dass dadurch Konflikte entstehen. Das ist es, was gemeinsame Werte bewirken.

Auf Worte müssen Taten folgen

Um Werte zu vermitteln, verlassen sich die meisten Unternehmen auf offizielle Schulungen und inoffizielles Coaching. Schulungen sind nötig, aber mitunter unzulänglich. Auf Seminaren wird häufig nur gepredigt statt praktiziert. Schulungsleiter und Trainer sind im Arbeitsalltag oft keine Vorbilder. Das sehen die Mitarbeiter und schließen daraus, dass ihre Aussagen nur leere Worte sind. Außerdem lassen sich die Mitarbeiter passiv berieseln und haben wenig Gelegenheit, selbst etwas beizutragen. Überdies ist ihr Verständnis begrenzt, da sie aus der Praxis keine Erfahrungen mit den Werten mitbringen.

Marketing 3.0 geht über Schulungen und Coaching hinaus. Es will Werte und Verhalten aufeinander abstimmen. Wie Jim Collins sagt, erfolgt eine solche Abstimmung in zwei Schritten.[21] Zunächst sollte ein Unternehmen seine geltenden Leitlinien daraufhin abklopfen, inwieweit sie den Unternehmenswerten zuwider laufen. Das ist eine schwierige Aufgabe, denn die Unternehmenspolitik ist meist viel stärker institutionalisiert als die Unternehmenswerte selbst. Änderungen erfordern Eingriffe der Unternehmensführung und das Zusammenwirken aller Mitarbeiter. Meist ist die Belegschaft in Bezug auf schlecht abgestimmte Unternehmenspraktiken einer Meinung, doch ohne Mitbestimmungsmöglichkeit sagt keiner etwas. Anschließend sollte ein Unternehmen einen Mechanismus einführen, der Handlungen direkt mit den Werten verknüpft. Das kann zum Beispiel ein Mechanismus sein, der verlangt, dass 30 Prozent des Umsatzes mit neuen Produkten erzielt werden müssen, um den Wert der Innovation zu stärken. Bei Marketing 3.0 geht es um Wandel bei den Mitarbeitern und darum, ihnen die Möglichkeit zu geben, andere zu verändern.

Das Leben der Mitarbeiter verändern

Die Werte von S. C. Johnsons & Son als Familienunternehmen in der fünften Generation sind selbstverständlich familiärer Natur. Das Unternehmen bemüht sich sehr um die Förderung dieser Werte – nicht nur bei den Verbrauchern, sondern auch bei der Belegschaft. Wer in einem Unternehmen mit familienbezogenen Werten arbeitet, dessen Lebensstil zeichnet sich durch ein ausgewogenes Verhältnis zwischen Familienleben und Arbeit aus. Das gilt auch für die Mitarbeiter von S. C. Johnson. Wenn beide Ehepartner bei S. C. Johnson arbeiten, können sie davon ausgehen, dass sie gemeinsam ins Ausland versetzt werden.[22] Bei S. C. Johnson gibt es freitags keine Geschäftstermine, sodass die Mitarbeiter früh ins Wochenende und zu ihren Familien gehen können.[23] Durch die Arbeit bei S. C. Johnson werden manche Mitarbeiter erst zu Familienmenschen. Die Unternehmenswerte haben so direkten Einfluss auf das Leben der Mitarbeiter. Erickson und Gratton bezeichnen das als Schaffung einer »prägenden Erfahrung innerhalb einer Organisation«. Wer eine solche Erfahrung erzeugen möchte, muss wissen, was seine Mitarbeiter motiviert. Nach Studien von Erickson, Dychtwald und Morrison gibt es sechs Mitarbeitersegmente:

- Das auf *wenig Verpflichtung und leichten Verdienst* ausgerichtete Segment ist die Gruppe von Mitarbeitern, die auf schnelles Geld aus sind.

- Das Segment der *flexiblen Unterstützung* setzt sich aus Mitarbeitern zusammen, die mit dem Strom schwimmen und ihren Beruf noch nicht als Priorität sehen.

- Zu dem *Risiko-Nutzen*-Segment gehören Mitarbeiter, die ihre Arbeit als Chance auf Herausforderung und Spannung betrachten.

- Das Segment *persönliche Kompetenz und Teamerfolg* ist an einer Beschäftigung interessiert, die Teamwork und Zusammenarbeit ermöglicht.

- Das auf *Sicherung des Weiterkommens* orientierte Segment sucht nach aussichtsreichen Karrierechancen.

- Das auf ein *eindrucksvolles Vermächtnis* hinarbeitende Segment schließlich möchte im Unternehmen einen bleibenden Eindruck hinterlassen.[24]

Diese Unterteilung ähnelt in gewisser Hinsicht dem von McKinsey & Company entwickelten System zur Mitarbeitersegmentierung.[25] Diese Studie unterscheidet vier Arten von Mitarbeitern. *Go-with-a-Winner*-Mitarbeiter streben nach Wachstum und Leistung. *Big-Risk-Big-Reward*-Mitarbeitern geht es um hohe Vergütung. *Lifestyle*-Mitarbeiter wollen Flexibilität. Und *Save-the-World*-Mitarbeiter schließlich möchten zu einer tollen Mission beitragen.

Unternehmen, die die Mitarbeitersegmentierung kennen, können sich davon zur Schaffung einer prägenden Erfahrung für ihr Zielsegment inspirieren lassen. Sie trägt auch dazu bei, ungeeignete Kandidaten auszusondern, die vermutlich von den Werten abweichen und anderen, besser geeigneten die Erfahrung verderben werden. In der Welt von Marketing 3.0 sollte eine prägende Erfahrung kooperativer, kultureller oder kreativer Natur sein.

Unternehmen sollten dabei konkret auf die Segmente abzielen, die ihre zentralen Werte am besten umsetzen können. Das ist in einem abenteuerlicheren Unternehmen mit kreativen Werten vielleicht die Risiko-Nutzen-Gruppe (das *Big-Risk-Big-Reward*-Segment). Unternehmen mit eher kulturbezogenen Werten, die die Möglichkeit bieten,

Die Werte bei den Mitarbeitern vermarkten **❘ 101**

ihre Produkte bei ärmeren Kunden zu vermarkten, könnte das Bedürfnis nach einem eindrucksvollen Vermächtnis befriedigen (und das *Save-the-World*-Segment ansprechen). Das Segment *persönliche Kompetenz und Teamerfolg* dagegen ist womöglich die richtige Zielgruppe für Unternehmen mit teamorientierten Werten, die die Chance eröffnen, mit Kollegen in aller Welt zusammenzuarbeiten.

Mitarbeitern die Möglichkeit geben, Dinge zu verändern

Ein chinesisches Sprichwort sagt: »*Erzähl es mir, und ich werde es vergessen; zeig es mir, und ich erinnere mich vielleicht; beziehe mich ein, und ich werde verstehen.*« Genau darum geht es bei der Stärkung der Rolle der Mitarbeiter. Mitarbeiter müssen einbezogen werden und Verantwortung tragen. Ihr Leben ist durch die Unternehmenswerte verändert worden. Nun sind sie an der Reihe, das Leben anderer zu verändern. Endziel ist es, eine Plattform für Mitarbeiter zu schaffen, die wirklich etwas bewirken.

Mehr Macht für Mitarbeiter kann verschiedene Formen haben. Die gängigste ist die freiwillige Übernahme von Verantwortung. In *Volunteering for Impact* schreiben Hills und Mahmud, dass freiwillige Einsätze eine große Wirkung haben, wenn es einen strategischen Effekt gibt, der sich auf die Ressourcen des Unternehmens stützt.[26] In ihrem Buch *SuperCorp* gibt Kanter ein Beispiel mit Schwerpunkt auf IBM.[27] Als Asien im Dezember 2004 von dem Tsunami und dem Erdbeben heimgesucht wurde, trieben IBM-Mitarbeiter eine Innovation voran, die den Opfern helfen sollte. Zunächst verfolgte das Unternehmen mit dieser Initiative keine geschäftlichen Interessen, doch die Innovation sollte sich später kommerziell auszahlen. Ein Superunternehmen – SuperCorp – ist laut Kanter ein Vorreiterunternehmen, das in sein Gewinnstreben ein übergeordnetes gesellschaftliches Anliegen einbettet. Solche Unternehmen erzielen eine strategische Wirkung, wenn sie sich für einen sozialen Zweck einsetzen. Effektive freiwillige Tätigkeit ist eine Möglichkeit, zum SuperCorp zu werden.

Eine weitere Methode, Mitverantwortung zu praktizieren, ist Innovation. IDEO ist berühmt für die Entwicklung etlicher der besten Produktdesigns der Welt. Um das zu erreichen, bewegte sich IDEO nach Aussage von Gründer David Kelly in der maslowschen Pyramide nach oben und führte auf den Menschen ausgerichtetes Design ein, durch das IDEO Produkten Leistung und Persönlichkeit verleiht. Bei IDEO werden Projekte an multidisziplinäre Teams vergeben, denen ein Marketingfachmann, ein Psychologe, ein Arzt, ein Anthropologe, ein Wirtschaftswissenschaftler und andere angehören können, um innovative Produkte zu entwickeln, die die Probleme der Kunden lösen. IDEO hat diesen Ansatz noch einen Schritt weiter geführt, indem es seine unternehmenseigene Methodik auch außerhalb des Unternehmens zur Verfügung stellt. Das Unternehmen offeriert ein quelloffenes Instrumentarium für die Entwicklung von Lösungen für soziale Probleme in Entwicklungsländern in Zusammenarbeit mit der Gates Foundation und vielen anderen gemeinnützigen Organisationen.

Mitverantwortung kann aber auch geteilte Verantwortung bedeuten. In Marketing 3.0 haben Führungskräfte die Aufgabe, zu inspirieren. Sie sind nicht unbedingt Alleinentscheider. Unternehmen wie Cisco und Whole Foods praktizieren kooperative Demokratie. Dort erhalten Mitarbeiter die Chance, die Zukunft des Unternehmens mitzugestalten, indem sie Entscheidungen mittragen und darüber abstimmen. Solche Unternehmen entwickeln sich mehr und mehr zu echten Gemeinschaften. In Gemeinschaften aber werden Entscheidungen zur Förderung der gemeinsamen Interessen ihrer Angehörigen zusammen getroffen.

Zusammenfassung: Gemeinsame Werte und gemeinschaftliches Verhalten

Eine Marketing-3.0-Unternehmenskultur dreht sich um Integrität. Sie soll gemeinsame Werte und gemeinschaftliches Verhalten von Mitarbeitern aufeinander ausrichten. Im Kontext der Einflussfaktoren sollte eine Unternehmenskultur kooperativ, kulturbezogen und kreativ sein. Sie sollte das Leben von Mitarbeitern verändern und diese dazu befähigen, das Leben anderer Menschen zu verändern. Durch den Aufbau ihrer Integrität können Unternehmen als Arbeitgeber im Wettbewerb um fähige Mitarbeiter bestehen, ihre Produktivität steigern, die Schnittstellen zum Verbraucher verbessern und Unterschiede managen. Die eigenen Werte bei den Mitarbeitern zu vermarkten, ist ebenso wichtig wie die Vermarktung der Mission bei den Verbrauchern.

Kapitel 5

Die Werte bei den Vertriebspartnern vermarkten

Wachstumsmigration und Kooperationszwang

Dell revolutionierte die Computerbranche durch die Einführung des Direktvertriebs. Verbraucher konnten nach ihren Wünschen konfigurierte Rechner bestellen und an die Haustür liefern lassen. Dell trat direkt in Beziehung zu allen Verbrauchern, umging den Zwischenhandel und strich die Marge komplett selbst ein. Wegen dieses berühmten Prinzips der Ausschaltung der Zwischenhändler betrachteten diese das Unternehmen als ihren Feind. Die Konkurrenz beäugte dieses Geschäftsmodell zunächst skeptisch, versuchte es aber später – glücklos – zu kopieren. Dells Alleingang lief ohne nennenswerte Konkurrenz so gut, dass Dell 1999 noch vor Amazon, eBay und Yahoo! (zusammengenommen) den ersten Platz im Internethandel belegte.[1]

Seit 2005 ist alles anders geworden. Zu Dells Überraschung veränderte sich die Welt. Das Wachstum stagnierte. Der Kurs der Dell-Aktie purzelte. Zum einen hatte der US-Markt allmählich das Reifestadium erreicht. Experten drängten Dell, sich dem Zwischenhandel zu öffnen, um das Problem zu lösen. Sunil Chopra gehörte dazu. Er argumentierte, dass Verbraucher Computer in reifen Märkten als Massengüter betrachteten und weniger Wert auf individuelle Konfiguration legten.[2] Chopra empfahl Dell, entweder ein Hybridmodell aus direktem und indirektem Vertrieb auszuprobieren oder auf ein Modell mit individueller Konfiguration über den Zwischenhandel umzusteigen. In beiden Fällen müsste Dell mit Vermittlern zusammenarbeiten.

Der zweite Grund für den Rückschlag bei Dell war, dass sich das

Unternehmen darauf verließ, der direkten Beziehung zum Endverbraucher Wert abzugewinnen. Als der Markt ausreifte, entdecken Dells Kunden aber andere reizvolle Computer. Dell hätte sich auf neue Wachstumsmärkte wie China oder Indien verlagern können. Nur leider kaufen auf diesen Märkten die wenigsten Verbraucher Rechner im Internet.[3] Dort werden menschliche Schnittstellen mit starken Berührungspunkten hoch technisierten Internet-Schnittstellen vorgezogen. Das Direktvertriebsmodell entsprach in diesen Wachstumsmärkten nicht den Bedürfnissen der Verbraucher. Wieder musste Dell ein gänzlich konträres Geschäftsmodell verfolgen: den indirekten Vertrieb.

Obwohl Dell das nicht zugeben wollte, hatte das Unternehmen sein Direktvertriebsmodell 2002 bereits über Lösungsanbieter für Firmenkunden durch indirekten Vertrieb ergänzt.[4] 2005 kam der Wendepunkt. Heimlich, still und leise baute Dell Beziehungen zu Wiederverkäufern auf, die dem Unternehmen zunächst mit Misstrauen begegneten. Doch der Schritt zahlte sich nach und nach aus. Mitte 2007 erzielte Dell über diese Kanäle bereits 15 Prozent des Gesamtumsatzes, wenn auch noch keine offizielle Partnerschaft angekündigt wurde.[5] Im Dezember 2007 lancierte Dell schließlich das PartnerDirect-Programm und gab bekannt, dass Partnerschaften mit 11 500 Partnern eingegangen worden seien und jede Woche 250 bis 300 dazukämen.[6]

Es war offensichtlich, dass es Dell in den letzten Jahren gelungen war, seine Kernkapazität zum Aufbau von direkten Beziehungen zu den Verbrauchern umzubauen in die Kapazität, direkte Beziehungen zu Vertriebspartnern zu entwickeln. Dell sprach die Zwischenhändler einzeln an, nahm ihr Feedback ernst und lud sie zu Gesprächen in die Sitzungen des Partner Advisory Council ein. Michael Dell höchstselbst erschien bei diesen Sitzungen, um skeptische Vertriebspartner zu überzeugen. Dell, einst die Nemesis dieses Kanals, begegnet seinen neuen Partnern inzwischen ebenso aufmerksam wie den Endverbrauchern.

Die Geschichte von Dell veranschaulicht die gegenläufigen Kräfte, die in der Geschäftswelt wirken. Die Technik ermöglichte es dem Unternehmen, sich den Wert des Direktvertriebs zu erschließen. Doch die

Technik schaffte auch die Voraussetzungen für die Kräfte der Globalisierung. Der größte Wert ist nicht mehr länger in den entwickelten Märkten zu realisieren, sondern in den Schwellenmärkten, wo die Technik ihr Potenzial auf dem Massenmarkt noch nicht ausgeschöpft hat. Diese Märkte verlangen aber andere geschäftliche Ansätze, wenn der traditionelle Vertrieb nicht funktioniert. Gesellschaftliche, wirtschaftliche und ökologische Probleme gibt es auf diesen Märkten viele und sie wollen bedacht sein, bevor ein Unternehmen ein neues Distributionsnetz aufbaut. Unternehmen, die Neuland betreten, sind gezwungen, mit neuen Partnern zusammenzuarbeiten.

Aber auch die Märkte der Industrieländer durchlaufen einen radikalen Wandel. Ihr Reifezustand ist nur ein kleines Signal für die großen Veränderungen, die sich vollziehen. Wenn die Gesellschaft anspruchsvoller wird, versuchen die Verbraucher, höhere menschliche Bedürfnisse zu erfüllen. Die Grundbedürfnisse rücken an die zweite Stelle. Die Verbraucher denken mehr über gesellschaftliche, wirtschaftliche und ökologische Effekte nach. Dieses Phänomen betrachtete James Speth als Ära der Post-Wachstumsgesellschaft.[7] Möglicherweise wird die individuelle Konfiguration den Verbrauchern künftig weniger wichtig sein. Diese Veränderungen der Post-Wachstumsphase sind für Dell und andere Unternehmen von grundlegender Bedeutung, denn sie haben ernsthafte Folgen für ihre Vertriebskanalpraktiken.

Vertriebspartner im Marketing 3.0

Wir betrachten Vertriebspartner als komplexe Gefüge. Sie sind Mischformen aus Unternehmen, Verbrauchern und Mitarbeitern. Sie sind aber auch Unternehmen mit eigenen Missionen, Visionen, Werten und Geschäftsmodellen. Sie sind Verbraucher mit Bedürfnissen und Wünschen, die befriedigt werden wollen. Und schließlich sind sie auch die Verkäufer an die Endnutzer, die wie die Mitarbeiter die Schnittstelle zum Verbraucher bilden. Ihre Funktion ist wesentlich für Marketing 3.0, denn sie werden für Unternehmen zu Kooperationspartnern, Katalysatoren für Kulturwandel und kreativen Mitspielern zugleich.

Vertrieb über Kooperationspartner: Die richtige Paarung

Unternehmen, die Probleme im Umgang mit ihren Vertriebspartnern haben, haben diese vielleicht nicht richtig ausgewählt. In der neuen Dimension des Marketings gehört zur Auswahl der Vertriebspartner der Prozess der Spiegelung von Ziel, Identität und Werten. Spiegeln heißt, dass Unternehmen sich potenzielle Partner suchen sollten, die in Bezug auf Ziel, Identität und Werte deckungsgleich sind (siehe Abbildung 9).

Das Ziel bezieht sich hier auf die übergreifende Zielsetzung potenzieller Vertriebspartner und ist relativ leicht zu beobachten und zu untersuchen. Die Identität bezieht sich mehr auf den Charakter eines potenziellen Partners und muss daher gründlicher analysiert werden, um sie zu verstehen. Die Werte sind noch schwerer zu beobachten, denn dazu gehört auch, welche Überzeugungen das Unternehmen mit der Vertriebspartnerorganisation teilt.

In den ersten Jahren wuchs The Body Shop hauptsächlich über Franchising. Das Unternehmen war auf dem naiven Charakter der verstorbenen Anita Roddick aufgebaut. Die Ehrlichkeit und Schlichtheit der Gründerin spiegeln sich in allen Facetten des Unternehmens und seiner Geschäftätigkeit, zum Beispiel in den aussagekräftigen Produktnamen, in der Verwendung natürliche Inhaltsstoffe und im fairen Handel mit Zulieferern. Als Roddick ihre Produkte noch in ihrem eigenen Geschäft verkaufte, gab es keine Probleme, denn sie konnte ihren individuellen Ansatz unabhängig von anderen einsetzen. Doch als plötzlich Wachstum erzielt werden musste, musste sie zu einem Mehrkanalansatz übergehen und Franchisenehmer als Vertriebspartner finden.

Ihr Ansatz bei der Auswahl von Vertriebspartnern war sehr persönlich. Die Entscheidungsgespräche führte sie selbst und bei jedem Ge-

Abbildung 9: Auswahl kompatibler Vertriebspartner

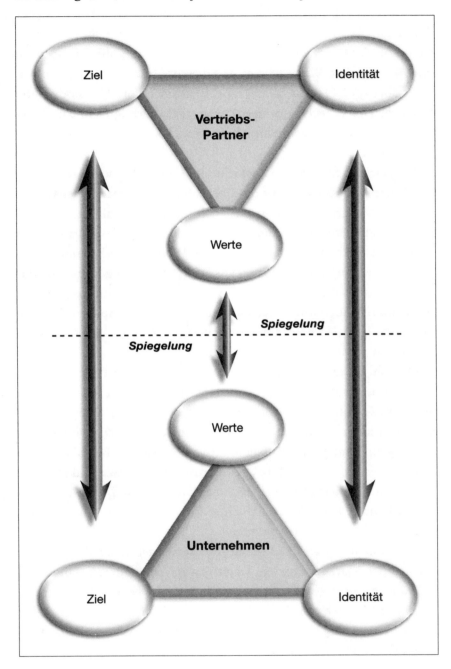

Die Werte bei den Vertriebspartnern vermarkten | **109**

spräch versuchte sie, sich ein Bild vom Wesen des potenziellen Vertriebspartners zu machen. Sie suchte nach Menschen, denen es eher darum ging, etwas zu bewirken, als Gewinn zu erzielen. Sie stellte fest, dass es in der Regel eher Frauen als Männer waren, die ihre sozialen und ökologischen Werte teilten. Aus diesem Grund waren in den Anfangsjahren 90 Prozent aller Franchisenehmer von The Body Shop weiblich. Der Franchising-Ansatz war fraglos erfolgreich. The Body Shop wuchs in den ersten zehn Jahren seines Bestehens um rund 50 Prozent im Jahr.[8]

Vergleichen Sie diese Geschichte mit den Partnerschaften von Ben & Jerry's in Russland vor der Übernahme des Unternehmens durch Unilever. Wie The Body Shop war auch Ben & Jerry's als sozialverantwortliches Unternehmen konzipiert worden. Es fing ebenfalls mit dem Verkauf eines einfachen, hausgemachten Produkts an: Eiscreme. Aufgrund seiner langfristigen Vision zur Weltverbesserung hatte das Management von Ben & Jerry's anfangs kein Interesse an aggressivem Wachstum. Man wollte lieber Eigengewächse an der Spitze sehen, die die Werte des Unternehmens verinnerlicht hatten und moderates Wachstum vorantrieben.

Obwohl Eis in Russland sehr gefragt war, expandierte Ben & Jerry's nicht aus geschäftlichen Überlegungen dorthin. Ben & Jerry's ging es nicht um Gewinn, sondern darum, nach dem Kalten Krieg, den die beiden Ländern so lange geführt hatten, die Beziehungen zwischen den Vereinigten Staaten und Russland zu verbessern. Als Ben & Jerry's in den 1990er Jahren beschloss, eine russische Präsenz aufzubauen, schickte das Unternehmen einen Amerikaner dorthin, dem man vertrauen konnte: Dave Morse. Doch er konnte das nicht alleine stemmen. Er brauchte Vertriebspartner.

In Russland hatte Dave Morse Probleme, geeignete Partner zum Ausbau der Marke zu finden. Es gab zwar Kandidaten in Hülle und Fülle, doch keiner von ihnen verstand, worum es bei den sozialverantwortlichen Werten von Ben & Jerry's wirklich ging. Die potenziellen Partner waren ehrgeizige, gewinnorientierte Unternehmen, die aggressives Wachstum erzielen wollten. Sie waren der festen Überzeugung, dass die Marke Ben & Jerry's für sie ein wertvoller Aktivposten wäre, verstanden aber nicht, worauf sie beruhte. Am Ende beschloss man bei Ben & Jerry's, die Marke mit Intercentre Cooperative als Partner nach Russland zu bringen.

Dass das keine ideale Paarung war, stand von Anfang an fest. Ben & Jerry's und sein Partner strebten in verschiedene Richtungen. Ihre Unternehmenswerte waren nicht aufeinander abgestimmt. Die Partner, die auf schnellen Erfolg aus waren, wollten das Unternehmen gleich in Moskau aufbauen. Das Management von Ben & Jerry's dagegen wollte bescheiden in der Kleinstadt Petrosawodsk beginnen, um die Anfänge in den USA im Städtchen Vermont nachzuvollziehen. Ben & Jerry's und die russischen Partner waren sich aber auch in Bezug auf Bestechung nicht einig, die in Russland damals üblich war. Die umweltverträglichen Zutaten, die die Partner beschafften, entsprachen ebenfalls nicht den hohen Erwartungen der Unternehmensführung von Ben & Jerry's.[9]

Rackham, Friedman und Ruff betonten die Bedeutung gemeinsamer Werte.[10] Sie umrissen drei zentrale Bewertungskriterien für den potenziellen Erfolg einer Partnerschaft. Erstens sollten sich beide Parteien fragen, ob beide eine Win-Win-Situation anstreben. Gute Partnerschaften führen zu einer horizontalen Beziehung, nicht zu einer vertikalen. Jede Partei sollte gleichermaßen von der Zusammenarbeit profitieren. Zweitens sollte untersucht werden, ob beide Unternehmen einen hohen Qualitätsstandard einhalten. Unternehmen mit dem gleichen Ansatz in Bezug auf Qualität haben größere Chancen zum Aufbau einer tragfähigen Partnerschaft. Schließlich sollte jede Partei die spezifischen Werte ihres potenziellen Partners ermitteln und feststellen, ob diese mit den eigenen spezifischen Werten kompatibel sind.

Die Forschungsergebnisse von Cui, Raju und Zhang bestätigen ebenfalls, wie wichtig gemeinsame Werte sind.[11] Wenn in der Partnerschaft zwischen dem Unternehmen und seinen Vertriebspartnern der Wert der Fairness beachtet wird, ist es leichter, Preisstabilität über die Kanalstruktur zu koordinieren und so die gesamte Kanalökonomik zu verbessern. Legt ein Unternehmen einen fairen Handelspreis fest, werden die Vertriebspartner durch Festsetzung eines fairen Endverbraucher-preises auf dem Markt entsprechend reagieren. Dieser faire Partner-schaftsmechanismus wird durch erhöhte Transparenz der Kostenin-formationen zwischen dem Unternehmen und seinen Vertriebspartnern ermöglicht.

Wenn ein Unternehmen seine Werte bei seinen Vertriebspartnern vermarkten möchte, muss es zunächst deren jeweilige Werte kennen. In Marketing 3.0 gestaltet sich die Zusammenarbeit zwischen zwei Unternehmensorganisationen ähnlich wie eine Ehe. Wesentliche Vo-raussetzungen sind – über die wechselseitige Kenntnis der Geschäfts-modelle, die Anwendung von Win-Win-Verhandlungen und die Abfas-sung solider juristischer Verträge – spiegelbildliche Ziele, Werte und Identitäten. Aus diesem Grund ist der persönliche Ansatz einer Anita Roddick stets der beste.

Vertriebspartner als Katalysatoren für Kulturwandel: Die Verbreitung einer Geschichte

Der Zwang zum Wachstum verlangt von einem Unternehmen, dass seine Vertriebspartner ihre Schnittstellen zum Verbraucher richtig ma-nagen. Aus diesem Grund ist das Unternehmen stark davon abhängig, dass die Vertriebsstellen seine Werte vermarkten – vor allem, wenn das Unternehmen selbst nicht über Werbemedien direkt mit dem Verbrau-cher kommuniziert. Ein Beispiel dafür ist der Fall Maria Yee. 2007 wurde fast die Hälfte aller in den USA verkauften Möbel über den Möbeleinzelhandel abgesetzt.[12] Maria Yee, Inc. vertreibt, wie andere Möbelhersteller auch, Produkte für den gehobenen mittleren Markt über drei Haupteinzelhändler: Crate & Barrel, Room & Board und Magnolia Home Theater. Das Unternehmen selbst konzentriert sich auf den Absatz umweltfreundlicher Produkte. Die grünen Werte zei-gen sich deutlich im Geschäftsmodell der Firma, vor allem im Einsatz nachwachsender Rohstoffe und in der Partnerschaft mit umweltbe-wussten Zulieferern.

Leider verfügt Maria Yee nicht über eine direkte Schnittstelle zum Verbraucher und verlässt sich daher bei der Übermittlung seiner »grünen« Botschaften auf seine Vertriebspartner. Um die grünen Werte lebendig zu erhalten und die Umweltbewegung in der Branche anzuführen, unterhält Gründerin Maria Yee persönliche Beziehungen zu den Einzelhändlern. Deren Rolle besteht nicht nur in der Kommunikation der Markenpositionierung von Maria Yee beim Verbraucher, sondern auch darin, die allgemeinen Vorzüge des Einsatzes umweltfreundlicher Möbel zu bewerben. In der Regel gelten grüne Produkte beim Verbraucher als teurer. Maria Yee setzt darauf, dass ihre Vertriebspartner die Konsumenten vom Gegenteil überzeugen. Dafür müssen die Vertriebspartner zunächst selbst überzeugt sein, dass Maria Yees Produkte im Preis wettbewerbsfähig bleiben.

Ein großer Konsumgüterhersteller schafft dagegen häufig direkte Berührungspunkte zum Verbraucher, auch wenn er zur Distribution vollständig von seinen Vertriebspartnern abhängt. Stonyfield Farm stellt biologische Joghurtprodukte her und vertreibt diese über Distributionsunternehmen in Bioläden und Supermärkten. Dennoch versucht das gesundheitsorientierte Unternehmen, direkt mit dem Verbraucher in Verbindung zu treten, um die soziale und ökologische Mission des Unternehmens an den Mann zu bringen. Es gründete die Gemeinschaft myStonyfield, um ein Forum für positive persönliche Empfehlungen zu schaffen. Es nutzt YouTube, um seine Botschaft zum Verbraucher zu bringen.

Die Verbreitung von Markenstorys über Vertriebspartner erfordert laufende persönliche Kontakte. Funktioniert sie nicht, sollten Unternehmen den Vertriebspartnern entsprechende Signale geben, um sie auf ihre Seite zu ziehen. Indem sie ihre Geschichten direkt beim Verbraucher verbreiten, können Unternehmen Interesse auf sich ziehen. Wenn viele Verbraucher reagieren und die Marke am anderen Ende des Vertriebskanals nachfragen, gibt das den Vertriebspartnern eindeutig das Signal, dass die Werte eine große Wirkung auf die Marke haben und dass es für sie von Vorteil ist, diese Marke zu führen.

In manchen Fällen sind die Verbraucher selbst Vertriebspartner.

Das gilt vor allem für die Distribution bei einkommensschwachen Verbrauchern in aufstrebenden Märkten. In Entwicklungsländern ist das größte Problem bei der Vermarkten von Produkten an die Armen häufig fehlender Zugang. Zwei Elemente des Marketingmix, die davon besonders stark beeinträchtigt werden, sind Platzierung (Distribution) und Promotion (Kommunikation). Viele Produkte und Informationen stehen den Armen nicht zur Verfügung – vor allem in ländlichen Regionen. Die Kanalisierung von Produkten zu diesen Verbrauchern erhöht die Marktpenetration und verbessert gleichzeitig ihren Lebensstandard. Vachani und Smith bezeichnen das als sozialverantwortliche Distribution.[13]

Indien ist ein Ort, an dem sozialverantwortliche Distribution mustergültig umgesetzt wird. Das Land bekämpft aktiv die Armut. Ein Blick auf die Statistik verrät vielversprechende Ergebnisse. Der Prozentsatz der Menschen, die in Armut leben, ist von 1981 bis 2005 von 60 Prozent auf 42 Prozent zurückgegangen.[14] Einer der wesentlichen Erfolgsfaktoren liegt in dem Bestreben, den Armen mehr Zugang zu verschaffen. Das ist aus dem Umstand ersichtlich, dass rund 80 Prozent der gesamten Konsumausgaben in Indien auf ländliche Verbraucher entfielen.[15] Im Kampf gegen die Armut entwickeln in Indien tätige Unternehmen innovative Distributionsmethoden unter Nutzung menschlicher Netzwerke.

Unternehmen wie ITC und Hindustan Lever spielen bei der Partnerschaft mit den Armen zur Distribution ihrer Produkte im ländlichen Raum eine wesentliche Rolle. ITC ist bekannt für die Entwicklung von e-Choupal, das Bauern den Zugang zu Informationen über Witterung und Getreidepreise ermöglicht, und für den direkten Verkauf ihrer Produkte an Verbraucher – ohne Mittelsmänner. Durch Nutzung seines Netzes von Partnern unter den Landwirten entwickelte ITC auch Choupal Saagars, ein Netz von Minieinkaufszentren, die Produkte von Konsumgütern bis zu medizinischem Bedarf und Finanzdienstleistungen anbieten. Frauen können sich als Distributionspartner von Hindustan Lever zusätzliche Verdienstmöglichkeiten erschließen. Auf verschiedenen Wegen vermarkten diese beiden Unternehmen ihre sozi-

114 | Die neue Dimension des Marketings – Strategie

alverantwortlichen Werte an ihre Vertriebspartner, die zufällig gleichzeitig ihre Endabnehmer sind.

Das Vorgehen von ITC und Hindustan Lever ist angesichts der Tatsache, dass 87 Prozent der Verbraucher in Indien Produkte auf Empfehlung von Angehörigen oder Freunden erwerben, verständlich.[16] Das ist der Hauptgrund dafür, dass Peer-to-Peer-Vertrieb in Indien die üblichste Go-to-Market-Strategie ist – vor allem im Hinblick auf den ländlichen Markt.

Auf neuen Wachstumsmärkten stützt sich die Distribution auf Netze aus vielen Vertriebspartnern. Das innovative Distributionsmodell wurzelt in dem in der Entstehung begriffenen Phänomen der Vergemeinschaftung von Verbrauchern. Die Rolle der Konsumenten beschränkt sich nicht auf die Bewerbung von Marken, sondern wird auf den Vertrieb ausgeweitet. In Extremfällen wie in Indien sind die einzelnen Verbraucher die Vertriebspartner. In weniger extremen Fällen sind die Vertriebspartner Kleinunternehmen, die den Lokalmarkt besser kennen und persönlichen Zugang zu Verbrauchergemeinschaften haben. Diese Vertriebspartner sind aufgrund ihrer höheren Glaubwürdigkeit die idealen Medien, um den Verbrauchern Markenstorys zu übermitteln. Verbraucher hören auf sie. Unternehmen wie Dell, die auf der Suche nach Wachstumsmärkten sind, sollten auf diesen jungen Trend setzen.

Vertriebspartner als kreative Verbündete: Beziehungsmanagement

In der neuen Dimension des Marketings hat der Verbraucher die Macht. Leider genießen nicht alle Unternehmen direkten Zugang zum Verbraucher. In der Regel sind Vermittler zwischengeschaltet. Diese Vertriebspartner sind nicht nur für die Distribution von Produkten auf dem Markt zuständig, sondern liefern auch Berührungspunkte zum Verbraucher. Die Vertriebspartner werden als wichtiger wahrgenommen als die Hersteller. In der IT-Industrie zum Beispiel haben die Verbraucher oft bessere Beziehungen zu Wiederverkäufern, die zusätzlichen Wert bieten, als zu den Produzenten. Solchen Wiederverkäufern traut man Lösungen zu, während Hersteller lediglich die Komponenten dafür liefern.

Aufgrund der wachsenden Bedeutung von Vertriebspartnern müssen die Unternehmen im Umgang mit ihren Partnern mehr Faktoren in Betracht ziehen. Erstens sollten Unternehmen den Beitrag ihrer Produkte zur Marge, ihren Lagerumschlag und ihre generelle strategische Bedeutung für den Vertriebspartner kennen. Zweitens sollten Unternehmen echtes Engagement und aktives Management des »Abverkaufsprozesses« auf Einzelhandelsebene durch Co-op-Marketing, Instore-Promotion und Gewährleistung der Präsenz einer Marke im Einzelhandel an den Tag legen. Schließlich sollte ein Unternehmen auch am allgemeinen Eindruck und an der Zufriedenheit des Vertriebspartners interessiert sein.

Dieses Konzept der Integration von Unternehmen und Vertriebskanal ist besonders bedeutsam, wenn die Vertriebskanäle ein immer wichtigeres Verbindungsglied in der Wertschöpfungskette darstellen. Das kann so weit gehen, dass viele Vertriebskanäle heute mit Unternehmen um Kundenbindung und Einbezug wettweifern. Ohne eine solche Integration in die Wertkette spielen Unternehmen und Vertriebskanäle vermutlich ein Nullsummenspiel im Kampf um Margen und Verbrauchereinfluss, statt partnerschaftliche zusammenzuarbeiten und Synergien zu nutzen, um andere Konkurrenten aus dem Feld zu schlagen.

Integration von Unternehmen und Vertriebskanälen beginnt gewöhnlich bei der grundlegenden Zusammenarbeit zwischen einem Unternehmen und seinen Vertriebspartnern – vor allem in der Verkaufsförderung im Einzelhandel. Wird die Beziehung stärker, setzt untereinander und mit anderen Teilen der Wertschöpfungskette der jeweiligen Branche Integration ein. Der Integrationsprozess beinhaltet den regelmäßigen Austausch von Informationen und die gemeinsame strategische Planung. Entwickelt sich die Partnerschaft ins nächste Stadium weiter, vereinen sich die Werte und man erkennt keine

Unterschiede mehr zwischen dem Unternehmen und seinen Vertriebspartnern.

Kommt es zu kreativer Partnerschaft mit Vertriebspartnern, beobachten wir vier Exzellenzstadien. Das erste Stadium ist erreicht, wenn ein Unternehmen im Vertrieb von einem Kanal abhängt – ob im Direktvertrieb oder über einen einzigen Vertriebspartner. Das ist das Einkanalstadium. Viele Unternehmen fangen in einem begrenzten regionalen Umfeld an, in dem der gesamte Vertrieb von der eigenen Vertriebsmannschaft oder von einem einzigen Vertriebspartner abgedeckt werden kann.

Wächst das Unternehmen, kommen weitere Distributionsstellen und andere Kanäle hinzu, um den Einzugsbereich zu vergrößern und den Umsatz und die Verfügbarkeit der Produkte zu steigern. Dabei gelten keine Einschränkungen, wo oder an wen die jeweiligen Distributionsstellen oder anderen Vertriebskanäle verkaufen dürfen. Diese Strategie mündet in der Regel in einem Vertriebskonflikt zwischen den Distributionsstellen und anderen Kanälen. Dieses zweite Stadium ist das Mehrkanalstadium, in dem ein Unternehmen an viele Distributionsstellen und direkte Kanäle verkauft, ohne Produkte, Segmente oder geografische Bereiche abzugrenzen.

Ein höher entwickeltes Distributionssystem berücksichtigt solche Konflikte und unterteilt den Markt des Unternehmens in Gebiete, Verbrauchersegmente oder Produktsegmente. Jede Distributionsstelle beziehungsweise jeder Kanal erhält einen eigenen Teil des Marktes, den er bearbeitet. Diese dritte Ebene ist das Stadium der bereichsbasierten Kanäle, in dem das Unternehmen klare Grenzen und Regeln festlegt, nach denen sich Distributionsstellen und direkte Kanäle richten müssen, um Kanalkonflikte zu vermeiden.

In den anspruchsvollsten Distributionssystemen gibt es eine Aufgabenteilung unter den verschiedenen Kanälen eines Unternehmens. Dadurch können innerhalb eines Segments oder Regionalmarkts verschiedene Arten von Kanälen koexistieren. Statt in Wettbewerb zu treten, arbeiten die Kanäle zusammen. Diese vierte Ebene ist das integrierte Mehrkanalstadium, in dem ein Unternehmen die Aufgaben über verschiedene Kanäle aufteilt. Innerhalb eines regionalen Marktes oder Marktsegments können parallel mehrere Kanäle vorhanden sein, die zusammenarbeiten, statt sich gegenseitig Geschäft abzujagen. So kann etwa ein Computerhersteller Aufgaben auf mehrere Kanäle verteilen: eine Website zur Generierung von Nachfrage, eigene Verkaufsstellen, um Konsumerfahrungen zu inszenieren, Wiederverkäufer zum Vertrieb und für den technischen Support sowie ein Vertriebsteam für Firmenkunden und Verweise auf die nächstgelegenen Wiederverkäufer. Unternehmen sollten danach streben, dieses höchste Maß an Integration zu erreichen. Im integrierten Mehrkanalstadium finden das Unternehmen und seine Vertriebspartner kreativ neue Wege, um die Kunden konfliktfrei zu bedienen.

Zusammenfassung: Wertorientierte Vertriebskanalpartnerschaften

In Marketing 3.0 beginnt das Management der Vertriebskanäle mit der Ermittlung der richtigen Vertriebspartner mit ähnlichen Zielen, ähnlicher Identität und ähnlichen übergeordneten Werten. Partner mit vereinbaren Werten können Verbraucher mit ihren Geschichten überzeugen. Um die Partnerschaft noch eine Stufe weiter zu führen, sollten Unternehmen Integration anstreben, um ihren Geschichten Integrität zu verleihen.

Kapitel 6

Die Vision bei den Aktionären vermarkten

Kurzfristig denken schadet der Wirtschaft

Im September 2008 brach Lehman Brothers zusammen.[1] Das Unternehmen hatte 158 Jahre existiert und die Weltwirtschaftskrise der 1930er Jahre überstanden. Die ersten 13 Monate der Finanzkrise unserer Tage aber überlebte es nicht. Am Ende inszenierte es den größten Konkurs aller Zeiten und verschärfte die schlimmste Finanzkrise seit der Weltwirtschaftskrise. Der Niedergang von Lehman war nur einer von vielen in einem der verheerendsten Monate in der Geschichte des US-Finanzsektors.[2] Fannie Mae und Freddie Mac wurden unter staatliche Verwaltung gestellt. AIG wurde gerettet. Washington Mutual kam unter Aufsicht der US-Einlagensicherung FDIC und Wachovia wurde verkauft.

James Collins erklärt dieses Phänomen fallender Unternehmen in *How the Mighty Fall*. Er beschreibt die Stadien, die ein Unternehmen beim Zusammenbruch durchläuft. Laut Collins werden erfolgreiche Unternehmen oft überheblich und trauen sich zu viel zu (Stadium 1). Daher verfolgen sie aggressiv ungezügeltes Wachstum (Stadium 2). Wenn erste Warnzeichen vor dem drohenden Scheitern auftauchen, werden diese ignoriert (Stadium 3), bis der Zusammenbruch offensichtlich wird (Stadium 4). Wird dann das Ruder nicht herumgerissen, kommt es zum Konkurs (Stadium 5).[3] Diese Phasen zeigen, dass Aggressivität und ein Mangel an realistischen Zielen den Untergang von Unternehmen auslöst. Unternehmen sind häufig blind vor lauter Eifer, kurzfristiges Wachstum zu erzielen, und übersehen dabei die Risiken.

Im September 2009, ein Jahr nach dem Kollaps von Lehman Brothers, unterzeichneten 28 bekannte Persönlichkeiten, darunter Warren Buffett und Louis Gerstner, eine vom Aspen Institute verfasste gemeinsame Erklärung, die ein Ende des kurzfristigen Denkens auf den Finanzmärkten forderte und die Entwicklung von Maßnahmen zur Förderung langfristiger Wertschöpfung für Aktionäre und Gesellschaft.[4] Diese Erklärung bestätigte die Rolle des kurzfristigen Denkens als Motiv für riskante Strategien, die zum Zusammenbruch der Wirtschaft führen können. Die Unterzeichner bekennen sich einhellig zu langfristig orientiertem Kapitalismus, der einen wesentlichen gesellschaftlichen Beitrag leistet, und sie rufen die Aktionäre auf, mit mehr Geduld an ihre Investments heranzugehen.

Die kurzfristige Orientierung der Aktionäre hat auch staatlicherseits Aufmerksamkeit erregt. Lord Myners, der im britischen Finanzministerium für Finanzdienstleistungen zuständig ist, hat vor kurzem eine zweischichtige Aktionärsstruktur vorgeschlagen, in der langfristige Aktionäre mehr Mitspracherecht an der strategischen Ausrichtung des Unternehmens bekommen sollen als kurzfristige.[5] In diesem System wären die Stimmrechte kurzfristiger Aktionäre eingeschränkt. Obwohl der Vorschlag noch diskutiert wird, glauben viele, dass ein solches System, das von Familienunternehmen abgeschaut ist, dazu beitragen könnte, kurzfristig orientierte Entscheidungen in Unternehmen abzuschaffen.

Nach Alfred Rappaport zerstört ein kurzfristiges Ertragsmanagement zur Erfüllung von Aktionärserwartungen Shareholder-Value.[6] Rappaport hat festgestellt, dass die meisten Unternehmen sich bemühen, die kurzfristigen Erwartungen von Aktionären zu erfüllen – auch wenn dies auf Kosten langfristiger, wertschöpfender Investitionen geht. In diesem Kapitel legen wir Unternehmen einen Paradigmenwandel nahe – von der Befriedigung kurzfristiger Aktionärserwartungen hin zu langfristiger Unternehmensleistung. Aktionäre müssen sich aufs Wesentliche besinnen und erkennen, dass sich der Wert eines Unternehmens nach seinen langfristigen künftigen Cashflows bemisst, und dass es die Zukunftsvision eines Unternehmens ist, die über seine Leistung bestimmt.

Die Definition der Aktionäre eines Unternehmens hängt von der Unternehmensentwicklung ab. Kotler, Kartajaya und Young haben in ihrem Buch *Attracting Investors* den Wesenswandel von Aktionären im Zuge der Unternehmensentwicklung beschrieben.[7] Anfangs kämpfen Start-ups mit interner Finanzierung und Anfangsproblemen. Nach ein paar Jahren Geschäftstätigkeit werden sie vielleicht für Business Angels attraktiv – Einzelinvestoren, die im Frühstadium eigene Mittel investieren, um Neugründungen zu finanzieren in der Hoffnung auf hohe Renditen oder aus Interesse an der Förderung des Unternehmertums.

Später ziehen solche Unternehmen Private Equity an – häufig von Wagniskapitalgebern. Das sind Leute mit Erfahrung im Investmentmanagement, denen ein Pool von Mitteln zur Verfügung steht. Sie helfen bei der Umsetzung eines Börsengangs (IPO). Dabei emittieren Unternehmen Aktien, die öffentlich gehandelt werden, und erregen so das Interesse eines breiteren Anlegerpublikums. Die Inhaber der Aktien halten eine Kapitalbeteiligung an der Gesellschaft. Unternehmen können auch Mittel aufnehmen, indem sie Anleihen begeben. Die Inhaber dieser Anleihen erhalten dann regelmäßige Zinszahlungen und ihr Kapital wird am Ende der Laufzeit zurückerstattet. Banken und andere Investoren sind weitere Finanzierungsquellen für Unternehmen. Unternehmen müssen ihre Investoren kennen, um ihre Bedürfnisse befriedigen zu können.

Inzwischen bildet sich die Ansicht heraus, dass es Aufgabe des Managements ist, nicht nur für die Aktionäre Erträge zu erwirtschaften. Kluge Unternehmen konzentrieren sich auf *alle* Interessengruppen – Verbraucher, Mitarbeiter, Vertriebspartner, Regierung, gemeinnützige Organisationen und die breite Öffentlichkeit –, nicht nur auf die Aktionäre. Ein erfolgreiches Unternehmen ist nie aus sich selbst heraus erfolgreich. Es ist erfolgreich, weil es ein überlegenes Netz von Interessengruppen aufgebaut hat, die alle in irgendeiner Form am Unternehmen und seinem Ergebnis beteiligt sind. Diese Interessengruppen zufriedenzustellen – sicherzugehen, dass sie alle einen Nutzen erkennen – führt langfristig häufig zu höherer Rentabilität, als wenn sich das

Unternehmen ausschließlich auf die Maximierung der kurzfristigen Erträge für die Aktionäre verlegt.

Langfristiger Shareholder-Value = Vision von Nachhaltigkeit

Wir sind mit Collins und Porras der Meinung, dass die Unternehmensvision das Ergebnis der Anbindung der Unternehmensmission und seiner Werte an seine Vision von der Zukunft ist.[8] Die Unternehmensvision ist das mentale Modell der Zukunft.

Unseres Erachtens ist der stärkste Zukunftstrend für Unternehmen – vor allem auf dem Kapitalmarkt – das Thema Nachhaltigkeit. Nachhaltigkeit ist für Unternehmen bei der Generierung von Shareholder-Value auf lange Sicht eine maßgebliche Herausforderung. Sie lässt sich jedoch auf zweierlei Art definieren. Nach Kunreuther besteht Nachhaltigkeit für Unternehmen in deren langfristigem Überleben in der Geschäftswelt.[9] Für die Gesellschaft dagegen ist Nachhaltigkeit das langfristige Fortbestehen von Umwelt und gesellschaftlichem Wohl. Unternehmen haben in der Vergangenheit hier keine Synergien gesehen.

In letzter Zeit erkennen sie aber auf der Suche nach Wettbewerbsvorteilen in einer kommodifizierten Welt schließlich die Chancen zum Erreichen solcher Synergien. Wir beschreiben im Folgenden die beiden wichtigsten Entwicklungen der letzten Jahre – die Polarisierung des Marktes und die Ressourcenknappheit –, die uns zu dieser Schlussfolgerung veranlasst haben.

Polarisierung: Reifer Markt oder armer Markt

Wenn es einen großen Trend gibt, der Unternehmern seit Ende der 1990er Jahre Kopfzerbrechen bereitet, dann ist das die Polarisierung des Marktes. Der Markt polarisiert sich immer mehr in ein oberes und ein unteres Ende, während die Mitte schwindet. In *Treasure Hunt* führen Silverstein und Butman an, dass in den Vereinigten Staaten Verbraucher aus der Marktmitte, die zwischen 50 000 und 150 000 US-Dollar verdienen, nach ihren Erhebungen entweder aufsteigen oder absinken.[10] Sie sind entweder auf der Suche nach erschwinglichem Luxus, den sie sich gönnen wollen, oder nach Schnäppchen – oder beidem. Die Autoren schätzen das Entwicklungspotenzial in Aufwärtsrichtung für 2006 auf ein Volumen von rund 500 Milliarden US-Dollar, das in Abwärtsrichtung auf rund 1 Billion US-Dollar. Ähnliche Trends beobachteten sie in Japan und Deutschland. Eine Studie über 25 Branchen und Produktkategorien in Europa, Nordamerika und ausgewählten weiteren Ländern von Knudsen, Randel und Rughølm zeigt den gleichen Trend.[11] Darin wurde festgestellt, dass Umsatzsteigerungen durch Produkte aus der Marktmitte von 1999 bis 2004 um 6 Prozent pro Jahr hinter dem Marktdurchschnitt zurückblieben.

Das hat enorme Auswirkungen auf die Marktstruktur und die Funktion des Wettbewerbs. Unternehmen müssen sich entweder auf das obere Marktende ausrichten oder auf das untere. In beiden Fällen müssen sie sich notgedrungen mit sozialen und Umweltbedingungen auseinandersetzen. Diese haben tiefgreifende Folgen für das untere Marktende, was am oberen Marktende allmählich Besorgnis erregt.

Wir behaupten, dass das obere Marktende ausreift und High-End-Verbraucher ebenfalls verstärkt über Nachhaltigkeit nachdenken. Marketingfachleute, die sich mit besonders hochwertigen Produkten im Markt nach oben bewegen möchten, sollten sich ernsthaft mit dem Konzept der Nachhaltigkeit beschäftigen. Sie müssen mit einem nachhaltigen Geschäftsmodell den Human Spirit der Verbraucher ansprechen. Wie das in der Praxis aussieht, zeigen erste Beispiele von Unternehmen wie Whole Foods, Patagonia oder Herman Miller. Sie verlangen höhere Preise, haben aber einen äußerst loyalen Kundenstamm, der bereit ist, für die nachhaltigen Praktiken der Unternehmen mehr zu bezahlen.

Andererseits steht natürlich eine weitaus größere Verbraucherbasis am unteren Marktende zur Verfügung – dort, wo künftig hohe Wachstumsraten herkommen werden. Die Armen sind nach Ansicht mehrere Experten die neue Marktchance. C. K. Prahalad und Stuart Hart sind die namhaftesten Wirtschaftsdenker, die potenzielle Chancen am Fuß der Marktpyramide ausgemacht haben. Prahalads *The Fortune at the Bottom of the Pyramid* und Harts *Capitalism at the Crossroads* haben das neue Potenzial der Armen sowohl als wachsenden Verbrauchermarkt als auch als herausragendes Innovationslabor erkannt.[12] Clayton Christensen behauptete sogar, dass revolutionäre Technologien normalerweise als Lösung für die Probleme armer Gesellschaften entstehen.[13] Indien schafft viele Durchbrüche, damit Produkte für Arme erschwinglich werden. Philip Kotler und Nancy Lee haben in ihrem Buch *Up and Out of Poverty* aufgezeigt, wie Sozialmarketing eingesetzt werden kann, um mehr Menschen aus der Armut zu heben.[14]

Arme sehnen sich nach manchen Produkten, die früher nicht nur aus Einkommensgründen unerschwinglich für sie waren, sondern auch, weil sie einfach keinen Zugang dazu hatten. Unternehmen, die auf diese Verbraucherzielgruppe abheben, müssen Lösungen anbieten, die diese Barrieren für den Konsum überwinden. Muhammad Yunus, der 2006 den Friedensnobelpreis erhielt, bewies, wie Banken Armen helfen können, ihr Einkommen durch Mikrokredite aufzubessern.[15] Unternehmen wie Coca-Cola, Unilever und andere zeigen, wie sie gängige Produkte in entlegeneren und isolierten ländlichen Siedlungen vertreiben können.[16] Solche Lösungen werden auch dazu beitragen, dass Unternehmen aus Industrieländern mehr arme Verbraucher erreichen und bedienen.

Ressourcenknappheit: Die Erde hat Grenzen

Das Konzept der ökologischen Nachhaltigkeit in der Wirtschaft hat sich in den letzten Jahrzehnten entwickelt.[17] In den 1980er Jahren, als der Produktionssektor anwuchs, lag der Schwerpunkt auf der Vermeidung und Verringerung der Umweltverschmutzung durch Fabrikemissionen. In den 1990er Jahren stand dann mit Zunahme der verbraucherbezogenen Praktiken die Produktverantwortung im Fokus. Unternehmen wetteiferten um die Entwicklung von umweltfreundlichen Produkten.

Heute werden die natürlichen Ressourcen knapper und reichen vielleicht nicht aus, um langfristig starkes Konsumwachstum zu tragen. Die Preise für bestimmte Ressourcen schießen in die Höhe und steigern die Kostenbelastung für Unternehmen – und am Ende auch für die Kunden. Unternehmen müssen Ressourcen schonen und Energie sparen, um den ökologischen Herausforderungen zu begegnen. Wer mit der Ressourcenknappheit umgehen kann, wird am Ende das Rennen machen. Die Sicherung nachhaltiger Versorgung mit Rohstoffen wird immer mehr zum maßgeblichen Wettbewerbsvorteil.

Dass Unternehmen wie Whole Foods das Konzept der ökologischen Nachhaltigkeit für sich entdecken, wird immer mehr zur Norm. Whole Foods ist bekannt für die Belieferung eines Nischenmarktes mit natürlichen und biologischen Produkten. Doch als ein Marktriese wie Wal-Mart 2006 die Einführung dieses Konzepts ankündigte, wurde uns klar, dass Nachhaltigkeit in der Wirtschaft nicht länger ein Nischenwert war.[18] Wal-Mart verpflichtete sich, seine Produktivität mit umweltverträglicheren Methoden zu steigern. Es versprach außerdem, Produkte aus nachhaltigeren Quellen zu beziehen. Das war ein Signal dafür, dass die Kosten nicht-nachhaltiger Praktiken steigen und nur durch umweltfreundlichere Methoden verringert werden können. Es ist gleichzeitig eine Warnung, dass die Aufrechterhaltung nachhaltiger Logistikketten für Unternehmen bald zum wichtigen Thema werden könnte.

Al Gore, der 2007 den Friedensnobelpreis erhielt und mit seinem Film *Eine unbequeme Wahrheit (An Inconvenient Truth)* zwei Oscars gewann, hat die Grenzen der Belastbarkeit der Erde ebenso offen angesprochen wie die Einschränkungen, die das für die Wirtschaft mit sich bringt. Er behauptet, dass die Finanzkrise die Geschäftswelt wachgerüttelt und auf den Umstand aufmerksam gemacht hat, dass ökologische Nachhaltigkeit in den kommenden 25 Jahren die Zukunft der Wirtschaft gestalten wird.[19]

Ökologische Nachhaltigkeit wird auch über den Fortschritt im Kampf gegen die Armut bestimmen. Hier zeichnet sich das Dilemma der Nachhaltigkeit ab: Es gilt, die Armut zu lindern, doch mit begrenzten Ressourcen. Über den Versuch, mit aggressivem Wirtschaftswachstum Armut zu bekämpfen, vergessen Schwellenländer häufig den Erhalt der Umwelt. Hinzu kommt, dass arme Menschen gezwungen sind, knappe natürliche Ressourcen wie sauberes Wasser, Luft und fruchtbares Ackerland zu erschöpfen, um zu überleben. Diese Praktiken werden die Umwelt und die Lebensbedingungen der Armen weiter verschlechtern. Die Lösung dieser Probleme liegt in umweltfreundlichen Innovationen, die von Sozialunternehmen in armen Regionen entwickelt werden. Auf soziales Unternehmertum gehen wir in Kapitel 8 noch näher ein.

Nachhaltigkeit und Shareholder-Value

Die beiden Trends – Polarisierung und Ressourcenknappheit – werden die Bewegung hin zu mehr Nachhaltigkeit verstärken. Unternehmen werden sich zunehmend der Wettbewerbsvorteile bewusst, die durch das Reiten auf der Nachhaltigkeitswelle zu erzielen sind. GE ist ein Unternehmen, das weiß, dass ein wertorientiertes Unternehmen nicht einfach nur Gutes tut. CEO Jeff Immelt sieht Nachhaltigkeit im Wandel des geschäftlichen Umfelds als ein Muss an.[20] Er hat erkannt, dass zwischen dem reifen Markt und dem wachsenden Markt eine große Lücke klafft und dass GE gute Geschäfte machen kann, wenn es diese Lücke schließt. Er meint auch, dass das Wesen der Ressourcenknappheit Unternehmen zwingt, innovative Lösungen zu finden. GE will an diesen Lösungen teilhaben. GE will zeigen, dass es an der Lösung sozialer Probleme verdienen kann. In den Sparten Solarpaneele, Windturbinen und Untersuchung der Wasserqualität zeigt sich dies bereits. Als große Aktiengesellschaft sieht GE in nachhaltigen Praktiken einen Weg, Shareholder-Value zu generieren.

In den letzten Jahren hat die Unternehmensberatung A.T. Kearney festgestellt, dass nachhaltige Unternehmen in der Finanzkrise in der Regel besser abgeschnitten haben als andere.[21] In 16 von 18 untersuchten Branchen verzeichneten nachhaltige Unternehmen von Mai bis November 2008 um 15 Prozent höhere Aktienkurse als der Branchendurchschnitt. Unternehmen, die Nachhaltigkeit praktizieren, sind widerstands- und anpassungsfähiger, wenn sich das geschäftliche Umfeld wandelt. Sie erwirtschaften mehr Shareholder-Value.

Eine Umfrage, die 2008 unter 1254 Managern aus aller Welt von der Economist Intelligence Unit durchgeführt wurde, bestätigte ebenfalls einen Zusammenhang zwischen der Nachhaltigkeit eines Unternehmens und einer starken Aktienkursentwicklung.[22] Führungskräfte von Unternehmen, die sich um Sozial- und Umweltverträglichkeit bemühten, wiesen jährliche Gewinnsteigerungen von 16 Prozent und Kurssteigerungen von 45 Prozent aus, während die Gewinne und Aktienkurse von Unternehmen, die keinen Wert auf Nachhaltigkeit legten, nur um jeweils 7 beziehungsweise 12 Prozent kletterten.

Überdies gehen Unternehmenslenker davon aus, dass das Konzept der Nachhaltigkeit für ihre Unternehmen gut ist. Rund 37 Prozent der Befragten sagten, Nachhaltigkeit sei attraktiv für den Verbraucher, 34 Prozent meinten, Nachhaltigkeit steigere den Shareholder-Value und 26 Prozent sehen in dem Konzept der Nachhaltigkeit einen Anreiz für fähige Bewerber. Aus diesem Grund gaben rund 61 Prozent der Wirtschaftslenker an, die Kommunikation mit Aktionären über die Leistungen ihres Unternehmens in puncto Nachhaltigkeit stünde für die nächsten fünf Jahre ganz oben auf ihrer Agenda. Circa 24 Prozent der Befragten räumten diesem Punkt oberste Priorität ein, weitere 37 Prozent hohe Priorität.

Auch das Interesse der Investoren an Nachhaltigkeit nimmt zu. Infolgedessen wurden Indizes entwickelt, die nachhaltige Praktiken abbilden – wie zum Beispiel die folgenden:

- Der KLD Broad Market Social Index (BSMI) definiert gute Unternehmenspraktiken als solche, die Umwelt- und Sozialverträglichkeit sowie Governance (ESG) berücksichtigen.[23]
- Der FTSE4Good Index definiert gute Unternehmen als solche, die auf ökologische Nachhaltigkeit ausgerichtet sind, positive Beziehungen zu allen Interessengruppen unterhalten, die universellen Menschenrechte schützen, gute Arbeitsstandards über die Logistikkette hinweg aufweisen und Korruption bekämpfen.[24]
- Der Dow Jones Sustainability Index (DJSI) betrachtet nachhaltige Geschäftspraktiken als Mittel zur Erzielung höherer Ertragsproduktivität durch Nutzung des Marktpotenzials nachhaltigkeitsbewusster Verbraucher bei gleichzeitiger Reduzierung der mit nicht nachhaltigen Praktiken verbundenen Kosten und Risiken wie Kosten für Abfallentsorgung und Krisenlinderung. Er definiert Nachhaltigkeit von Unternehmen als »einen Unternehmensansatz, der langfristigen Shareholder-Value schafft, indem er Chancen durch wirtschaftliche, umweltbezogene und soziale Entwicklungen wahrnimmt und damit verbundene Risiken steuert.«[25]
- Goldman Sachs hat die GS Sustain Focus List eingeführt, die ein Verzeichnis von Unternehmen mit nachhaltigen Praktiken beinhaltet.[26] In dem Bewusstsein, dass die Welt immer transparenter wird und Wachstum sich auf die BRIC-Länder verlagert, berücksichtigt Goldman Sachs ein ähnliches ESG-Konzept wie der BSMI. Außerdem enthält das Verzeichnis auch eine Analyse aufstrebender Branchen wie alternative Energien, Umwelttechnik, Biotechnologie und Ernährung sowie die Praktiken in diesen Branchen.

Kurz, diese Indizes bilden drei verschiedene Unternehmensergebnisse ab, nämlich, wie ein Unternehmen in Bezug auf *Gewinn, Umwelt* und *Menschen* dasteht. Sie messen die wirtschaftlichen, ökologischen und sozialen Auswirkungen eines Unternehmens auf die Gesellschaft. David Blood kritisierte diese Indizes jedoch, weil sie nachhaltige Praktiken nicht als Bestandteil der Unternehmensstrategie anerkennen.[27] Bei der Entwicklung der Indizes sind oft verschiedene Teams für das

Research der Punkte Nachhaltigkeit, Strategie und Planung zuständig. Die Verknüpfung zwischen Nachhaltigkeit und Strategie könnte dadurch mitunter vernachlässigt werden.

Die Vermarktung visionärer Strategien

Willard sieht drei Hauptgründe für die Entscheidung von Unternehmen für einen auf nachhaltige Geschäftspraktiken ausgerichteten Kurs.[28] Ein Grund liegt im persönlichen Engagement der Unternehmensgründer. Bekannte Beispiele dafür sind unter anderem Ben Cohen und Jerry Greenfield von Ben & Jerry's, Anita und Gordon Roddick von The Body Shop und Yvon Chouinard von Patagonia. Ein zweiter Grund ist, dass Unternehmen infolge einer öffentlichen Gegenreaktion oder einer Aktivistenbewegung eine Public-Relations-Krise erleben. Ein Beispiel für ein Unternehmen, das Nachhaltigkeit aufgrund einer solchen Krise praktiziert, ist DuPont. Schließlich können sich Unternehmen auch auf regulierungsbehördlichen Druck hin für nachhaltige Praktiken entscheiden. Nike und Chevron waren wegen bestimmter Praktiken in Entwicklungsländern ins Visier der Aufsichtsbehörden geraten.

Solche Gründe gewährleisten aber nicht, dass beständig auf Nachhaltigkeit gesetzt wird. Gründer haben keinen Einfluss mehr auf die Geschäftspraktiken, sobald ein Unternehmen verkauft wird. Aufgrund von Public-Relations-Krisen und Behördendruck eingeleitete Maßnahmen sind in der Regel keine langfristigen Lösungen. Damit Nachhaltigkeit auf lange Sicht Bestand hat, muss sie zur Strategie des Unternehmens werden, die sich aus seiner Mission, seiner Vision und seinen Werten ergibt. Das Management muss Nachhaltigkeit als Quelle für Wettbewerbsvorteile betrachten, durch die sich das Unternehmen von der Konkurrenz abhebt. Darin liegt der Schlüssel zur Vermarktung der Unternehmensvision bei den Aktionären.

Wer Aktionären etwas verkaufen möchte, muss einen anderen Ansatz wählen als für Verbraucher, Mitarbeiter oder Vertriebspartner.

Anders als die Verbraucher lassen sich die Aktionäre nicht so schnell durch eine überzeugende Markengeschichte beeindrucken. Auch sind sie – anders als die Mitarbeiter – nicht so stark in die Unternehmenskultur eingebunden. Aktionäre denken in erster Linie an den Ertrag ihrer Anlage. Dennoch sind sie für die Wahrung der Nachhaltigkeit eines Unternehmens verantwortlich. Aktionäre sind die Menschen und Organisationen, die die Leistung des Unternehmens überwachen und sicherstellen, dass die Manager ihre Aufgaben erfüllen.

Wer den Human Spirit auf dem Verbraucher- und Mitarbeitermarkt ansprechen will, muss das Leben dieser Menschen verändern, wie wir gehört haben. Auf den Kapitalmärkten ist der Human Spirit anders zu erreichen. Ein Unternehmen, das seine Aktionäre von der Bedeutung der Grundsätze von Marketing 3.0 überzeugen möchte, muss stichhaltig nachweisen, dass nachhaltige Praktiken den Shareholder-Value steigern, indem sie Wettbewerbsvorteile bringen.

Wenn Aktionäre an Performance denken, meinen sie Rentabilität und Ertragskraft. Rentabilität ist ein kurzfristiges Ziel, Ertragskraft dagegen ein langfristiges. Unternehmen wie Amazon oder eBay waren in den ersten Jahren ihres Bestehens nicht rentabel. Doch die Aussicht auf spätere, wiederholbare Erträge hielt ihre Aktionäre bei der Stange. Es geht darum, die Zusammenhänge zwischen Nachhaltigkeit, Rentabilität und Ertragskraft zu erkennen.

Wer Aktionären eine Vision verkaufen will, braucht solide wirtschaftliche Argumente. Die globale Umfrage bei CFOs und Investmentexperten, die McKinsey 2008 durchführte, hat gezeigt, dass Führungskräfte fest an einen Vertrag zwischen Wirtschaft und Gesellschaft glauben und daran, dass nachhaltige Geschäftspraktiken den Shareholder-Value erhöhen.[29]

Das Management hat die Verpflichtung, die langfristigen Vorteile von Nachhaltigkeit – besonders in Bezug auf die Finanzen – zu kommunizieren. Wir haben drei wichtige Maßstäbe zusammengestellt, die sich finanziell quantifizieren lassen. Das sind *höhere Kostenproduktivität, höhere Umsätze durch neue Marktchancen* und *höherer Markenwert*. Die erste Größe kann sich direkt auf die Rentabilität auswirken, während die letzte langfristig Effekte auf die Ertragskraft haben kann. Die zweite Kennzahl liegt in der Mitte, weil sie sowohl Rentabilität als auch Ertragskraft beeinflussen kann.

Bessere Kostenproduktivität

Eine gute Mission bringt Unterstützung durch die stärkere Rolle der Verbraucher. Die Kosten sinken, weil die Unternehmen vom Einfluss von Netzwerken profitieren. Verbrauchergemeinschaften verbreiten Berichte mit persönlichen Empfehlungen über die Marke des Unternehmens. Weil Verbraucher anderen Verbrauchern mitteilen, dass sie zufrieden sind, müssen Unternehmen deutlich weniger Geld für Werbung ausgeben. Auch die Kosten für die Produktentwicklung gehen zurück, weil Entwicklungen kostengünstig in Zusammenarbeit mit den Verbrauchern erfolgen. Die aktive Mitwirkung von Verbrauchern bedeutet auch reduzierten Serviceaufwand beim Verbraucher, da manche Geschäftsprozesse von diesem selbst übernommen werden.

Ein Unternehmen, das starke Werte demonstriert, erfährt Unterstützung durch Mitarbeiter und Vertriebspartner. Die Belegschaft ist zufriedener und arbeitet produktiver. Auch die Kosten für die Anwerbung, Einstellung und Bindung von Mitarbeitern fallen. Weil die Mitarbeiter die Werte im Arbeitsalltag leben, fallen auch weniger Schulungskosten an – ein weiterer Kostenvorteil. Die Mitarbeiter bringen bessere Leistungen im Umgang mit Kunden, was die mit Kundenbeschwerden verbundenen Kosten drückt. Hinzu kommt, dass die Vertriebspartner mehr Unterstützung leisten und Forderungen nach höherer Vergütung weniger wahrscheinlich sind.

In Bezug auf den sozialen und umweltbezogenen Kontext wirken solide Praktiken ebenfalls kostensenkend. Eine von Kaufmann, Reimann, Ehrgott und Rauer durchgeführte Studie über 200 Unternehmen zeigte, dass Unternehmen durch die Einführung ökologisch verantwortlicher Praktiken Wettbewerbsvorteile gewinnen.[30] Sie arbeiten höchst produktiv. Sie verbrauchen weniger Ressourcen und produzieren weniger Abfall. Eine Forschungsarbeit von Klassen über 200 kanadische Firmen bestätigt, dass grün Geld spart.[31] Abfallentsorgung und Energieverbrauch werden besser kontrolliert. Die mit öffentlichen Protesten verbundenen Kosten und Risiken sind geringer. Der Zugang zu Rohstoffen ist nachhaltiger. In einkommensschwachen Märkten wird die Distribution durch Gemeinschaftsnetzwerke unterstützt. Der Verbraucher dient als Vertriebskanal zu anderen Verbrauchern und die Marketingkosten sind niedriger. Weil sozial- und umweltverträgliche Praktiken von den Verbrauchern geschätzt werden, sind die Akquisekosten geringer.

Das Management muss eine überzeugende Geschichte erzählen und den Aktionären die langfristigen Kostenvorteile kommunizieren. In Unternehmen mit steigenden Kosten kann mehr Produktivität ein erheblicher Wettbewerbsvorteil sein. Im Abwärtszyklus können solche Kostenvorteile über das Überleben eines Unternehmens entscheiden.

Mehr Umsatz durch neue Marktchancen

Marketing-3.0-Praktiken eröffnen in mehrfacher Hinsicht Chancen. Aus Unternehmensperspektive können Unternehmen mit einer Mission, einer Vision und Werten, die ankommen, leichter neue Märkte erschließen. Sie sind willkommener. Sie erhalten die Chance, an Wachstumsmärkten in Schwellenländern zu partizipieren. Regierungen von Schwellenländern begrüßen Investitionen von Unternehmen, die das Leben der Menschen verändern. Solche Unternehmen erhalten bei der Umsetzung ihrer Mission auch Unterstützung durch Nichtregierungsorganisationen. Außerdem genießen sie mehr Freiheiten auf ansonsten streng regulierten Märkten. Mit soliden Geschäftspraktiken haben Unternehmen weniger Anlass zur Sorge. Der Zugang zu neuen Märkten ist gleichbedeutend mit Umsatz- und Ertragssteigerungen – vor allem, weil die Konkurrenz auf diesen Märkten geringer ist als auf anderen.

Unternehmen, die sich zur Nachhaltigkeit bekennen, haben Zugang zu beiden Enden des Marktes: zum reifen und zum armen. Verbraucher in reifen Märkten mögen das Nachhaltigkeitskonzept, weil es ihren Human Spirit anspricht. Eine Umfrage von Cone zeigte, dass 44 Prozent der Verbraucher trotz angespannter Finanzlage weiter umweltfreundliche Produkte kaufen.[32] Rund 35 Prozent der Verbraucher sagten sogar aus, ihr Interesse daran sei nach der Krise gestiegen. Eine Studie von Forrester Research bestätigte ebenfalls, dass sich 80 Prozent der Verbraucher von sozialverantwortlichen Marken beeinflussen lassen und 18 Prozent bereit sind, mehr dafür zu bezahlen.[33] Ebenso sind ökologisch verantwortliche Marken für 73 Prozent der Verbraucher attraktiv und 15 Prozent dieser Verbraucher greifen dafür tiefer in die Tasche. Andererseits brauchen arme Verbrauchergemeinschaften Lösungen für ihre Probleme. Sozialverantwortliche Praktiken liefern bessere Lösungen und steigern so das Ansehen des Unternehmens.

Aus Marketingperspektive ermöglicht die Nachhaltigkeit den Unternehmen, neue Marktsegmente ins Visier zu nehmen – vor allem die wachsenden Segmente der kooperativen, kulturell aktiven und kreativen Verbraucher. Nachhaltige Praktiken erregen bei Konsumenten Bewunderung und bringen Produkte ins Gespräch. Mit einem guten Ruf in solchen Gemeinschaften können Unternehmen ihre Akquise verbessern. All diese Vorzüge tragen wesentlich zur Umsatzsteigerung von Unternehmen bei.

Höherer Markenwert

Hatch und Schultz sagen, dass die Vision eines Unternehmens im Zusammenspiel mit seinem Image und seiner Kultur zum Aufbau der Marke beiträgt.[34] Die Marke eines Unternehmens ist das Gütesiegel für jedes von ihm hergestellte Produkt. Sie schützt vor Bedrohungen von außen. Als The Body Shop von einem Journalisten attackiert wurde, der den Verzicht auf Tierversuche anzweifelte, berief sich das Unternehmen auf seine Marke, die bei Verbrauchern als Inbegriff für Produkte ohne Tierversuche bekannt ist. Die Vorwürfe des Journalisten konnten die Integrität von The Body Shop nicht beschädigen.

Topmanager wissen, dass nachhaltige Praktiken gut für den Ruf eines Unternehmens sind. Eine von BSR/Cone 2008 durchgeführte Umfrage belegte, dass rund 84 Prozent aller Fachkräfte den Image-Vorteil verantwortungsbewusster Unternehmensführung für immer wichtiger halten.[35] Doch das Konzept des Unternehmensimages ist immateriell und daher manchmal für Aktionäre schwer zu akzeptieren. Glücklicherweise bieten viele Beratungsunternehmen wie Interbrand und Brand Finance Dienste zur Bewertung der Reputation einer Marke und des Markenkapitals an. Die Maßstäbe für das Markenkapital können finanziell ausgelegt werden und haben daher für die Aktionäre mehr Relevanz. Interbrand errechnete zum Beispiel für GE einen 25-prozentigen Anstieg des Markenwertes infolge seines »Ecoimagination«-Programms – einer Initiative von GE zur Entwicklung von Lösungen für Umweltprobleme.[36] Diese Feststellungen weisen darauf hin, dass sich ein Bekenntnis zur Nachhaltigkeit wesentlich auf den Ruf und die Marke eines Unternehmens auswirken kann.

Zusammenfassung: Wirtschaftliche Argumente für Marketing 3.0

Um Aktionäre zu überzeugen, muss das Management eines Unternehmens neben der Mission und den Werten auch die Unternehmensvision formulieren und kommunizieren. In Marketing 3.0 sollte diese Unternehmensvision auch das Konzept der Nachhaltigkeit beinhalten, da dieses langfristig über Wettbewerbsvorteile entscheidet. Der Wandel in der Unternehmenslandschaft, vor allem die Polarisierung der Märkte und die Ressourcenknappheit, tragen wesentlich zur wachsenden Bedeutung der Nachhaltigkeit bei. Das Unternehmen muss seinen Aktionären vermitteln, dass die Einführung nachhaltiger Praktiken die Kostenproduktivität, das Umsatzwachstum und den Markenwert erhöht.

TEIL III: Anwendung

Kapitel 7

Soziokulturellen Wandel bewirken

Marketing in einem Markt nach der Wachstumsphase

Ein reifender Markt stellt für Marketingspezialisten stets eine Herausforderung dar. Dort gibt es kaum oder gar kein Wachstum. Die Verbraucher sind gut informiert und sehen Produkte immer mehr als Massenhandelsware an. Kreative Unternehmen differenzieren sich auf diesem Markt durch tollen Service und aufregende Erfahrungen. Das alles kann noch eine Zeitlang für Wachstum sorgen, doch auch solche Produkte werden früher oder später zur Massenware. Nun sind Marketingfachleute gefragt, die noch einen Gang höher schalten und Wandel herbeiführen können.[1] Wandel wirkt länger nach, da er einen größeren Effekt auf das Leben der Menschen hat.

In reifen Märkten wie den Vereinigten Staaten oder Großbritannien bevorzugen immer mehr Verbraucher Unternehmen, deren Tätigkeit positive soziokulturelle Wirkungen zeigt. Berücksichtigen Sie dazu folgende Erkenntnisse neuerer Studien.

- In den letzten 15 Jahren haben Erhebungen von Cone immer wieder gezeigt, dass 85 Prozent der amerikanischen Konsumenten Unternehmen positiv beurteilen, die soziale Anliegen unterstützen. Auch in Krisenzeiten erwartet über die Hälfte der Verbraucher, dass sich Unternehmen sozialen Herausforderungen stellen.[2]
- Selbst in der Rezession engagierten sich 38 Prozent der Amerikaner im Jahr 2009 sozialbewusst.[3]

- Die Mehrheit der britischen Verbraucher (93 Prozent) wünscht sich laut einer Studie von Ipsos Mori von Unternehmen mehr soziale Effekte ihrer Produkte und Dienstleistungen.[4]

Unternehmen müssen gesellschaftliche Herausforderungen annehmen und sich an der Lösungsfindung beteiligen. In den Vereinigten Staaten gehören Gesundheit, Datenschutz und der Verlust von Arbeitsplätzen durch Auslagerung ins Ausland zu den wichtigen sozialen Themen. Diese Probleme bestehen schon seit Jahren. Jeder weiß darum, und doch würde niemand von einem Unternehmen erwarten, sie von einem Tag auf den anderen zu lösen. Ein Marketingmanager der 3.0-Generation muss nicht im Alleingang alles verändern, sondern sollte in Zusammenarbeit mit anderen Firmen kreative Wege zur Problemlösung finden.

Es sind zwei Faktoren, die Unternehmen in einem reifen Markt dazu drängen, Wandel herbeizuführen: zum einen die Notwendigkeit, auch künftig Wachstum zu generieren, zum anderen die Forderung nach spürbarer Differenzierung. Die folgenden beiden Beispiele zeigen, wie eine Veränderung des Lebensstils der Verbraucher Wachstum anregen und starke Differenzierung bewirken kann.

Es muss auch künftig Wachstum geben: Disney und das Thema Kinderernährung

Die Walt Disney Company ist in erster Linie im Unterhaltungsgeschäft tätig. Neben ihren Themenparks ist Disney größter Lizenzgeber für Comicfiguren wie Micky Maus, Donald Duck, Winnie Puuh und viele mehr und hat dabei einen komfortablen Vorsprung vor anderen bekannten Besitzern von Rechten an Figuren wie Warner Bros. oder Nickelodeon. Vor kurzem übernahm Disney mit Marvel Comics für 4 Milliarden US-Dollar einen seiner Konkurrenten, um seine Position im Markt für solche Lizenzen auszubauen.[5]

Neben dem Schwerpunkt im Unterhaltungssektor nutzt das Unternehmen aber auch seine Popularität bei Kindern zum Verkauf von Konsumprodukten.

In diesem Spezialgebiet verlegt sich die Walt Disney Company auf Gesundheitsprobleme – insbesondere Übergewicht – von Verbrauchern und integriert dieses Thema in sein Geschäftsmodell.[6] Disney Consumer Products (DCP) versucht, in Zusammenarbeit mit mehreren Partnern die Ernährungsgewohnheiten von Kindern zu verändern und ihnen Gesundes schmackhaft zu machen.

2004 erfuhr DCP aus einem UNICEF-Bericht, dass über 30 Prozent der US-amerikanischen Kinder zwischen fünf und neun Jahren übergewichtig und 14 Prozent fettleibig seien. DCP selbst galt dabei nicht als wesentlicher Auslöser für dieses Problem, wurde jedoch ins Visier genommen, weil McDonald's zu seinen Lizenznehmern gehörte, das als einer der Hauptverantwortlichen für Übergewicht bei Kindern in den Vereinigten Staaten betrachtet wurde. Um zum wachsenden Gesundheitsbewusstsein von Kindern und ihren Müttern beizutragen, stellte DCP unter dem Titel »better for you« einen Ernährungsleitfaden zusammen, der sich an den Richtlinien der US-Gesundheitsbehörde Food and Drug Administration (FDA) orientierte. Der interne Leitfaden umriss eine grundlegende Formel, nach der die Lizenznehmer von Disney gesunde Nahrungsmittel produzieren konnten. DCP wendete den Leitfaden auf Imagination Farms an, seinem Lizenznehmer für frische Lebensmittel. Außerdem arbeitete es mit Kroger zusammen, einer der größten US-amerikanischen Supermarktketten, um unter dem Label Disney Eigenmarkenprodukte anzubieten, die diesem Leitfaden entsprachen. Heute trägt DCP rund 6 Prozent zum Gesamtumsatz des Disney-Konzerns bei und engagiert sich weltweit für die Bekämpfung der Fettleibigkeit.[7]

Der Schachzug des Unternehmens erfolgte im Rahmen einer Strategie zur Vorwegnahme entstehender Trends der Verbraucher zu mehr Gesundheitsbewusstsein. Die optimale Strategie besteht im Einbezug künftiger Verbraucher: der Kinder. Indem Disney schon früh Eingang in ihr Leben findet, wird es auf dem reifen Markt künftig leichter Wachstum generieren können.

Soziokulturellen Wandel bewirken | **139**

Die Forderung nach klarer Differenzierung: Wegmans und gesundes Leben

Als »Category Killer« stellt Wal-Mart für Supermärkte eine große Bedrohung dar. Der einzige Unterschied, auf den andere Lebensmittelhändler setzen, ist räumlicher Natur und besteht in der günstigeren Lage ihrer Geschäfte. Doch nachdem Wal-Mart nun auch in ihre Viertel vordringt, steht dieses Unterscheidungsmerkmal auf schwachen Füßen. Ohne weitere Differenzierung wird es Lebensmitteleinzelhändlern schwer fallen, höhere Preise zu rechtfertigen und sich im täglichen Preiskampf gegen Wal-Marts immer neue Niedrigpreise zu behaupten.

Um dieser Herausforderung zu begegnen, haben mehrere Lebensmittelhändler an ihrer Differenzierung gearbeitet und im Zuge dessen den Lebensstil ihrer Verbraucher verändert. Ein Beispiel dafür ist Wegmans Food Markets. Die private Supermarktkette wirbt für gesunde Lebensweise. Wegmans rangierte in der jährlichen Erhebung der Zeitschrift *Fortune* zur Ermittlung des besten Arbeitgebers ganz oben.[8] Es unterstützt seine Mitarbeiter dabei, selbst gesund zu leben. Wegmans gilt mit seinen ergänzenden Apotheken, Weinabteilungen, Videotheken, Reinigungen, Buchläden und Kinderparadiesen auch als führend im Merchandising und in der Schaffung ganzheitlicher Einkaufserfahrungen. Die Produktivität im Einzelhandelsbereich liegt über dem Durchschnitt und Wegmans erzielt höhere operative Margen als Wal-Mart und sogar als Whole Foods.

Wegmans hat das Konzept vom Ersatz selbstgekochter Mahlzeiten durch gesunde, schmackhafte Fertiggerichte populär gemacht. Das Unternehmen fördert das Prinzip, gut zu essen und gut zu leben, das den Verzehr von Obst und Gemüse, sportliche Betätigung, kontrollierte Kalorienaufnahme und die Überprüfung der erzielten Fortschritte anhand eines Gesundheitsindex beinhaltet. Wegmans glaubt, dass Gesundheit viel mit Ernährung zu tun hat und dass die Förderung einer gesunden Lebensweise nicht nur zum Gemeinwohl beiträgt, sondern auch zum Geschäft. Mit anderen Lebensmittelhändlern wie Whole Foods ändert das Unternehmen die Spielregeln in der Branche. Mit dem wachsenden Gesundheitsbewusstsein der Verbraucher nutzen weitere Lebensmittelanbieter das Thema Gesundheit, um sich von der Konkurrenz abzuheben. Selbst Wal-Mart ist gezwungen, sich in seinen Marketingaktivitäten mit diesem Thema auseinanderzusetzen. Markantere Unterscheidungsmerkmale anderer Lebensmittelhändler beeinträchtigen Wal-Marts Fähigkeit, im Lebensmittelsegment als Category Killer aufzutreten.[9]

Von Philanthropie zum Wandel

Immer mehr Unternehmen widmen sich über philanthropisches Engagement sozialen Fragen. Sie spenden einen Teil ihrer Einnahmen an gemeinnützige Organisationen oder für ein konkretes soziales Anliegen. Bildung ist bekanntermaßen das Lieblingskind der Philanthropen und wird von 75 Prozent der Unternehmen gefördert.[10] Obwohl die Spenden einem guten Zweck dienen, nutzen viele Unternehmen Philanthropie primär zur Imageverbesserung oder zur Verringerung der Steuerbelastung.

Doch gemeinnütziges Engagement beschränkt sich nicht auf die reifen Märkte der westlichen Hemisphäre. In Schwellenländern ist es sogar noch populärer. Laut Merrill Lynch-Capgemini widmen Asiens Millionäre 12 Prozent ihres Vermögens sozialen Anliegen, während die nordamerikanischen Millionäre nur 8 Prozent und die europäischen nur 5 Prozent beitragen.[11]

Derartiges Engagement hilft der Gesellschaft natürlich, doch wir dürfen seine soziokulturellen Effekte nicht überschätzen. Die jüngste Zunahme philanthropischer Aktivitäten geht auf Veränderungen in der Gesellschaft zurück. Die Menschen interessieren sich verstärkt für andere und wollen der Gesellschaft etwas zurückgeben. Selbst in der Rezession spenden nach einer Gallup-Umfrage immer noch 75 Prozent der Amerikaner für soziale Zwecke.[12] Doch Menschenfreundlichkeit regt keinen gesellschaftlichen Wandel an. Es ist umgekehrt. Aus die-

Soziokulturellen Wandel bewirken | **141**

sem Grund hat ein Engagement für soziale Fragen durch gemeinnützige Aktivitäten einen eher kurzfristigen Effekt.

Eine weiter entwickelte Form der Begegnung mit sozialen Herausforderungen ist Cause Marketing – eine Praxis, mit der sich Unternehmen über ihre Marketingaktivitäten für ein konkretes Anliegen einsetzen. American Express hat Cause Marketing als erstes Unternehmen eingesetzt, als es Geld für die Sanierung der Freiheitsstatue auftreiben wollte. Das Unternehmen sagte zu, 1 Prozent der Kreditkartengebühren in den Sanierungsfonds einzuzahlen. Viele Amerikaner reagierten, indem sie beim Einkaufen öfter zur American-Express-Karte griffen als nach Visa oder MasterCard.

Im Cause Marketing richten Unternehmen ihre Energie, nicht nur ihr Geld, auf eine gute Sache aus. Sie verknüpfen das Anliegen mit ihren Produkten. So startete zum Beispiel Quaker eine Kampagne gegen den Hunger, um die gesundheitlichen Vorteile von Haferflocken herauszustellen.[13] In deren Rahmen findet eine ganze Reihe von Aktivitäten statt wie Spendenaktionen zur Lebensmittelversorgung, Zuschüsse für soziale Aktivitäten und Haferflockenspenden. Häagen-Dazs' »Help the Honey Bee«-Programm zielt auf den Erhalt von Bienenvölkern ab und positioniert die Biene als wichtige Nahrungsmittelquelle – vor allem zur Herstellung von Speiseeis.[14] Über soziale Medien werden die Verbraucher aufgefordert, Blumen zu pflanzen und biologische Nahrungsmittel zu essen, um den Bienen zu helfen. Auch zwei Lebensmittelhändler, Waitrose in Großbritannien und Whole Foods in den Vereinigten Staaten, praktizieren Cause Marketing.[15] Bei jedem Einkauf erhalten Verbraucher eine Wertmarke, die sie in jede örtliche Spendenbox einwerfen können. Am Ende der Kampagne werden diese Marken gegen Bargeld getauscht, das an die entsprechende gemeinnützige Organisation fließt.

Viele philanthropisch engagierte Unternehmen entscheiden sich für die Unterstützung einer bestimmten Sache, die konkret ihre Konsumenten oder Mitarbeiter anspricht. So hat etwa die Avon Corporation über 100 Millionen Dollar zur Unterstützung der Brustkrebsforschung aufgebracht.[16] Ihre Kunden sind mehrheitlich Frauen und daher möchte Avon diese Sache unterstützen, weil sie primär Frauen angeht. Motorola dagegen fördert großzügig maßgebliche technische Ausbildungsstätten. Motorola profitiert von besserer Lehre und Forschung an technischen Fakultäten, deren Absolventen das Unternehmen in großer Zahl einstellt.[17]

Gemeinnütziges Engagement und Cause Marketing sind in den letzten Jahren immer populärer geworden. Eine weltweite Umfrage von Edelman weist darauf hin, dass 85 Prozent der Verbraucher sozialverantwortliche Marken bevorzugen, 70 Prozent dafür mehr bezahlen und 55 Prozent diese Marken Angehörigen und Freunden empfehlen.[18] Unternehmen wissen das. Sie tragen zunehmend dem Umstand Rechnung, dass ihre Mitarbeiter, Konsumenten und die breite Öffentlichkeit ein Unternehmen nicht nur nach der Qualität seiner Produkte und Dienstleistungen bewerten, sondern nach dem Grad seines sozialen Verantwortungsbewusstseins. Die Topmanager weltweit räumen mehrheitlich (zu 95 Prozent) ein, dass Unternehmen einen gesellschaftlichen Beitrag leisten müssen.[19] Sie gehen davon aus, dass die Nachfrage von Verbrauchern und Mitarbeitern nach Unterstützung sozialer Anliegen ihre Strategie in den nächsten fünf Jahren beeinflussen wird.

Philanthropie und Cause Marketing funktionieren heute zwar, doch sie werden nicht strategisch eingesetzt. Oft sind sie nur Teil einer Public-Relations- oder Marketing-Kommunikations-Strategie. Daher haben sie keinen maßgeblichen Einfluss auf den Blickwinkel von Topmanagern und auf ihre Unternehmensführung. Führungskräfte sehen soziale Anliegen immer noch eher als Verantwortung, denn als Chance auf Wachstum und Differenzierung.

Ein weiteres Problem ist, dass gemeinnütziges Engagement eines Unternehmens zwar zum Einbezug von Verbrauchern führen kann, doch diese in der Regel nicht wirklich zur Mitwirkung oder Veränderung anregt. Sie leben weiter wie bisher. Doch Mitverantwortung bedeutet Selbstverwirklichung. Es geht darum, ihren Kunden den Aufstieg in der maslowschen Pyramide zu ermöglichen und höher angesiedelte Bedürfnisse zu erfüllen. Die Herbeiführung von Wandel ist die ultimative Form des Marketings in einem reifen Markt.

In Marketing 3.0 sollten soziale Herausforderungen nicht nur als PR-Werkzeug verstanden werden oder als Mittel, um Kritik an negativen Auswirkungen von Unternehmenspraktiken entgegenzuwirken. Unternehmen sollten sich vielmehr wie verantwortungsbewusste Bürger verhalten und Maßnahmen gegen gesellschaftliche Probleme in ihre Geschäftsmodelle integrieren. Manche Unternehmen können sich mehr Einfluss verschaffen, wenn sie von Philanthropie und Cause Marketing auf soziokulturellen Wandel umschalten (siehe Abbildung 10).

Abbildung 10: Die drei Stadien des Umgangs mit sozialen Themen im Marketing

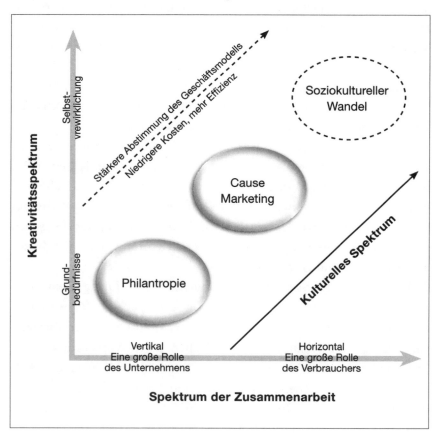

Soziokultureller Wandel betrachtet die Verbraucher als Menschen, die mehr Mitbestimmungsrecht erhalten sollten, um sich in der maslowschen Pyramide nach oben zu bewegen. Das ist für Unternehmen nicht nur auf Produktebene, sondern auch auf Geschäftsmodellebene relevant. Durch die Nutzung der Kraft der Zusammenarbeit können sie Kosten senken und ihren Wirkungsgrad erhöhen.

Drei Schritte zum Wandel

Soziokultureller Wandel wird in drei Schritten herbeigeführt, die bei der Definition der anstehenden Herausforderungen beginnen (siehe Abbildung 11). Sobald diese konkret feststehen, sollte ein Unternehmen die wichtigsten Zielgruppen definieren, zu denen in erster Linie sein Zielmarkt und diesen umgebende Interessengruppen sowie die Gemeinschaft gehören, in der das Unternehmen seinen Geschäften nachgeht. Der letzte Schritt besteht im Angebot von Lösungen für den Wandel.

Soziokulturelle Herausforderungen ermitteln

Ein Unternehmen sollte sich bei der Entscheidung für förderungswürdige Themen auf drei Auswahlkriterien stützen: die Relevanz für seine Vision, seine Mission und seine Werte, die geschäftliche und die soziale Wirkung.

In reifen Märkten ist alles, was mit Gesundheit zusammenhängt, ein populäres soziales Anliegen, das sich viele Unternehmen auf die Fahne schreiben. Die Kosten des Gesundheitswesens haben in den Vereinigten Staaten 16 Prozent des gesamten BIP erreicht – 2 Milliarden US-Dollar pro Jahr seit 2006.[20] Das Interessante daran ist aber, dass die bestehenden Gesundheitsprobleme mehrheitlich von einer abträglichen, doch vermeidbaren Lebensweise verursacht werden. Rund

Abbildung 11: Drei Schritte zur Herbeiführung
von soziokulturellem Wandel

Ermittlung sozio-kultureller Heraus-forderungen	Auswahl der Zielgruppen	Lösungsangebot für den Wandel
• aktuelle Heraus-forderungen ermitteln und künftige vorher-sehen	• für unmittelbare Wirkung: Zielgruppen auswählen wie Mittel-schicht, Frauen oder Senioren	• verhaltensverän-dernde Lösungen anbieten, die zum Aufstieg in der Maslow-Pyramide beitragen
• Herausforderungen können sein: Wohl-befinden (Ernährung und Gesundheit), Bildung oder soziale Missstände	• für künftige Wirkung: Auswahl von Kindern und Jugendlichen	• Ausrichtung auf einen kooperative-ren, kulturellen und kreativen Wandel

45 Prozent aller unnatürlichen Todesfälle werden durch Fettleibigkeit, mangelnde körperliche Fitness und durch Rauchen ausgelöst. Eine maßgebliche Anzahl von US-Amerikanern ist übergewichtig oder fett-leibig. Statt sich regelmäßig zu bewegen, rauchen sie. Ein solcher Le-bensstil stellt schwerwiegende Belastungen für die Wirtschaft dar. In-sofern könnte eine Veränderung der Lebensweise von Verbrauchern erhebliche Auswirkungen haben – nicht nur auf das Wohlbefinden der Gesellschaft, sondern auch auf die Wirtschaft.

Gesundheit ist heute ein breites Thema, das etliche Unterpunkte umfasst wie falsche oder unausgewogene Ernährung, Fettsucht und mangelnde Fitness, verschiedene Erkrankungen und Seuchen, Natur-katastrophen und Flüchtlingsprobleme, Sicherheit zu Hause und am Arbeitsplatz und vieles mehr. Zu den Unternehmen, die sich der Ernährungsthematik verschrieben haben, gehören bekannte Namen wie der Bioprodukteverfechter Whole Foods oder die auf Gewichtsabnahme setzende Firma Subway. Themen wie Krankheitsverhütung und medikamentöse Behandlung sind das Fachgebiet von Pharmaunternehmen wie Merck, GlaxoSmithKline und Novartis, die gewissen Gemeinschaften den Zugang zu bestimmten Präparaten erleichtern.

Auch Bildung ist ein sehr beliebtes Thema. Während Gesundheitsthemen vor allem von Unternehmen aus den Branchen Nahrungsmittel und Getränke, Lebensmitteleinzelhandel und Pharma aufgegriffen werden, engagieren sich Dienstleister häufig im Bildungssektor. Eines der bekanntesten Cause-Marketing-Programme im Bildungsbereich ist Reinventing Education von IBM. Das Programm nutzt die Ressourcen von IBM (Forscher, Berater und Technologie), um Schulen in aller Welt bei der Umsetzung von bildungsbezogenem Wandel zu unterstützen. Für IBM hat das Programm strategische Bedeutung, insbesondere in Bezug auf die Entwicklung fähiger künftiger Mitarbeiter, die sich in Zukunft in dem Unternehmen engagieren. Ein weiteres Bildungsprogramm von IBM ist das KidSmart Early Learning Program. Dieses software- und internetgestützte Programm wird von 2,6 Millionen Kindern in 60 Ländern genutzt, um ihre Lernerfahrungen zu verbessern.

Soziale Gerechtigkeit ist ein weiteres populäres Thema. Darunter fallen fairer Handel, Beschäftigungsdiversität und die Förderung von Frauen. Ein bekanntes Unternehmen, das soziale Gerechtigkeit zum Schlüsselthema gemacht hat, ist The Body Shop. Das Engagement des Unternehmens zur Förderung sozialer Gerechtigkeit schlägt sich in Werten wie »Förderung des fairen Handels« und »Verzicht auf Tierversuche« und in Programmen gegen häusliche Gewalt nieder. Doch soziale Gerechtigkeit umfasst auch die Frage der Auslagerung ins Ausland. Das Aufstreben Chinas und Indiens stellt Industrieländer vor erhebliche Herausforderungen. Wenn Unternehmen ihre Effizienz steigern und Bereiche ins Ausland verlagern, verlieren viele Menschen ihren Arbeitsplatz, was die Wirtschaft belasten könnte.[21]

Datenschutz ist ein weiterer wichtiger Punkt. Die wachsende Verbraucherbezogenheit der letzten Jahre, vor allem im One-to-One-Marketing, fördert den Einsatz von Instrumenten zum Data Mining. Bei jeder Verwendung von Kunden- oder Kreditkarten werden dynamische Verbraucherprofile gefüttert. Um Erkenntnisse über das Verhalten zu gewinnen, werden Verbraucher in Einzelhandelsgeschäften mit Überwachungskameras ethnografisch erfasst. Soziale Medien und Suchen über Google können die Identität von Verbrauchern öffentlich machen. Für die neue Dimension des Marketings ist das ein Dilemma: Da die Verbraucher verstärkt vernetzt sind, bleibt keine Privatsphäre. IBM versucht, dieser sozialen Herausforderung mit Vertriebspartnern von der Eclipse Group mit dem Higgins-Projekt zu begegnen.[22] Higgins wird es Verbrauchern ermöglichen, ohne Angst vor einer Bedrohung der Privatsphäre im Internet zu surfen. Es wird die persönliche Identität der Nutzer verschleiern, wenn sie in ihren Netzwerken aktiv sind.

Die Zielgruppen auswählen

Um Zielgruppen auszuwählen, müssen die wichtigsten Interessengruppen eines Unternehmens bekannt sein – insbesondere die Verbraucher, die Mitarbeiter, die Vertriebspartner, die Händler, die Zulieferer und die breite Öffentlichkeit. Um spürbare Veränderungen zu bewirken, sollten Unternehmen Zielgruppen mit größerem Einfluss auf die gesamte Gesellschaft auswählen.

In der Regel gibt es drei Arten von Gruppen. Da sind zunächst geschlechts- und altersspezifische Gruppen wie Frauen, junge Leute und Senioren. Das Potenzial von Frauen wird häufig unterschätzt. In ihrem Buch *Don't Think Pink* legen die Autoren dar, dass eine große Zahl von Frauen nicht nur die Hälfte zum Haushaltseinkommen beiträgt und selbstständig, sondern zu Hause und im Büro für Einkaufsentscheidungen verantwortlich ist.[23] Silverstein und Sayre behaupten, dass Frauen durch ihre Kaufkraft die Wirtschaftsentwicklung bestimmen werden. Sie verfügen im Jahr über ein Einkommen von 13 Billionen US-Dollar und damit über doppelt so viel wie das prognostizierte BIP von China und Indien für 2009 zusammen.[24] Auch in Bezug auf wichtige Themen wie Ernährung und Fitness üben Frauen die Entscheidungsgewalt aus. Diese beiden wesentlichen Punkte sind die Hauptursache vieler gesundheitsbezogener sozialer Probleme. Mehr Mitbestimmung für Verbraucher wird bei Frauen besser einschlagen als bei Männern. Rund 44 Prozent der Frauen haben nicht das Gefühl, Mitspracherechte zu haben. Entsprechend interessiert sind sie an Marken, die ihnen diesen Eindruck vermitteln.

Auch die Konzentration auf die Zielgruppe der ältesten und jüngsten Mitglieder der Gesellschaft – die geburtenstarken Jahrgänge und die Generation Y – wird Unternehmen die Chance eröffnen, wirklich etwas zu bewegen. Eine Umfrage der Hidden Brain Drain Task Force und die ergänzenden Fokusgruppen und Gespräche, die Hewlett, Sherbin und Sumberg geführt haben, zeigten das deutlich.[25] Das oberste und das unterste Segment der Alterspyramide leisten gern einen Beitrag zur Gesellschaft (86 Prozent der Generation Y und 85 Prozent der geburtenstarken Jahrgänge) – mit mehr Engagement als die dazwischenliegenden Altersgruppen.

Nach einer Umfrage von Youthography sind sich junge Leute sozialer Probleme stärker bewusst. Rund 90 Prozent der amerikanischen Jugendlichen halten soziale Verantwortung für einen wesentlichen Aspekt bei Kaufentscheidungen. Außerdem sind Kinder und Jugendliche die Konsumenten der Zukunft. Aus diesem Grund sind sie ein zentrales Element auf dem Markt für Ernährung und Bildung. In Ländern mit alternder Bevölkerung wie Japan und den meisten europäischen Staaten gilt die ältere Generation als primärer Zielmarkt für Gesundheitsprodukte und medizinische Dienstleistungen.[26] Sie könnte vielfach eine wichtige Zielgruppe in Bezug auf soziale Gerechtigkeit und Krankheitsprävention werden.

Die zweite Zielgruppenklasse ist die Mittelschicht. Menschen aus der Mittelschicht sind nicht arm, verfügen aber über begrenzte Ressourcen. Der renommierte brasilianische Ökonom Eduardo Giannetti da Fonseca definiert die Mittelschicht als »Menschen, die sich nicht mit einem Leben in Armut abfinden müssen, die bereit sind, Opfer zu bringen, um ein besseres Leben zu führen, deren materielle Probleme zwar nicht von Anfang an gelöst waren, die aber über materielle Vermögenswerte verfügen, um sich das Leben leichter zu machen.«[27] Die Mittelschicht ist der größte Verbrauchermarkt, doch die Menschen aus dieser Gruppe stehen vor erheblichen Problemen in Bezug auf Gesundheit, Bildung und soziale Gerechtigkeit. Daher könnte sich die Mittelschicht als wichtige Zielgruppe von solchen Themen angesprochen fühlen.

Die dritte Zielgruppenkategorie sind Minderheiten. Dieses Segment umfasst Angehörige bestimmter Rassen und Glaubensrichtungen oder Behinderte, die aus der Gesellschaft ausgegrenzt werden. Diese Gruppe ist häufig eine Komponente des Diversitätsanliegens. Die Zeitschrift *Fortune* listet jedes Jahr die besten 100 Arbeitgeber für Angehörige von Minderheiten auf. Auf der Liste der Arbeitgeber mit der größten Diversität stehen für 2009 Unternehmen wie Four Seasons Hotel, Qualcomm, T-Mobile und Cisco Systems, deren Angestellte zu über 40 Prozent Minderheiten angehören.

Lösungen für den Wandel anbieten

Der letzte Schritt besteht aus Lösungen, die den Wandel herbeiführen. Eine Erhebung von McKinsey zeigte, dass von Unternehmen erwartet wird, soziale Probleme zu lösen, indem sie Arbeitsplätze schaffen (65 Prozent), bahnbrechende Neuerungen entwickeln (43 Prozent) und Produkte herstellen oder Dienstleistungen erbringen, die Probleme lösen (41 Prozent).[28]

So engagiert sich etwa Office Depot durch die Schaffung von Arbeitsplätzen für die Gesellschaft, indem es sich von kleinen, historisch gering ausgelasteten Unternehmen beliefern lässt, den sogenannten HUBs (Historically Underutilized Businesses).[29] Office Depot hat sich auch durch die lokale Einstellungspraxis seines Zulieferers Master Manufacturing – ein Unternehmen, das Laufrollen und Polster für

Stühle produziert – inspirieren lassen. Diese Firma schafft Arbeitsplätze für Angehörige von Minderheiten, und das ist eines seiner wichtigsten Differenzierungsmerkmale geworden. Office Depot sichert sich durch die Zusammenarbeit mit HUBs Wettbewerbsvorteile und hohe Nachfrage nach seinen Produkten. Vor allem aber schafft es Arbeitsplätze vor Ort und tut damit etwas gegen das Problem der Auslagerung von Beschäftigung ins Ausland.

Bahnbrechende Neuerungen zielen darauf ab, die Menschen auf eine höhere Stufe der maslowschen Pyramide zu bringen. Das Design-Unternehmen IDEO hat einen innovativen Ansatz entwickelt, das sogenannte Human-Centered Design.[30] Bei IDEO werden Lösungen unter drei Aspekten betrachtet: Erwünschtheit (wie groß der Bedarf für die Lösung ist), Machbarkeit (wie leicht sie technisch und organisatorisch zu realisieren ist) und Wirtschaftlichkeit (wie vielversprechend sie aus finanzieller Perspektive ist).

Unternehmen können diesen quelloffenen Ansatz übernehmen, indem sie in einem dreistufigen Verfahren zuhören, entwickeln und liefern. In der Phase des Zuhörens steigt ein multidisziplinäres Team ganz tief ein und betreibt detailliertes ethnografisches Research, um versteckte Probleme aufzudecken. Das Team taucht in bestimmte Gemeinschaften ein, sammelt Geschichten und Bilder und versucht, die menschlichen Bedürfnisse seiner Zielgruppe zu verstehen. In der Entwicklungsphase ermittelt es Chancen, entwirft Lösungen und baut Prototypen durch Synthese und Brainstorming. Das Team bewertet die Erwünschtheit durch Feedback-Schleifen. In der Lieferphase schließlich erfolgen die Würdigung von Machbarkeit und Wirtschaftlichkeit und die Planung.

Sie wissen ja: Es wird nicht erwartet, dass Unternehmen den Wandel alleine bewerkstelligen. Sie müssen vielmehr untereinander und mit den Betroffenen zusammenarbeiten. Auch mit ihren Konkurrenten. Gemeinsam sorgen sie schließlich dafür, dass ein Riese unter den Mitbewerbern wie Wal-Mart sich für eine gesunde Lebensweise stark macht. Und so bewirken alle drei Parteien gemeinsam Wandel in der Gesellschaft.

Soziokulturellen Wandel bewirken | **151**

Zusammenfassung: Wie Wandel Bestandteil des Unternehmenscharakters wird

Früher wurden Unternehmen zu dem Zweck gegründet, durch die Befriedigung von Marktbedürfnissen und Wünschen Gewinn zu erzielen. Wenn sie Erfolg haben und wachsen, werden in der Regel Bitten um Spenden für gute Zwecke an sie herangetragen. Sie können darauf eingehen, indem sie häufig kleine Beiträge leisten oder indem sie Cause-Marketing-Kampagnen aufziehen.

Mit der Zeit erwartet die Öffentlichkeit von Unternehmen, sich als Motoren für soziokulturelle Entwicklung zu betätigen, nicht nur als Profitgeneratoren. Eine wachsende Zahl von Verbrauchern beurteilt Unternehmen zumindest teilweise nach ihrem Engagement in öffentlichen oder sozialen Fragen. Manche Unternehmen nutzen diese Chance zum Einbau sozialer Herausforderungen in den eigentlichen Charakter ihrer Organisation. Sie verändern die Gesellschaft. An diesem Punkt haben solche Unternehmen Marketing-3.0-Status erreicht.

Kapitel 8

Die Entwicklung zum Schwellen-
länderunternehmer

Von der Pyramide zur Raute – von Entwicklungshilfe
zum Unternehmertum

> Dauerhafter Friede ist nur zu erreichen,
> wenn große Bevölkerungsgruppen Wege finden,
> aus der Armut auszubrechen.
> Mikrokredite sind eine Methode.
> Entwicklung von unten dient auch der Förderung
> von Demokratie und Menschenrechten.
>
> *Ole Danbolt Mjøs*[1]

Mit dieser Äußerung des Vorsitzenden des norwegischen Nobelpreis-
komitees wurden die Grameen Bank, Bangladeschs Mikrofinanzierungsinstitut, und ihr Gründer Muhammad Yunus gemeinsam mit
dem Friedensnobelpreis 2006 ausgezeichnet. Der Preis war ein wichtiger Meilenstein im Kampf der Welt gegen die Armut, wie er in den
Millenniumsentwicklungszielen der Vereinten Nationen festgeschrieben ist.

Die Bekämpfung der Armut ist wohl die größte Herausforderung
für die Menschheit.[2] Sie besteht darin, die Struktur des Wohlstands in
der Gemeinschaft von einer Pyramide in eine Raute zu verwandeln.
Eine Pyramide bedeutet, dass ganz oben einige wenige Menschen mit
enorm hoher Kaufkraft stehen. Im mittleren Teil der Pyramide rangiert
eine größere Gruppe von Verbrauchern und der unterste Abschnitt
repräsentiert die Mehrheit.[3] Diese Pyramide soll zur Raute werden.

Anders formuliert: Es sollten mehr Menschen im unteren Bereich der Pyramide mehr Kaufkraft besitzen und daher in die Mitte aufsteigen. Dann schrumpft der Fuß der Pyramide und ihr Bauch schwillt an.

Das vollzieht sich auf dramatische Weise in China, da die dortige Wirtschaft rasch wächst und sich das Land zur Weltmacht entwickelt. Nach Feststellungen Fareed Zakarias geht die Armut in China rascher zurück als in jedem anderen Land.[4] Das Gleiche gilt für Indien. Die extreme Armut im ländlichen Indien ist in den 20 Jahren von 1985 bis 2005 von 94 Prozent auf 61 Prozent zurückgegangen. Bis 2025 soll sie um weitere 26 Prozent abgebaut werden.[5] Nach Angaben des McKinsey Global Institute gibt es in Indien fünf Einkommenssegmente (siehe Tabelle 8). 2005 lag das größte verfügbare Einkommen in den untersten Segmenten. 2025 wird das größte verfügbare Einkommen auf die mittleren Segmente entfallen. Wenn der mittlere Bereich wächst, ändert sich der Lebensstil der Menschen, die dieser Gruppe angehören, und konjunkturabhängige Ausgaben für Dinge wie Handys und Körperpflegeprodukte werden auf der Prioritätenliste nach oben wandern.

Tabelle 8: Prognose zu den fünf Einkommenssegmenten in Indien

Nr.	Segment	Jahreseinkommen (in indischen Rupien)	Verfügbares Gesamteinkommen (in Billionen indischen Rupien)		
			2005	2015	2025
1	Global	> 1 000 000	2	6,3	21,7
2	Aufstrebend	500 000 – 1 000 000	1,6	3,8	20,9
3	Verfolgend	200 000 – 499 999	3,1	15,2	30,6
4	Hoffend	90 000 – 199 999	11,4	14,5	13,7
5	Benachteiligt	< 90 000	5,4	3,8	2,6

Ein Expertenteam unter der Leitung von Jeffrey Sachs sagt voraus, dass sich diese Umwandlung der Pyramide in eine Raute weltweit vollziehen sollte. Nach ihrer Schätzung wird extreme Armut – das bedeutet, mit weniger als 1 US-Dollar am Tag auszukommen – im Jahr 2025 ausgemerzt sein.[6] Dafür muss allerdings eine unwahrscheinliche Voraussetzung erfüllt sein: nämlich, dass sich alle 22 Industrieländer bereit finden, 0,7 Prozent ihres nationalen Einkommens abzutreten und beständig Hilfen in dieser Höhe zu leisten.[7]

Für uns ist Entwicklungshilfe aus dem Ausland aber keine nachhaltige Lösung. Das ist, als würde man den Armen Fische zu essen geben, ihnen aber nicht beibringen, wie man sie fängt. Die wirkliche Lösung muss Investition sowie Förderung des Unternehmertums sein. Die Armen sollten in die Lage versetzt werden, sich aus eigener Kraft in die Mitte der Pyramide vorzuarbeiten.

Ein entscheidender Faktor für diese Lösung sind aber nicht gemeinnützige und staatliche Organisationen. Es sind Unternehmen, die den Löwenanteil der Wirtschaftsentwicklung hervorbringen und die das unternehmerische Netzwerk kontrollieren. Unternehmen sollten den Armen helfen, und wenn nur aus dem selbstsüchtigen Grund, ihre Märkte zu vergrößern. Am Ende müssen aber alle drei Parteien zusammenwirken, um diese Aufgabe zu bewältigen.

Drei grundlegende Faktoren und vier Prämissen

Drei grundlegende Faktoren können diese Lösung ermöglichen. Der erste besteht in mehr Zugang der Armen zur informations- und kommunikationstechnischen Infrastruktur. Die Gesellschaft der Armen muss besser an Informationen und Chancen zum Geldverdienen herankommen. Das Internet verwandelt indische Bauern in eine Gemeinschaft von e-Farmern mit Zugriff auf die Tagespreise von Getreide auf den Handelsmärkten im Ausland. Sie können sich aber auch andere wichtige Informationen beschaffen, zum Beispiel über modernste Anbaumethoden oder Wettervorhersagen. Auf diese Weise ist es ihnen möglich, mit ihren Produkten die besten Preise zu erzielen.[8] Die Einführung von Mobiltelefonen durch Grameen Phone in Bangladesch verbessert die Interkonnektivität zwischen den Bauern ebenfalls und erleichtert so die Kommunikation innerhalb der Gemeinschaft.[9]

Zweiter Faktor ist die Mischung aus Überangebot und Unterkonsum in reifen Märkten und der extrem scharfe Wettbewerb an der Spitze und in der Mitte der Pyramide. Das bringt Unternehmen dazu, sich nach anderen Wachstumsmärkten umzusehen. Banken wenden sich vordem »nicht bankfähigen« Kunden zu und bieten einkommensschwachen Bevölkerungsgruppen Mikrokredite an. Manche Finanzinstitute in Lateinamerika verfolgen diese Strategie unter dem Druck der schrumpfenden Margen in den oberen und mittleren Marktsegmenten, um ihr Portfoliorisiko breiter zu streuen.[10] Multinationale Konzerne wie Unilever haben sich im Streben nach Wachstum auf dem ländlichen Markt etabliert.[11] Dessen Verbraucher haben einfache Bedürfnisse und sind entsprechend kostengünstig zufriedenzustellen. Dell streckt seine Fühler mit bezahlbaren Rechnern auf den indischen Markt aus, um den sinkenden Absatz in reifen Märkten auszugleichen, und arbeitet dort mit einer Reihe von Vertriebspartnern zusammen.[12]

Der letzte Faktor ist die Politik, die die Menschen davon abbringen muss, in überbevölkerte Städte abzuwandern. Das Wachstum der Städte wird die urbane Infrastruktur schwer belasten. Investitionen in den ländlichen Raum dagegen werden die Lebensqualität der dort lebenden Menschen erhöhen und dazu beitragen, die Landflucht zu bremsen. Das hatte China im Sinn, als es sein Budget für Investitionen in ländliche Gegenden 2008 um über 13,9 Milliarden US-Dollar aufstocken wollte.[13] Das ist ein strategischer Schritt, um eine Beeinträchtigung der Infrastruktur zu vermeiden, wie sie in Indien zu beobachten ist, wo sich das Wachstum verstärkt auf Megastädte wie Delhi, Mumbai oder Kalkutta konzentriert.[14]

Alle drei Faktoren eröffnen einen enormen unterversorgten Markt. Mehr Zugang zu Informationen erleichtert die Bewerbung von Produkten und die »Erziehung« des Marktes. Und Regierungen werden

156 ▌ Die neue Dimension des Marketings – Anwendung

Unternehmen, die an eine Investition im ländlichen Raum denken, bereitwillig unterstützen und fördern.

Unsere Beobachtungen zu diesen drei Faktoren führen uns zu der folgenden belastbaren Schlussfolgerung: Gewinn zu machen, indem man auf ganz neue Art Gutes tut – imposantes geschäftliches Wachstum zu erzielen und dabei die Armut auszumerzen –, ist erreichbar durch Investitionen in Schwellenländern oder ins untere Ende etablierter Märkte. Das bezeichnen Stuart Hart und Clayton Christensen als »den großen Sprung nach unten« – an den Fuß der Wirtschaftspyramide, wo bahnbrechende Neuerungen gebraucht werden, um der durch unausgewogenes Wirtschaftswachstum verursachten sozialen Probleme Herr zu werden.[15] Spektakuläre Innovationen sorgen in der Regel für billigere, einfachere und bequemere Produkte, die von armen Verbrauchern gleich angenommen werden.[16] Beispiele für solche weltbewegenden Innovationen für die Armen wären Mobiltelefone für 5 US-Dollar, Laptops für 100 US-Dollar und so weiter.

Doch um sicherzustellen, dass solche bahnbrechenden Neuerungen auch wirklich gegen die Armut wirken, stellte Michael Chu vier Bedingungen:[17]

- Sie müssen eine enorme Größenordnung haben, um die Milliarden von Armen zu erreichen.
- Lösungen müssen von Dauer sein und über Generationen Bestand haben.
- Lösungen müssen wirklich effektiv sein und Wirkung zeigen.
- All das muss effizient vonstatten gehen.

Grameen Danone Foods in Bangladesch gehört zu den wenigen Unternehmen, die diese vier Bedingungen verstanden haben. Als die Grameen Group und Groupe Danone das 50/50-Joint-Venture gründeten, schwebte ihnen eine einfache Mission vor: mit einem Becher Joghurt die Welt zu retten.[18] Ein bezahlbares Milchprodukt des Unternehmens schaffte vor Ort mehrere hundert Arbeitsplätze in der Viehwirtschaft und im Vertrieb. Das Gemeinschaftsprojekt lernte aus diesem ersten

Die Entwicklung zum Schwellenländerunternehmer **157**

kleinen Erfolg und wurde ehrgeiziger. Um Armut in maßgeblichem Umfang zu bekämpfen, beschlossen Grameen und Danone, die Gewinne von Grameen Danone Foods zu reinvestieren und das Modell auf das ganze Land zu übertragen.[19] Dieses Vorhaben ist 1) aufgrund der nationalen Reichweite vom Umfang her groß, 2) hat infolge der Wirkung auf den Arbeitsmarkt generationsübergreifende Effekte, 3) ist nachweislich effektiv, weil es die Lebenssituation verbessert und 4) ist effizient, weil es alle Angehörigen einer Gemeinschaft einbezieht.

Ein Sozialunternehmen – was ist das?

Sozialunternehmen (Social Business Enterprise oder SBE) ist ein von Muhammad Yunus geprägter Begriff für ein Unternehmen, das Geld verdient und dabei die Gesellschaft verändert, in der es tätig ist. Es handelt sich dabei weder um eine NGO noch um eine gemeinnützige Stiftung. Ein SBE wird zwar von Anfang an mit einem sozialen Gedanken im Hinterkopf aufgebaut, doch es ist auch möglich, etablierte Unternehmen in SBEs umzuwandeln. Der maßgebliche Faktor, der darüber bestimmt, ob ein Unternehmen als SBE bezeichnet werden kann, ist, ob die soziale Mission sein primäres geschäftliches Ziel ist und sich klar in seinen Entscheidungen niederschlägt.[20]

Die größten Hoffnungen wecken SBEs, die aus dem untersten Abschnitt der Pyramide heraus entwickelt werden. Indonesien – ein Land, das als Flaggschiff der Mikrofinanzierung gilt, die Finanzkrise der 1990er Jahre überstanden und sich im Anschluss weiterhin positiv entwickelt hat– ist ein interessantes Beispiel. Indonesiens Mikrofinanzierungsinstitut Bank Rakyat erreicht rund ein Drittel der indonesischen Haushalte. Mit über 30 Millionen Sparkunden und als drittgrößter Mikrokreditanbieter mit mehr als drei Millionen Kreditnehmern ist die Bank nach Schätzungen das größte Mikrokreditinstitut der Welt.[21] Die Kreditkunden werden hoffentlich neue Sozialunternehmer, die die wirtschaftliche Basis der indonesischen Gesellschaft kräftigen.

Für den Erfolg eines SBE in Bezug auf diese Stärkung der wirtschaftlichen Grundlagen einer Gesellschaft gibt es drei Maßstäbe.[22] Anhand dieser Maßstäbe lässt sich leicht feststellen, welches Unternehmen wirklich ein SBE ist und welches nicht. Erstens sorgt ein SBE dafür, dass das verfügbare Einkommen weiter reicht. Zweitens verbreitert es das verfügbare Einkommen. Und drittens und letztens erhöht es das verfügbare Einkommen.

Das verfügbare Einkommen strecken

Ein SBE streckt das verfügbare Einkommen, indem es Waren und Dienstleistungen günstiger anbietet. Ein Beispiel ist das erschwingliche jodierte Annapurna-Speisesalz von Unilever. Bevor dieses Produkt weithin verfügbar war, litten 30 Prozent aller afrikanischen Kinder unter fünf Jahren unter Jodmangelerscheinungen, weil so viel billigeres unjodiertes Salz verzehrt wurde.[23] Ein weiteres Beispiel ist das House-for-Life-Programm.[24] Das 2005 lancierte Programm von Holcim Sri Lanka bietet kostengünstige Wohnlösungen.

Das verfügbare Einkommen verbreitern

Ein SBE verbreitert das verfügbare Einkommen, indem es Waren und Dienstleistungen liefert, die vordem am Fuß der Pyramide nicht zur Verfügung standen. Die Entwicklung von High-Tech-Basisprodukten, die gegen die Spaltung in digitalisierte und nicht-digitalisierte Bevölkerungsgruppen wirken, ist ein gutes Beispiel für die Verbreiterung des verfügbaren Einkommens. Exemplarische Produkte sind der XO-Laptop und der Nova netPC von Nicholas Negroponte, die beiden bekanntesten Initiativen zur Versorgung der Armen mit PCs.[25] Pharmaunternehmen wie GlaxoSmithKline oder Novo Nordisk haben begonnen, dem Fuß der Pyramide besseren Zugang zu Medikamenten zu eröffnen.[26]

Die Entwicklung zum Schwellenländerunternehmer | **159**

Das verfügbare Einkommen erhöhen

Ein SBE erhöht das verfügbare Einkommen, indem es die Wirtschaftsaktivitäten einer unterversorgten Gesellschaft steigert. Ein gutes Beispiel für ein SBE in diesem Sinne ist Grameen Phone. Hauptsächlich durch Grameen Phone hat die Mobilfunkbranche in Bangladesch 2005 einen Zusatznutzen im Wert von 812 Millionen US-Dollar erwirtschaftet sowie direkt und indirekt dazu beigetragen, dass 250 000 Menschen Chancen auf ein Einkommen eröffnet wurden.[27] Ein weiteres Beispiel ist das Project Shakti von Hindustan Lever, das tausende benachteiligter Frauen im Vertrieb beschäftigt, um seine Produkte bei Verbrauchern auf dem Land zu verkaufen, und ihnen zu erheblichem verfügbarem Einkommen verhilft.[28] Die Frauen verkaufen die Produkte in kleinen, bezahlbaren Verpackungsgrößen, die den Bedürfnissen und dem Einkommensniveau vor Ort entsprechen. Hindustan Lever unterstützt die Unternehmerinnen durch praktische Schulungen und Vermittlung von Vertriebskompetenz.

Wie hoch die Ziele eines SBE auch gesteckt sind, wenn es Erfolg haben will, muss es ein paar Leitprinzipien beachten.

- *Den Markt erziehen.* SBEs müssen den unterversorgten Markt ständig mit Informationen versorgen – nicht nur über die Vorzüge des Produkts, sondern auch darüber, wie die Menschen im Zusammenhang mit dem Geschäft des SBE ihre Lebensqualität verbessern können. So unterweist etwa ein SBE, das erschwingliche Produkte zur Gesundheitsförderung anbietet, seine Kunden in Fragen der Gesundheit und Hygiene. Nur so entsteht echte Bindung zwischen Produkten und Kunden.
- *Verbindungen zu lokalen Gemeinschaften und inoffiziellen Leitfiguren herstellen.* SBEs müssen auch Kontakt finden zu den örtlichen Gemeinschaften und inoffiziellen Leitfiguren wie Ärzten, Lehrern, Dorfvorstehern und religiösen Führern. Es ist von grundlegender Bedeutung für die Geschäftstätigkeit im einkommensschwachen Segment, kulturelle Barrieren und Widerstände zu überwinden.

160 | Die neue Dimension des Marketings – Anwendung

- *Partnerschaften mit Staaten und NGO aufbauen.* SBEs müssen sich mit der Regierung und NGO zusammentun. Die Verknüpfung der Unternehmensziele mit der Mission der Regierung wird dazu beitragen, die Kosten für die Erziehung des Marktes und für die gesamte Kampagne zu senken. Außerdem erhöht sie die Glaubwürdigkeit und erleichtert die Akzeptanz der SBE-Initiativen.

Marketing zur Armutsbekämpfung

Wenn sie Erfolg haben sollen, müssen auch mal sämtliche Variablen des Marketing-Mix eines SBE umgestaltet werden. Diese Umgestaltung führt oft zu überlegenen und rationelleren Geschäftsmodellen, die für konventionelle Modelle eine Herausforderung darstellen.[29] Tabelle 9 zeigt eine Zusammenfassung des Marketingmodells, das für ein Sozialunternehmen aufgebaut werden muss.

Segmentierung und Zielgruppenbestimmung

Ein SBE hat in der Regel ein einfaches Segmentierungsziel – nämlich die Menschen ganz unten in der Pyramide. Ein SBE kann den Markt jedoch kreativ betrachten, indem es Einblick in die Vielfalt der Einstellungen einkommensschwacher Verbraucher gewinnt. In Abwandlung des VALS-Systems ergibt sich für Konsumenten mit geringen Einkommen eine Verbrauchertypologie mit folgenden vier Segmenten:[30]

- *Gläubige.* Sie sind konservative Verbraucher mit starken Überzeugungen, die von traditionellen Moralvorstellungen geprägt sind. Gläubige hängen an ihrer Familie und ihrer Gemeinschaft. Ihr Konsummuster ist vorhersehbar, da sie stets bekannte Marken wählen. Ihre Loyalität zu bestimmten Marken ist hoch.

- *Bestrebte.* Dieser Verbrauchertyp wird von sozialer Anerkennung angetrieben. Er will sein Umfeld durch Leistung beeindrucken. Er wählt Produkte, die er stolz präsentieren kann und die denen der Reichen gleichen. Obwohl er leistungsorientiert ist, kommt er aus Mangel an Ressourcen nicht richtig voran.

Tabelle 9: Das Marketingmodell eines SBE

Nr.	Marketingelemente	Geschäftsmodell eines Sozialunternehmens
1	**Segmentierung**	Fuß der Pyramide
2	**Zielgruppenbestimmung**	Umsatzstarke Gemeinschaften
3	**Positionierung**	Sozialunternehmen
4	**Differenzierung**	Soziales Unternehmertum
5	**Marketing-Mix** • Produkt • Preis • Promotion • Platzierung	 • Produkte, die einkommens- schwachen Kunden bislang nicht zur Verfügung stehen • Bezahlbar • Persönliche Empfehlung • Distribution über die Gemeinschaft
6	**Vertrieb**	Vertriebsmannschaft von Sozial- unternehmern
7	**Marke**	Ikone
8	**Dienstleistung**	Grundversorgung
9	**Prozess**	Kostengünstig

- *Macher.* Sie drücken sich gern durch konkrete Aktivitäten aus. Sie können zupacken und bauen Häuser und Höfe. Macher bevorzugen praktische und funktionelle Produkte und lassen sich von emotionalen Werten nicht beeindrucken.

- *Existenzsicherer.* Weil sie über die geringsten materiellen Ressourcen aller vier Segmente verfügen, konzentrieren sie sich auf Befriedigung grundlegender Bedürfnisse statt auf die Erfüllung von Wünschen. Sie sind vorsichtige Verbraucher, die stets auf Schnäppchen aus sind.

Weil ein SBE auf ein Segment abhebt, in dem Einzeltransaktionen keinen großen Wert darstellen, ist es auf umsatzstarke Gemeinschaften ausgerichtet. Die Gemeinschaft ist ein wichtiger Faktor in der Strategie für einkommensschwache Kunden. Zunächst trägt sie zur Verbreitung von Informationen bei, was sowohl für die Vermittlung von Kenntnissen auf dem Markt als auch für die gewerbliche Kommunikation von Bedeutung ist. Zweitens sind Gemeinschaftsgruppen leichter zu kontrollieren. In manchen Fällen, wenn es Probleme mit der Bezahlung von Dienstleistungen gibt, kommt ein Gemeinschaftsansatz einem SBE zugute. Die Gemeinschaft wird versuchen, ihre Integrität zu wahren und ihren Mitgliedern helfen, ihre Zahlungsverpflichtungen zu erfüllen. Das ist sehr häufig im Mikrokreditumfeld der Fall.

Positionierung, Differenzierung, Marke

Arme Verbraucher reizt nicht grundsätzlich alles, was billig ist: Sie schätzen bewährte Marken. Daher sollte die Marke eine gesellschaftliche Ikone sein. Laut Douglas Holt stehen Ikonen für eine bestimmte Geschichte, die Verbraucher heranziehen, um ihre Ängste und Wünsche zu bewältigen.[31] In diesem Fall sind die Ängste und Wünsche der Armen die Chance, ihr Leben zu verbessern.

Die Entwicklung zum Schwellenländerunternehmer **163**

Die Positionierung im Zielsegment kann auf viele verschiedene Arten erfolgen. Das Unternehmen kann aufgestellt werden als »Held der Armen« oder als Firma, die »den Menschen beibringt, Fische zu fangen, statt ihnen kostenlos Fische zu geben«. Die eigentliche Botschaft ist immer dieselbe: Ein Sozialunternehmen hilft den Menschen, ihr Leben zu verbessern, indem es bezahlbare Produkte und Chancen zur Erzielung von Einkommen bietet. Somit wird eine langfristige, nachhaltige Verbesserung erzielt.

Bei einem multinationalen Konzern sollte die Positionierung auf Gemeinschaftsebene lokalisiert werden. So positioniert sich Philips in Indien beispielsweise als »Gesundheitsdienstleister für ländliche Gemeinden«.[32] Philips India führte 2005 das DISHA ein (Distance Healthcare Advancement Project) mit dem Ziel, die Qualität und Bezahlbarkeit medizinischer Dienstleistungen für Arme zu verbessern. Philips stellt mobile Kliniken bereit, in denen Angehörige armer Gemeinden diagnostische Tests durchführen lassen und mit Ärzten über Themen wie Mutter-Kind-Versorgung oder Traumatherapie sprechen können.

Um die Positionierung zu stärken, sollte ein SBE versuchen, soziales Unternehmertum als Differenzierungsfaktor einzusetzen. Ein typisches Merkmal, das ein echtes SBE von anderen sozialverantwortlichen Unternehmen oder NGO unterscheidet, ist, dass ein SBE eine langfristige Lösung bietet, indem es ganz unten in der Pyramide für Unternehmertum sorgt.

So verfügt zum Beispiel die Co-operative Group in Großbritannien über ein Spektrum differenzierender Faktoren, die tief im sozialen Unternehmertum wurzeln.[33] Sie festigt ihre starke Position durch eine Führungsrolle im fairen Handel. Im Vergleich zu anderen Einzelhändlern bietet die Cooperative Group in einer größeren Zahl von Niederlassungen mehr Fair-Trade-Produkte an. Sie verfügt über Eigenmarken für Kaffee, die sich dem fairen Handel verschrieben haben. Und durch das Community-Dividend-Programm können Kunden unmittelbar Geldsummen in beliebiger Höhe für gemeinschaftliche Anliegen spenden.

Marketing-Mix und Vertrieb

Die Differenzierung eines Unternehmens sollte sich in seinem Marketing-Mix niederschlagen. Es sollte Produkte vertreiben, die einkommensschwachen Verbrauchern bislang nicht zur Verfügung stehen. Diese Produkte sollten bezahlbar sein. Vergessen Sie nicht, dass für Konsumenten mit niedrigen Einkommen nicht niedrigere Preise im Mittelpunkt stehen, sondern die grundsätzliche Erschwinglichkeit. D'Andrea und Herrero argumentierten, dass der Preis in einem armen Umfeld mit den gesamten Erwerbskosten assoziiert wird, nicht nur mit seiner absoluten Höhe.[34] Manche armen Kunden, vor allem solche aus dem ländlichen Raum, kaufen häufig in der Stadt ein. Die gesamten Erwerbskosten schließen daher mitunter Transportkosten und sonstigen Aufwand wie Fahrzeiten ein.

Die Unternehmen sollten sich bei der Verpackung kreativ zeigen. Die Strategie besteht in der Entbündelung des Produkts. Wenn die verfügbaren Einkommen die Mengen begrenzen, die Verbraucher auf einmal erwerben können, wird es extrem wichtig, Produkte und Dienstleistungen in bezahlbaren Packungsgrößen und Einheiten anzubieten. So können Unternehmen etwa Briefchen als Einzelpackungen für einmalige Verwendung verkaufen. Sie können aber auch kleinere Produktpackungen einführen, die für einkommensschwache Kunden leichter erschwinglich sind. Diese nennt man Sparpackungen. Der tatsächliche Stückpreis ist bei diesen kleineren Packungen höher, doch sie sind bezahlbar.

In der Werbung setzt man auf persönliche Empfehlung in der Gemeinschaft – am besten, indem man die inoffiziellen Leitfiguren anspricht. Das können zum Beispiel Lehrer sein oder religiöse Führer. Auch Frauen geben mitunter großartige Produktbotschafterinnen ab. Muhammad Yunus von der Grameen Bank vergibt Mikrokredite praktisch ausschließlich an Frauen, weil sie Einfluss besitzen und die Mehrheit der unterversorgten Armen darstellen. Sie reden miteinander und sorgen für Gespräche in der Gemeinschaft.

Auch die Distribution erfolgt am effektivsten auf Peer-to-Peer-Basis innerhalb einer Gemeinschaft. Relativ kleine Märkte an entlegenen Orten auf traditionelle Weise zu beliefern, ist zu kostspielig. Daher ist die Distribution über die Gemeinschaft durch Verbraucher als lizenzierte Vertreter in einkommensschwachen Regionen häufig die beste Lösung. Die Menschen handeln innerhalb ihrer Gemeinschaft, was für diese Gemeinschaft eine Beziehung mit sich bringt, von der alle profitieren. Die Käufer können ein bezahlbares Produkt konsumieren, während die Vertreter Geld verdienen können.

Durch zu hohe Produktions- und Distributionskosten war es unrentabel, auf den Philippinen physische Karten zum Aufladen von Mobiltelefonen für Beträge unter 300 Pesos zu vertreiben. Globe Telecom reagierte, indem es die Aufladung über Funk einführte. Kunden bezahlen einen lizenzierten Einzelvertreiber für die elektronische Aufladung. Dieses Beispiel zeigt, wie im Vertrieb die Kraft von Gemeinschaftsnetzen genutzt werden kann. Die Vertriebsmannschaft sollte aus unserem Zielmarkt stammen. Niemand versteht mehr vom Kauf- und Nutzungsverhalten der Mitglieder einer Gemeinschaft, als die Menschen, die ihr selbst angehören.

Service und Verfahren

Weil die prozentualen Gewinnmargen im Geschäft am Fuß der Pyramide eher mager sind, sollten die Geschäftsmodelle möglichst schnörkellos und kostensparend sein. Um die Kosten niedrig zu halten, sind gemeinschaftsbasierte Dienste und Verfahren erforderlich. Inoffizielle Leitfiguren wie Schulleiter, Lehrer und religiöse Führer sind am besten positioniert, um die lokale Verbrauchergemeinschaft zu versorgen.[35] Sie sind die Servicebeauftragten einer Gemeinschaft, die über die Informationen und die Fähigkeit verfügen, das Serviceniveau zu überwachen. Manila Water schreibt Kollektivrechnungen, um für pünktliche Bezahlung zu sorgen. Patrimonio Hoy von Cemex fördert sein kostengünstiges Bauprogramm durch Lehrer und Kirchenführer, um die Gemeinschaft zu überzeugen.

166 ∣ Die neue Dimension des Marketings – Anwendung

Zusammenfassung: Weniger Armut durch mehr Unternehmertum

Die Armut ist und bleibt eines der dringlichsten Probleme der Menschheit. In zu vielen Gesellschaften hat die Einkommensverteilung die Form einer Pyramide statt einer Raute. Am Fuße dieser Pyramide gibt es zu viele Arme. Doch, wie Prahalad und andere festgestellt haben, ist am Fuße dieser Pyramide auch ein Vermögen zu verdienen. Insbesondere China und Indien arbeiten engagiert daran, ihre Pyramiden in Rauten zu verwandeln. Eine Maßnahme sind Mikrokredite für Arme, im Regelfall Frauen, die das Geld produktiv einsetzen und in den allermeisten Fällen pünktlich zurückzahlen. Eine breitere Lösung besteht in der Förderung der Entwicklung von Sozialunternehmen unter Unternehmern, Konzernen und Armen. Ein solches SBE ist untrennbar mit einem sozialen Anliegen verwoben, will aber gleichzeitig auch Gewinn erzielen. SBEs versprechen den Armen Rettung durch die Eröffnung von Chancen und durch Einsatz eines abgewandelten Marketing-Mixes, der ihre Produkt- und Dienstleistungsangebote für die Armen bezahlbarer und zugänglicher macht.

Kapitel 9

Das Streben nach ökologischer Nachhaltigkeit

Eine weitere Methode, die Welt zu verändern, ist die Lösung eines der größten globalen Probleme unserer Zeit: ökologische Nachhaltigkeit. Viele Unternehmen denken noch immer nicht ernsthaft daran, ihre Prozesse umweltfreundlicher zu gestalten. Manche spürten Druck und kritische Blicke und erkannten, dass sie aktiv werden mussten, bevor sie ins Visier der Umweltschützer gerieten und öffentlich an den Pranger gestellt würden. Am anderen Ende des Spektrums gab es vereinzelte Unternehmen, die zu dem Schluss gelangten, dass sie dieses öffentliche Interesse für sich nutzen und aggressiv auf »grüne« Produkte und Dienstleistungen setzen könnten.

Drei Akteure, die sich für die Umwelt stark machen

Wir stellen drei größere Unternehmen vor, die beispielhaft eine maßgebliche Umweltwirkung erzielt haben – jedes auf seine Art. Aus diesen drei Beispielen – DuPont, Wal-Mart und Timberland – lassen sich drei Rollenbilder ableiten, die Unternehmen verinnerlichen können, um Mutter Natur entgegenzukommen:

- als Innovator,
- als Investor oder
- als Propagator.

Innovator: Der Fall DuPont

Das Chemieunternehmen DuPont besteht schon seit über 200 Jahren und hat sich vom schlimmsten Umweltsünder der USA zu einem der umweltbewusstesten Unternehmen unserer Tage entwickelt.[1] Der Erfinder von Nylon, Dacron, Lucite, Kevlar, Corian, Tyvek, Teflon und Polymerchemie, die das Leben der Menschen nachhaltig verändern sollten, entwickelte auch Fluorchlorkohlenwasserstoffe (FCKW), denen das Loch in der Ozonschicht über der Antarktis zugeschrieben wird. Heute gehört das Unternehmen zu den treibenden Kräften hinter der U.S. Climate Action Partnership (USCAP), die Gesetze fordert, die Unternehmen zwingen, kostengünstigere Methoden einzusetzen, die die von ihren Unternehmen emittierten Treibhausgase reduzieren. Bei DuPont selbst wurden die Gasemissionen von 1990 bis 2003 um ganze 72 Prozent verringert und das Ziel ist eine weitere Reduzierung um 15 Prozent bis 2015.

Neben seinen Erfolgen bei der Verminderung der Umweltverschmutzung integriert DuPont die Nachhaltigkeit sowohl in seine operativen Aufgaben als auch in sein eigenes Geschäftsmodell. Besonders interessant ist, dass von seinen 29 Milliarden US-Dollar Umsatz fünf Milliarden mit nachhaltigen Produkten erzielt werden: Produkten aus umweltfreundlichen Quellen und Erzeugnissen, die Energie sparen. DuPont hat die Mission verinnerlicht, nicht nur Umweltprobleme zu vermindern, indem etwas gegen schädliche Prozesse innerhalb des Unternehmens unternommen wird, sondern Produkte zu entwickeln, die verhindern, dass dem Planeten noch mehr Schaden zugefügt wird. Wie einer von DuPonts Topmanagern feststellte: »Alle Mitglieder meines Teams wissen, wenn sie mit einer Idee für ein neues Produkt in mein Büro kommen, sollte dieses unsere Umweltbilanz tunlichst verbessern – sonst können sie gleich wieder gehen. Denn [andernfalls] höre ich gar nicht hin!«

DuPont ist ein Beispiel für einen ökologischen Innovator. Der Innovator erfindet und entwickelt neue Produkte, die das Potenzial besitzen, die Umwelt zu schützen – nicht nur Produkte, die die Natur

Das Streben nach ökologischer Nachhaltigkeit | **169**

nicht schädigen und umweltfreundlich sind. Solche Produkte können entstandene Schäden wieder gutmachen und beeinträchtigen die Umwelt weder beim Herstellungsprozess noch bei der Entsorgung. Innovatoren gehen über ergänzende Neuerungen hinaus und entwickeln wahrhaft bahnbrechende Innovationen. Hart und Milstein bezeichnen zusätzliche Neuerungen als Attribut von Strategien für mehr Umweltbewusstsein und bahnbrechende, revolutionäre Innovation als Bestandteil von Strategien, die über mehr Umweltbewusstsein hinausgehen.[2]

DuPont ist ein Paradebeispiel für die Rolle des Innovators, weil es laufend neue Technologien erforscht, um neue und bessere Produkte zu entwickeln. Es stellt sich ständig anders auf, um sich auf die wechselnden Bedürfnisse und Themen der Welt einzustellen. Anfang des 19. Jahrhunderts, als Staaten ihre Macht noch durch Kanonen und Waffen demonstrierten, stellte DuPont Schießpulver und Sprengstoff her. Ende des 19. Jahrhunderts dann, als zum militärischen Aktionsspektrum auch biologische Kriegsführung hinzukam und die stärksten Länder die besten Wissenschaftler und spektakulärsten Entdeckungen für sich beanspruchten, wandelte sich DuPont zum Chemieunternehmen und produzierte Kunststoffe. Über 100 Jahre später, als die globale Erwärmung und die Proteste der Umweltschützer einsetzten, entwickelte sich DuPont im Zuge der zweiten drastischen Metamorphose zu einem Unternehmen, das auf Nachhaltigkeit setzt, indem es energiesparende Produkte herstellt.

DuPont hat gleich mehrere Produkte entwickelt, die entstandene Umweltschäden rückgängig machen könnten. Eines dieser Produkte, Tyvek, kann auf neuartige Weise zur Steigerung der Energieeffizienz eingesetzt werden. DuPonts Biokraftstoffsparte arbeitet daran, die Ethanolausbeute von Mais zu erhöhen. Gemeinsam mit BP entwickelt es einen neuen, Bio-Butanol genannten Kraftstoff, der besonders energiehaltig ist und herkömmliche Motoren antreiben kann. Ebenso hat das Unternehmen Kevlar – den Stoff, aus dem kugelsichere Westen sind –, in treibstoffeffizienten Flugzeugen eingesetzt.

Der Innovator hat die wissenschaftlichen Fähigkeiten, in einer

Weise zum Umweltschutz beizutragen, wie es Investor oder Propagator nicht können. Die Innovationen haben maßgebliche Effekte auf die Umwelt, weil sie langfristig weltweit eingesetzt werden. In der Regel sind für solche Produkte jahre- oder gar jahrzehntelange Forschung erforderlich, und endlose Investitionen. Und wie bei jeder Erfindung und jedem innovativen Projekt ist der Ausgang ungewiss. Daher geht der Innovator im Regelfall hohe Risiken ein, wenn er ein größeres Forschungsprojekt in Angriff nimmt.

Innovatoren kommen gewöhnlich aus den Branchen Chemie, Biotechnologie, Energie, High-Tech, denn deren Kapazitäten werden benötigt, um solche Produkte zu erfinden und herzustellen. Wie Chad Holliday von DuPont nimmt auch GE-Chef Jeff Immelt die grüne Bewegung positiv auf. Er steckt hinter den Initiativen des Unternehmens, von Energiesparlampen bis zu Entsalzungstechnologie alle möglichen Produkte zu entwickeln, die die Verfügbarkeit von sauberem Wasser verbessern.[3] Weitere Unternehmen in der Innovatorenrolle sind unter anderem Toyota mit seinen Hybrid-Fahrzeugen, Dow Chemical und seine Biotechnologie-Investitionen sowie Empress La Moderna, ein florierendes Life-Sciences-Unternehmen, das sich auf Forschung zu »grüner Chemie« verlegt hat, um biologische Ersatzstoffe für synthetische Chemikalien zu entwickeln.

Für die Innovatoren besteht ihr eigentlicher Daseinszweck in Innovationen für nachhaltige, umweltschonende Produkte. Er wird zur Mission. Der Innovator begrüßt, was Walley und Whitehead in ihrem Artikel im *Harvard Business Review* »It's Not Easy Being Green« feststellten: »Grün sein ... ist ein Katalysator für Innovation.«[4]

Investor: Der Fall Wal-Mart

Auch beim größten Einzelhändler der Welt ist Wandel festzustellen: bei Wal-Mart.[5] Wal-Mart war in der Vergangenheit eher berüchtigt für seine Gleichgültigkeit gegenüber gesellschaftlichen und ökologischen Anliegen. Was seine Bürgerpflichten anging, rangierte Wal-Mart nie besonders hoch. Es wurde oft für seine niedrigen Löhne und seine Missachtung von Umweltbelangen angegriffen. Robert Greenwald drehte einen Film mit dem Titel *Wal-Mart: The High Cost of Low Price*. In einer Szene dieses Films kommt eine Aktivistenveteranin zu Wort, die sagt, ein so ignorantes Unternehmen wie Wal-Mart sei ihr noch nicht untergekommen. Selbst als Wal-Mart Millionen Dollar an Geldbußen für Umweltverstöße zahlen musste, schien das Unternehmen seine gleichgültige Einstellung beizubehalten.

Rund 8 Prozent der Verbraucher verzichteten auf den regelmäßigen Einkauf bei Wal-Mart, weil sie ein negatives Bild von dem Unternehmen hatten, was über eine McKinsey-Studie durchsickerte. Um allzu viel negative Publicity zu vermeiden und sich endlich auch mit Umweltfragen zu befassen, kündigte Wal-Mart 2005 an, man wolle sich künftig für Umweltschutz engagieren. Wal-Marts ehemaliger CEO Scott Lee verkündete in seiner Rede über Führung im 21. Jahrhundert, Wal-Mart werde hunderte Millionen Dollar ausgeben, um sein Geschäftsmodell durch brennstoffeffiziente Prozesse und vorbildliche Abfallentsorgung umzugestalten. Dadurch sollten Effizienzsteigerungen herbeigeführt werden, die die Kosten des Unterfangens deckten.

Um das zu erreichen, baute Wal-Mart grüne Supereinkaufszentren und führte in seinen Läden als grün ausgewiesene Produkte ein. Angesichts seiner Größe avancierte Wal-Mart innerhalb eines Jahres zum größten Einzelhandelsanbieter für biologische Milch und Fisch aus nachhaltiger Produktion. Außerdem nutzte Wal-Mart seine starke Verhandlungsposition, um Zulieferer zur Entwicklung effizienterer Verpackungen und Prozesse zu zwingen.

Viele finden Wal-Marts ehrgeizige Pläne aufregend, weil so eine kleine Veränderung in einem der größten Unternehmen der Welt so einen maßgeblichen Wandel bewirkt. Auch Wal-Marts Image in der Öffentlichkeit hat sich verbessert, da sich Kritiker nunmehr positiver über den Ansatz des Unternehmens zu sozialer Verantwortung äußern. Viele bemängeln jedoch immer noch, dass es bei Wal-Mart, dessen klassisches Motto »Always Low Prices« sein Geschäftsmodell lautet, nur um die Kosten geht. Heute lautet der Slogan »Save money. Live better.« Dennoch meinen etliche, dass Wal-Marts Hinwendung zum Umweltschutz in erster Linie aus eigennützigen wirtschaftlichen Motiven heraus erfolgte – um Energie und Kosten zu sparen und die Umsätze durch höhere Nachfrage nach ökologischen Produkten zu steigern.

Per definitionem ist ein Investor jemand, der »[Geld] arbeiten lässt, indem er etwas erwirbt oder finanziert, das potenziell lukrative Renditen abwirft wie Zinsen, Erträge oder Wertsteigerungen.«[6] Obwohl diese Beschreibung einen negativen Beigeschmack hat – vor allem in dem Kontext, dass etwas an Mutter Natur zurückgegeben werden und nicht noch mehr genommen werden soll –, wollen wir nicht sagen, dass der Investor weniger beiträgt als der Innovator.

Investoren sind Unternehmen und Personen, die Forschungsprojekte in anderen oder dem eigenen Unternehmen finanzieren (die in der Regel von Innovatoren durchgeführt werden). So steckte Wal-Mart im Jahr 2005 rund 500 Millionen US-Dollar in Projekte, die dafür sorgen sollten, dass seine Geschäfte weniger Energie verbrauchten, seine Laster weniger Schadstoffe ausstießen und dergleichen mehr.[7] Wie ein Investor hat Wal-Mart zuvor Kosten, Nutzen und Risiken berechnet. Zu der Gruppe der Investoren gehören auch Goldman Sachs und Hewlett-Packard. Auch manche Hersteller stecken Geld in die Verringerung der Emissionen ihrer Fabriken, des Energieverbrauchs ihrer Läden, Computer und Ähnliches.

Anders als der Innovator wird der Investor mit seinen Umweltschutzbestrebungen keine großen Risiken eingehen, denn Umweltverträglichkeit gehört nicht zur eigentlichen Mission seines Unternehmens. Doch Investoren teilen die Vision von einer grüneren und nachhaltigen Welt. Und der Investor ist nicht nur auf finanzielle Erträge aus, sondern auch auf andere Vorteile – wie Imageverbesserung, Steigerung des Markenwerts, Vermeidung stärkeren Drucks durch Umweltschutzorganisationen und den Verkauf ökologischer Produkte zur Befriedigung der Marktnachfrage, um nur einige zu nennen. Während Investoren zwar nicht direkt im Produktinnovationsgeschäft tätig sind, leisten sie einen maßgeblichen Beitrag, indem sie finanzielle Mittel zur Unterstützung von Umweltprojekten zur Verfügung stellen.

Propagator: Der Fall Timberland

Anders als Wal-Mart ist Timberland ein Unternehmen, das bei allen Beteiligten höchstes Ansehen genießt. Als globaler Marktführer im Design, in der technischen Entwicklung und in der Vermarktung hochwertiger Schuhe, Bekleidung und Zubehör für Verbraucher, die sich gerne in der freien Natur aufhalten, ist sein Credo »doing well by doing good« – erfolgreich zu sein, indem man Gutes tut. Timberland ist mehr als nur ein umweltorientiertes Unternehmen. Es hat unter Gemeinschaften in aller Welt für mehr Umweltbewusstsein gesorgt. Vor allem aber ist es für die Beständigkeit seiner umweltfreundlichen Aktivitäten auch in Abwärtszyklen bekannt.

Bei der Produktion und Bewerbung seiner Schuhe hält sich Timberland strikt an ein grünes Geschäftsmodell. Es verwendet Recycling-Materialien, die in energieeffizienten Herstellungsverfahren ohne Chemie produziert werden. Angeregt von den Verpackungsangaben für Nahrungsmittel hat es eine ähnliche Etikettierung für Schuhe eingeführt. Mit jedem Paar Schuhe, das die Verbraucher kaufen, erfahren sie auf diese Weise mehr »über das Produkt, das sie erwerben – unter anderem, wo und wie es hergestellt wurde und welche Wirkungen es auf die Umwelt hat.«[8]

Timberland legt großen Wert darauf, den Gemeinden, in denen es tätig ist, auch etwas zurückzugeben. Mit Programmen wie Path of Service, Service Sabbaticals, Earth Day und Serv-a-palooza will Timberland benachteiligten Gemeinden helfen und gleichzeitig seine Markenwerte bewerben wie eben den Schutz der Umwelt. Im Rahmen des Path-of-Service-Programms haben Timberland-Mitarbeiter schon über eine halbe Million Arbeitsstunden in aller Welt investiert. Dieses Engagement hat hunderten kommunaler Organisationen in Dutzenden von Städten geholfen. Bei vielen Aktivitäten von Timberland geht es um

Umweltschutz. Am Earth Day etwa pflanzte Timberland für jeden Kunden, der mehr als 150 US-Dollar für Timberland-Produkte ausgab, einen Baum.[9] Darüber hinaus laufen bei Timberland auch interne Marketingaktivitäten, etwa Anreize für Mitarbeiter, sich Hybridfahrzeuge zu kaufen.

Der Propagator ist in aller Regel ein kleineres Unternehmen aus einer anderen Branche als Chemie, Biotechnologie, Energie, High-Tech. Seine Differenzierungsmerkmale liegen gewöhnlich in erster Linie im ökologischen Geschäftsmodell, das seine internen Werte in externe Wettbewerbsvorteile übersetzt. Die Mission des Propagators liegt neben dem eigentlichen Geschäft in der Förderung des Bewusstseins von Nutzergruppen, Mitarbeitern und Öffentlichkeit in Bezug auf die Bedeutung des Umweltschutzes. Er bildet die kritische Masse oder das Support-System, über das die vom Innovator angebotenen Produkte verkauft werden, und unterstützt und schätzt den positiven Beitrag des Investors. Vor allem anderen aber versucht der Propagator, Umweltbotschafter zu entwickeln, indem er die auf den Schutz unseres Planeten bezogenen Werte bei Belegschaft und Verbrauchern verbreitet.

Die gängige Strategie ist die Entwicklung von Umweltbotschaftern, die in den Gemeinschaften bewusstseinsbildend wirken. Timberland ist ein Paradebeispiel für einen Propagator. Das Unternehmen will informieren, inspirieren und involvieren. Das kommt auf seiner Website unter www.timberlandservice.com ganz klar zum Ausdruck.

Eine weitere Strategie besteht darin, durch seine Produkte Aufmerksamkeit auf Umweltbelange zu lenken. Timberlands neue Initiative – die besondere Etikettierung von Schuhen und Stiefeln – ist ein Beispiel. Das innovative Label sagt alles über die Sozial- und Umweltwirkung, die jemand erzielt, wenn er diese Produkte kauft. Während auf Lebensmitteln auf die Auswirkungen hingewiesen wird, die diese auf das Wohlbefinden der Endkunden haben, macht Timberland Angaben zu den Effekten der Produkte auf das Wohlbefinden der Erde. Auch über alle Freiwilligenprogramme wird durch dieses neue Medium berichtet.[10]

Weitere namhafte Beispiele für Unternehmen aus dieser Kategorie sind Patagonia, Whole Foods Market, Fetzer Vineyards und Herman

Miller. Diese Unternehmen sind für ihren Einsatz für die Umwelt zur Einführung umweltverträglicherer Geschäftspraktiken bekannt.

Die Zusammenarbeit zwischen Innovator, Investor und Propagator

Weil sie unterschiedlich motiviert sind, übernehmen Innovator, Investor und Propagator im Umweltschutz jeweils eine ganz spezifische Rolle. Wie in *Green to Gold* beschrieben, haben Unternehmen, die sich um eine ökologischere Einstellung bemühen, ganz verschiedene Motive.[11]

1. Abhängigkeit von natürlichen Ressourcen

2. Bestehendes aufsichtsrechtliches Umfeld

3. Wachsendes Regulierungspotenzial

4. Wettbewerb um fähige Mitarbeiter

5. Geringe Marktmacht auf einem wettbewerbsintensiven Markt

6. Gute Umweltbilanz

7. Hohe Markenrisiken

8. Große Umweltwirkung

Die Gründe 1 bis 3 sind die wichtigsten Motive für Innovatoren, die Gründe 4 bis 6 die Hauptbeweggründe für Propagatoren und die Gründe 7 bis 8 ausschlaggebend für Investoren (siehe Abbildung 12).

Investor und Propagator fördern beide die ökologische Sache durch ihre Geschäftsprozesse, während der Innovator Produkte herstellt, die gut für die Umwelt sind. Propagatoren agieren in Nischenmärkten, während Investoren eher auf die Massenmärkte abheben. Um sämtliche Wirkungen zu verstärken, sollte es auf dem Markt Ver-

176 ▌ Die neue Dimension des Marketings – Anwendung

Abbildung 12: Motive der verschiedenen Akteure

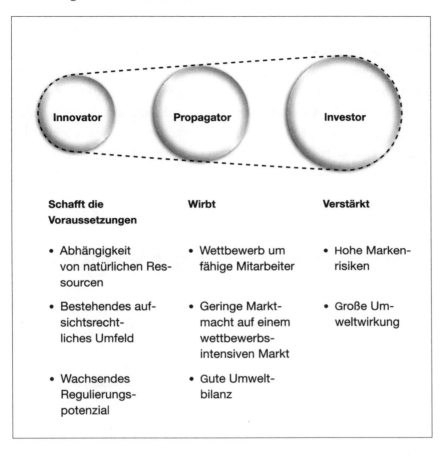

treter aller drei Richtungen geben. Erste Impulse gehen von den Propagatoren aus, die aus ihrer Sorge um die Umwelt einen Wettbewerbsvorteil machen. Diese Impulse führen zur Bildung einer öffentlichen Meinung zu Umweltfragen. Propagatoren wie Whole Foods Market brauchen jedoch eine Weile, bis sie grüne Produkte auf den Massenmarkt bringen. Ohne den Einfluss von Investoren wie Wal-Mart bleiben sie auf Nischenmärkte beschränkt. Propagatoren brauchen aber auch Innovatoren, die ihnen innovative grüne Produkte liefern (siehe Abbildung 13).

Zielgruppen für grünes Marketing

Der grüne Markt ist wohlgemerkt alles andere als homogen. Der Markt für umweltschonende Produkte und Dienstleistungen lässt sich in vier Segmente unterteilen: den Trendsetter, den Wertbewussten, den Standardhalter und den vorsichtigen Käufer. Trendsetter stellen die Vorreiter dar, Wertbewusste und Standardhalter den Massenmarkt, und die vorsichtigen Käufer schließlich sind die Nachzügler. Weil jedes Segment an andere Produktvorteile glaubt, sollte sich auch der Marketingansatz segmentspezifisch unterscheiden. Auf die vorsichtigen Käufer konzentriert man sich dabei besser nicht (siehe Tabelle 10).

Abbildung 13: Zusammenwirken der verschiedenen Akteure

	Nische	**Masse**
	Propagator	**Investor**
Promotion	Impulsgeber für grüne Produkte durch Ausrichtung auf einen Nischenmarkt von Trendsettern	Schaffung der kritischen Masse durch Erhebung grüner Produkte zum Standard
	Innovator	
Produktion	Entwicklung spezieller Produkte für einen Nischenmarkt	Entwicklung voll kommerzialisierter Produkte für den Massenmarkt

178 ▌ Die neue Dimension des Marketings – Anwendung

Die wichtigsten Segmente in der Einführungsphase eines umweltfreundlichen Produkts stellen die Trendsetter dar. Sie sind nicht nur die ersten Kunden, die das Produkt annehmen, sondern auch wichtige Einflusskräfte auf dem Märkt. Sie müssen als Werber eingesetzt werden, die die Produkte ihren Freunden und Angehörigen empfehlen und unterstützen.

Auf der Grundlage des VALS[12] sind Trendsetter im Innovatorensegment anzusiedeln. Sie sind Vorreiter des Wandels und besonders empfänglich für neue Ideen und Technologien. Sie sind extrem aktive Verbraucher und in ihrem Kaufverhalten spiegelt sich ein Geschmack, der hochwertige Nischenprodukte und Dienstleistungen bevorzugt, die hohen Ansprüchen genügen. Doch umweltfreundliche Produkte erreichen nur dann das Wachstumsstadium, wenn sie nicht auf dem Nischenmarkt der Ökofreaks verharren. Solange grüne Produkte ausschließlich gut betuchten Käufern vorbehalten bleiben, sind ihre Vorzüge begrenzt. Um wirklich etwas zu bewegen, sollten sie breite Akzeptanz auf dem Markt finden. Aus diesem Grund arbeiten große Unternehmen an der Ökobilanz ihrer Massenmarken. Nehmen Sie beispielsweise Tide Coldwater, dessen Formel so konzipiert ist, dass Kleidung damit am besten kalt gewaschen wird.[13]

Im Gegensatz zum Trendsettermarkt, der eher emotional und spirituell ist, ist der Massenmarkt rationaler, wenn es um den Kauf von Ökoprodukten geht. Die wertbewussten Käufer greifen zu grünen Produkten, wenn sie günstig sind. Solche Verbraucher würden für Umweltfreundlichkeit nicht mehr bezahlen. Aus diesem Grund kann man nur mit erschwinglichen Ökoprodukten auf dieses Segment abzielen. Die Marketingstrategie sollte auf die Kostenvorteile hinweisen, die die Verwendung solcher Produkte mit sich bringt.

Hauptzielmarkt sind aber die Verbraucher, die in der VALS-Klassifizierung unter »Denker« fallen. Sie sind offen für neue Ideen. Sie sind die Kunden, die sich rasch von schlechten Entscheidungen abbringen und zu verantwortungsbewussteren überreden lassen. Aus diesem Grund muss das Marketing Programme entwickeln, die ihnen Wahlmöglichkeiten geben, sie aber gleichzeitig von falschen Entscheidungen

Tabelle 10: Vier Segmente des grünen Marktes

	Kundensegmentierung			
	Trendsetter	**Wertbewusster**	**Standardhalter**	**Vorsichtiger Käufer**
Segmentprofil	• Ökofreaks oder visionäre Umweltenthusiasten • Emotionale und spirituelle Motivation für die Verwendung von Ökoprodukten • Ausrichtung auf Wettbewerbsvorteile durch grüne Innovation	• ökologische Pragmatiker • rationale Motive für die Verwendung von Ökoprodukten • Einsatz von Ökoprodukten zur Steigerung der Effizienz und zur Kostensenkung	• ökologischer Konservativer • wartet ab, bis Ökoprodukte den Massenmarkt erreichen • nutzt Ökoprodukte, die bereits zum Standard geworden sind	• Ökoskeptiker • glaubt nicht an Ökoprodukte
Positionierung zur Orientierung auf das Zielsegment	**Ökovorteil** Innovatives Produkt, um Wettbewerbsvorteile zu erzielen	**Ökoeffizienz** Mehr Wert bei geringerer Umweltbelastung	**Ökostandard** Konforme Massenprodukte	Als Zielgruppe uninteressant

180 ▍ Die neue Dimension des Marketings – Anwendung

abbringen.[14] Werden neben den herkömmlichen auch umweltfreundlichere Produkte zur Wahl gestellt, werden wertbewusste Käufer dadurch zur Entscheidung für die bessere Möglichkeit veranlasst.

Wertorientierte Kunden sind aber auch konservative, praktisch veranlagte Verbraucher. Sie achten auf Langlebigkeit, Funktionalität und Wert bei den Produkten, die sie kaufen. Um dieses Segment zu gewinnen, muss grünes Marketing betonen, wie solche Produkte bei geringerer Umweltwirkung mehr Wert bieten. Aus diesem Grund sollte sich die Marketingkommunikation thematisch auf das Konzept der Ökoeffizienz konzentrieren.

Während wertbewusste Konsumenten praktisch denken, sind Standardhalter konservativ eingestellt. Sie kaufen kein Produkt, das in seiner Branche noch nicht zum Standard geworden ist. Für sie ist die Popularität eines Produkts der wichtigste Grund für den Kauf. Um dieses Segment anzusprechen, müssen grüne Produkte eine kritische Masse erreichen, um als Standard zu gelten. Erst dann liegt ein Katalysator vor. So geht die zunehmende Zahl umweltfreundlicher Gebäude in erster Linie darauf zurück, dass ökologische Baunormen entwickelt wurden. Hier war die britische Regierung vorgeprescht, gefolgt von der US-amerikanischen. Mehr und mehr Länder wie Australien und Indien entwickeln eigene ökologische Baunormen. Diese Trends machen ökologisches Bauen zum Massenmarkt.[15]

Die vorsichtigen Käufer, das vierte Segment, sind Kunden, die so skeptisch sind, dass sie den Erwerb umweltfreundlicher Produkte meiden, obwohl die gängige Überzeugung bereits dafür spricht. Solche Kunden sind als Zielgruppe kostenintensiv und schwer zu überzeugen.

Ein Produkt durch seinen Lebenszyklus zu führen bedeutet, es durch die Einflusskette der Marktsegmente zu lotsen (siehe Abbildung 14). In der Einführungsphase muss das Marketing auf die ökologischen Aspekte als zentrale Differenzierungsmerkmale setzen. Um die Begeisterung und den Schneeballeffekt zu erzeugen, der Voraussetzung ist für das Erreichen des Wachstumsstadiums, muss das Marketing Mundpropaganda einsetzen. Wie in *Crossing the Chasm* von Geoffrey Moore nachzulesen, gibt es auf dem Markt eine Lücke – eine Kluft –,

Das Streben nach ökologischer Nachhaltigkeit **181**

Abbildung 14: Die Einflusskette der Marktsegmente

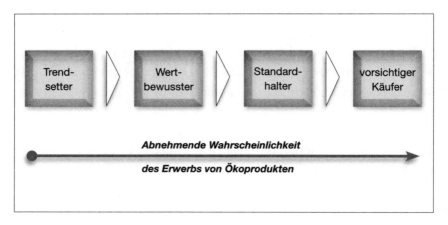

die den frühen Markt vom Massenmarkt trennt.[16] Grüne Produkte müssen den Sprung schaffen und Popularität erreichen. Sobald ein Produkt sein Reifestadium erreicht hat, wird der Wettbewerb stärker und das Marketing muss über die ökologischen Aspekte hinaus noch andere Differenzierungsmerkmale finden (siehe Abbildung 15).

Zusammenfassung: Grüne Innovation für Nachhaltigkeit

In diesem Kapitel betonen wir die Bedeutung des verstärkten Umweltengagements von Unternehmen mit grundlegenden Werten. Zu den Vorteilen zählen niedrigere Kosten, ein besseres Image und motiviertere Mitarbeiter. Unternehmen wie DuPont tragen zur grünen Bewegung bei, indem sie die Funktion von Innovatoren übernehmen. Unternehmen wie Wal-Mart leisten ihren Beitrag in der Rolle des Investors. Und Unternehmen wie Timberland schließlich fungieren als Propagatoren und tun so das Ihre dazu. Nach Analyse der Merkmale dieser verschiedenen Rollenbilder stellen wir fest, dass der Markt für

Ökoprodukte gestärkt wird, wenn sie auf demselben Markt tätig sind und zusammenarbeiten. Unternehmen schließlich müssen die vier unterschiedlichen Segmente des Ökomarktes kennen – Trendsetter, Wertbewusste, Standardhalter und vorsichtige Käufer – und ihre unterschiedliche Herangehensweise und Kaufbereitschaft in Bezug auf umweltfreundliche Erzeugnisse. Unternehmen, die ökologische Nachhaltigkeit fördern, praktizieren Marketing 3.0.

Abbildung 15: Der Lebenszyklus, der für Umweltbewusstsein und Kaufentscheidungen sorgt

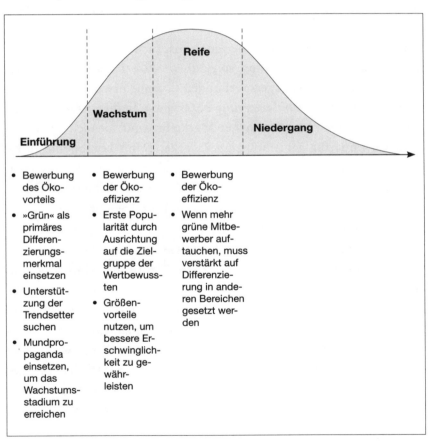

Kapitel 10

Zusammenfassung

Die zehn Credos von Marketing 3.0

Die Entwicklung einer Beziehung zwischen Marketing und Werten vollzieht sich in drei Phasen. In der ersten erfolgt eine *Polarisierung* von Marketing und Werten. Viele Unternehmer glauben, dass Marketing auch ohne die Einführung eines anspruchsvollen Wertesystems auskommt. Dessen Einhaltung, so glauben sie, sei lediglich mit zusätzlichen Kosten und Auflagen verbunden. Daraus erwächst die zweite Phase, die wir als *Ausbalancierung* bezeichnen. In dieser Phase betreiben Unternehmen herkömmliches Marketing und spenden einen Teil ihres Gewinns für gemeinnützige Zwecke. Dann kommt die dritte Phase, die *Integration*. Sie ist das letzte Stadium, in dem Unternehmen ihr Wertesystem auch leben wollen. Diese Werte verleihen dem Unternehmen Persönlichkeit und Sinnhaftigkeit. Eine Trennung von Marketing und Werten ist nicht akzeptabel.

Eine genauere Betrachtung und Analyse der tieferen Wurzeln des Marketings enthüllt zehn unwiderlegbare Credos, die Marketing und Werte integrieren. Zu jedem Credo geben wir ein paar Beispiele für Unternehmen an, die dieses Credo in ihrem Marketing praktizieren. Das geschieht in manchen Fällen durch Beiträge zu den Millenniumsentwicklungszielen (MDGs) der Vereinten Nationen. Diese MDGs sind die acht zeitlich fixierten und messbaren Zielen, auf die sich 189 Regierungschefs von Ländern aus aller Welt im September 2000 auf dem in New York veranstalteten Millenniumsgipfel der Vereinten Nationen geeinigt haben.[1]

184 | Die neue Dimension des Marketings

Die Millenniumsentwicklungsziele sind:

1. Bekämpfung von extremer Armut und Hunger
2. Primarschulbildung für alle
3. Gleichstellung der Geschlechter / Stärkung der Rolle der Frauen
4. Senkung der Kindersterblichkeit
5. Verbesserung der Gesundheitsversorgung der Mütter
6. Bekämpfung von HIV / AIDS, Malaria und anderen Krankheiten
7. Ökologische Nachhaltigkeit
8. Aufbau einer globalen Partnerschaft für Entwicklung

Die Millenniumsziele waren ursprünglich eine Initiative auf Regierungsebene. Allmählich erkennen die Unternehmen jedoch ihre wirtschaftlichen Aspekte. Unilever, Procter & Gamble, Holcim, Philips, Vodafone, S. C. Johnson & Son, BP, ConocoPhilips und Rabobank – um nur ein paar zu nennen – sind große Unternehmen, die bereits Gewinn machen durch die operative Einarbeitung dieser Ziele in Entwicklungsländern. Diese Unternehmen zeigen, wie sie die Welt verändern und wie diese Veränderung in Form von monetärem und nichtmonetärem Nutzen auf sie zurückschlägt. Manche der in diesem Kapitel angesprochenen Fallbeispiele stammen aus *Business for Development: Business Solutions in Support for the Millennium Development Goals*, um die Verbindung zwischen Marketing 3.0 und dem Streben nach dem Erreichen der MDGs zu verdeutlichen.[2]

Credo 1: Lieben Sie Ihre Kunden und achten Sie Ihre Konkurrenten

Seine Kunden zu lieben, bedeutet im Geschäftsleben, ihre Loyalität zu erringen, indem man ihnen spürbaren Wert liefert und sie emotional und seelisch anspricht. Wie Donald Calne sagte: »Der grundlegende

Unterschied zwischen Gefühl und Verstand ist, dass Gefühle zu Handlungen führen, Verstand dagegen zu Schlussfolgerungen.«[3] Die Entscheidung, etwas zu kaufen und einer Marke treu zu bleiben, wird stark von Gefühlen beeinflusst.

Der Suppenhersteller Campbell Soup Company präsentierte beispielsweise seine Verpackungen in dem der Brustkrebsinitiative gewidmeten Monat »Breast Cancer Awareness Month« in pink und konnte dadurch die Nachfrage beträchtlich steigern.[4] Da der typische Suppenkonsument weiblich ist und viele Frauen vom Thema Brustkrebs emotional berührt werden, stieg der durch Frauen erzielte Umsatz. Dieses Beispiel zeigt, dass es sich auszahlt, mehr auf das Gefühl als auf den Verstand zu setzen.

Außerdem muss man seine Konkurrenten achten. Es sind die Mitbewerber, die den gesamten Markt vergrößern, denn ohne sie würde eine Branche langsamer wachsen. Aus der Beobachtung unserer Konkurrenten können wir mehr über ihre und unsere Stärken und Schwächen erfahren. Das kann für das eigene Unternehmen von großem Nutzen sein.

Die Strategie, Marktwachstum zu erreichen, indem man Wettbewerb zulässt, lässt sich durch vertikalen oder horizontalen Technologietransfer umsetzen. Ein Beispiel dafür ist Unilevers Strategie in Vietnam.[5] Unilever unterweist sämtliche lokalen Zulieferer in bewährten Praktiken. In den Schulungen erfahren die Zulieferer mehr über Standardqualität und die zum Erreichen dieses Standards nötige Technik. Doch nicht nur das, Unilever gelingt es darüber hinaus, die Kosten lokaler Zulieferer gering zu halten und gleichzeitig Qualitätsmanagement zu betreiben. Natürlich könnten Unilevers Lieferanten auch Konkurrenten beliefern. Interessanterweise lässt Unilever das zu, weil es dazu beiträgt, den Markt als Ganzes weiterzuentwickeln.

Horizontaler Technologietransfer ist dagegen noch schwerer zu verstehen. Nicht viele Unternehmen sind bereit, Konkurrenten direkt Zugriff auf ihre Technologie zu verschaffen. Doch auch das gibt es, wenn ein Unternehmen sich außerstande sieht, den Markt allein zum Wachsen zu bringen.[6] Ein solches Unternehmen möchte Risiken teilen. Es braucht Allianzen, um Größenvorteile zu realisieren. Ein herausragendes Beispiel dafür ist die Kooperation von sieben Pharmakonzernen (Boehringer Ingelheim, Bristol-Myers Squibb, GlaxoSmithKline, Merck, Roche, Abbot und Gilead), die gemeinsam den Preis für die Behandlung von HIV/AIDS in Entwicklungsländern zum Erreichen der MDGs gesenkt haben.[7]

Ein weiteres Beispiel ist die Zusammenarbeit zwischen vielen verschiedenen Telekoms in Großbritannien (Motorola, Carphone Warehouse, O2, Orange, Vodafone, T-Mobile, Tesco, Virgin Mobile und Fresh) mit Bono und Bobby Shriver zur Einführung eine neuen RED-Mobiltelefons, das zum Kampf gegen AIDS in Afrika entwickelt wurde. Zigtausend Pfund wurden durch die Einführung dieses Produktes für die Behandlung und Prävention von AIDS aufgebracht.[8]

▶ Lieben Sie Ihre Kunden und achten Sie Ihre Konkurrenten.

Credo 2: Erkennen Sie Veränderungen und zeigen Sie sich wandlungsfähig

Die Unternehmenslandschaft verändert sich laufend. Konkurrenten werden zahlreicher und raffinierter. Das Gleiche gilt für die Kunden. Wer dafür keine Antenne hat und solche Veränderungen nicht früh erkennt, dessen Unternehmen wird veralten und am Ende untergehen.

Vor dem Prius galt Toyota keineswegs als spektakulärer Innovator, der auf bahnbrechende Produkte setzt.[9] Stattdessen war das Unternehmen bekannt für kontinuierliche Innovation in Kombination mit seinem langsamen-aber-sicheren Entscheidungsprozess. Doch Toyota spürte den Markttrend und erkannte, dass es schnell ein Hybridfahrzeug lancieren musste, bevor sich die Idee überlebt hatte. Mit der Einführung des Prius brach es mit schnellen Reaktionen in der Pro-

Zusammenfassung ▎ **187**

duktentwicklung etliche Regeln seines kompromisslosen japanischen Managementsystems.

Selbst der Einzelhandelsriese Wal-Mart kann sich dem Wandel nicht entziehen.[10] Der größte Einzelhändler der Welt wurde aus vielen Gründen kritisiert und wegen seiner Beschäftigungs-, Umwelt- und Logistikkettenpolitik häufig angegriffen. In den letzten Jahren hat sich das Unternehmen in einen grünen Riesen verwandelt. Wal-Mart erkannte am Ende, dass seine Niedrigpreisstrategie, mit der es an die Spitze gekommen war, künftig fehlschlagen könnte, wenn sich das Verbraucherverhalten ändert.

▶ Wenn sich die Zeiten ändern, ändern Sie sich mit ihnen.

Credo 3: Achten Sie auf Ihren guten Namen und zeigen Sie, wer Sie sind

Im Marketing ist das Markenimage alles. Von zwei Produkten gleicher Qualität kaufen die Kunden in der Regel das mit dem stärkeren Markenimage. Ein Unternehmen muss die Positionierung seines Markennamens und seine Differenzierung klar auf seinen Zielmarkt abstimmen.

The Body Shop gehört weltweit zu den bekanntesten Beispielen für ein wertegesteuertes Unternehmen. Die berühmte Praxis des fairen Handels, die das britische Unternehmen verfolgte – den Einkauf natürlicher Zutaten vor Ort in armen Gemeinschaften in aller Welt –, ist vermutlich die Beschaffungsstrategie, die am meisten dazu beiträgt, gleichzeitig Armut zu bekämpfen.

Eine weitere Praxis, für die The Body Shop steht, ist das Engagement gegen Tierversuche. Das fortschrittliche Unternehmen hatte Tests seiner Produkte an Tieren längst verboten, als in der EU eine entsprechende Regelung durchgesetzt wurde. Diese ungewöhnlichen Praktiken sind ganz sicher weder effizient noch wirtschaftlich sinnvoll.

Dennoch haben sie dazu beigetragen, dass The Body Shop zu einem der erfolgreichsten britischen Einzelhändler aufstieg, indem es einen Nischenmarkt für Produkte nach dem Vorbild der Natur begründete.

Infolgedessen übernahm der größte Kosmetikkonzern der Welt, L'Oreal, das Unternehmen in einer phänomenalen Transaktion mit einem Aufschlag von 34,2 Prozent. Die Herausforderung für The Body Shop besteht nun darin, nach außen seinen Namen zu wahren und nach innen Einfluss auf L'Oreal auszuüben – ein Unternehmen, dass für das Austesten bestimmter Stoffe an Tieren in die Kritik geriet –, um die Werte dieses Unternehmens zu stärken.

▶ Machen Sie Ihre Werte klar und halten Sie daran fest.

Credo 4: Kunden sind unterschiedlich. Wenden Sie sich zunächst an solche, die am meisten von Ihnen profitieren

Das ist das Prinzip der Segmentierung. Sie müssen gar nicht jedermann ansprechen. Überzeugen Sie nur diejenigen, die am leichtesten bereit sind, bei Ihnen zu kaufen, und die von dem Einkauf und der Beziehung am meisten profitieren.

Die meisten Produktmärkte umfassen vier spezifische Ebenen.[11]

1. Ein globales Segment, das auf globale Produkte und Merkmale anspricht und bereit ist, dafür höhere Preise zu zahlen.

2. Ein »glokales« Segment, das Produkte von globaler Qualität, doch mit lokalen Merkmalen zu etwas geringeren Preisen verlangt.

3. Ein lokales Segment, das lokale Produkte mit lokalen Merkmalen zu lokalen Preisen fordert.

4. Ein Segment am Fuß der Pyramide, das sich nur die allerbilligsten verfügbaren Produkte leisten kann.

Das unterste Segment ist für lokale Unternehmen geeignet, die ihre multinationale Konkurrenz in Entwicklungsländern herausfordern wollen. Es ist auch das richtige Segment für Marketing 3.0.

Holcim erfüllt in Sri Lanka den Bedarf armer Menschen nach bezahlbarem Wohnraum. Das Unternehmen tat sich mit einer Mikrofinanzierungsgesellschaft zusammen, um »Ladenhäuser« zu bauen: Wohnhäuser, die auch zur Unterbringung eines kleinen Geschäfts konzipiert sind. Holcim sieht in diesen einkommensschwachen Verbrauchern den Markt der Zukunft, wenn diese die Wirtschaftspyramide emporklettern. Andererseits verändert dieses Projekt das Leben vor Ort, indem es den Menschen bessere Wohnbedingungen bietet und Zugang zu einer Einkommensquelle. Aus diesem Grund trägt es zum Erreichen der MDGs 1, 2, 3, 7 und 8 bei.[12]

▶ Konzentrieren Sie sich auf die Verbraucher, denen Sie den meisten Nutzen bringen.

Credo 5: Bieten Sie stets ein interessantes Paket zu einem fairen Preis an

Wir sollten niemals schlechte Qualität zu hohen Preisen verkaufen. Echtes Marketing ist faires Marketing, bei dem Preis und Produkt zusammenpassen. Sobald wir versuchen, die Menschen zu betrügen, indem wir ihnen qualitativ minderwertige Produkte anbieten, die wir als Qualitätsprodukte darstellen, springen die Kunden ab.

Unilever versucht, den Preis für jodiertes Speisesalz zu drücken, um das in Ghana viel verwendete unjodierte Salz zu ersetzen. Um die Gesundheit der Menschen vor Ort zu fördern, setzt Unilever seine globalen Kapazitäten ein. Mit Erfahrung im Marketing von Konsumprodukten sorgt Unilever durch die Vermarktung kleiner Verpackungsgrößen für Bezahlbarkeit. Das Herzstück dieser Initiative ist Unilevers praktische Umsetzung seiner Logistikkettenerfahrung zur Verringerung der Distributionskosten. Dieses Projekt hebt konkret auf die MDGs 1, 2 und 5 ab.[13]

Ein weiteres Beispiel sind die Bemühungen von Procter & Gamble um die Versorgung mit einwandfreiem Trinkwasser. Wie Unilever verfügt das Unternehmen über Erfahrung mit der Vermarktung kleiner Verpackungsgrößen. Durch seine geschützte Wasseraufbereitungstechnologie sorgt das Unternehmen weltweit für sicheres Wasser. Interessanterweise kommt diese Technologie in kleinen Portionsgrößen daher, um sicherzustellen, dass sie erschwinglich ist. Einheimische können mit dem Inhalt eines Beutelchens 10 Liter Trinkwasser reinigen. Mit diesem Projekt hilft das Unternehmen mit, die MDGs 5, 6 und 10 zu erreichen.[14]

▶ Legen Sie faire Preise fest, die der Qualität entsprechen.

Credo 6: Zeigen Sie Präsenz, verbreiten Sie die gute Nachricht

Machen Sie es Ihren Kunden nicht unnötig schwer, Sie zu finden. In der heutigen globalen Wissenswirtschaft ist Zugang zu Informationstechnologie und zum Internet unabdingbar. Doch die digitale Spaltung – die soziokulturellen Unterschiede zwischen Menschen, die Zugang zu digitaler Technologie und Internet haben, und allen anderen – ist weltweit immer noch eine Herausforderung. Unternehmen, die diese Kluft überbrücken können, werden ihren Kundenstamm erweitern.

Seit 2005 versucht Hewlett-Packard dieses Kunststück durch Zusammenarbeit mit Partnern aus vielen verschiedenen Sektoren, um Informationstechnologie in die Entwicklungsländer zu bringen.[15] Im Streben nach Wachstum zielt das Unternehmen auf einkommens-

Zusammenfassung ┃ **191**

schwache Gemeinschaften als künftigen Markt ab. Im Prozess der Marktentwicklung überbrückt es progressiv die digitale Spaltung und verschafft armen Menschen Zugang zu Technologie. Diese Verbraucher sind die Hoffnung für Unternehmen in reifen Märkten auf der Suche nach Wachstum.

▶ Helfen Sie potenziellen Kunden, Sie zu finden.

Credo 7: Gewinnen Sie Kunden, halten und mehren Sie sie

Sobald Sie einen Kunden gewonnen haben, sollten Sie gute Beziehungen zu ihm pflegen. Lernen Sie Ihre Kunden persönlich kennen, damit Sie sich ein umfassendes Bild von ihren Bedürfnissen, Wünschen, Präferenzen und Verhaltensweisen machen können. Helfen Sie ihnen dann geschäftlich weiter. Das sind die Grundsätze des Kundenbeziehungsmanagements (Customer Relationship Management oder kurz CRM). Dabei geht es darum, die richtigen Kunden anzuwerben, die aus tiefer rationaler und emotionaler Befriedigung heraus auch weiter bei Ihnen kaufen. Sie sind es, die durch persönliche Empfehlungen auch zu Ihren stärksten Befürwortern werden können.

PetSmart Charities hat durch Adoptionszentren in seinen Niederlassungen Millionen herrenlosen Haustieren das Leben gerettet.[16] Gleichzeitig lockt das Programm Besucher in die Läden und steigert den Umsatz mit PetSmart-Produkten. Das Unternehmen hilft Tieren und wirbt dabei Neukunden an, denen am Point of Sale im Querverkauf Waren angeboten werden. Weil das Unternehmen sein Engagement für Tiere demonstriert, entwickelt sich eine Beziehung zum Verbraucher, und dieser bleibt der Marke treu.

▶ Betrachten Sie Ihre Kunden als Kunden fürs Leben.

192 ▍ Die neue Dimension des Marketings

Credo 8: Jedes Unternehmen ist ein Dienstleistungsunternehmen

Zum Dienstleistungsgewerbe zählen nicht nur Hotels oder Restaurants. Jedes Unternehmen muss Dienst am Kunden leisten wollen. Dienstleistung muss für ihre Erbringer Berufung sein, niemals lästige Pflicht. Begegnen Sie Ihrem Kunden mit ehrlicher Anteilnahme und er wird diese Einkaufserfahrung hundertprozentig in guter Erinnerung behalten. Unternehmen sollte klar sein, dass ihre Unternehmenswerte, die sich in ihren Produkten und Dienstleistungen ausdrücken, positiv auf das Leben anderer wirken sollten.

Whole Foods betrachtet sein Geschäft als Dienst am Verbraucher und an der Gesellschaft. Aus diesem Grund versucht das Unternehmen, Konsumenten zu einer gesünderen Lebensweise zu bekehren. Dieses Dienstleistungsgefühl praktiziert es aber auch gegenüber seiner Belegschaft, die über die strategische Ausrichtung des Unternehmens abstimmen darf.

▶ Jedes Unternehmen ist ein Dienstleistungsbetrieb,
  weil jedes Produkt eine Dienstleistung darstellt.

Credo 9: Verbessern Sie laufend Ihre Geschäftsprozesse in Bezug auf Qualität, Kosten und Lieferung

Es ist Aufgabe des Marketings, die Qualität, die Kosten und die Lieferung (QCD) in Geschäftsprozessen laufend zu verbessern. Halten Sie stets alle Zusagen an Kunden, Lieferanten und Vertriebspartner. Verhalten Sie sich im Hinblick auf Qualität, Menge, Liefertermin oder Preis nie betrügerisch oder unehrlich.

S. C. Johnson & Son ist bekannt dafür, mit lokalen Zulieferern zusammenzuarbeiten. Es arbeitet mit Bauern vor Ort an der Verbesserung von Produktivität und Lieferung. Um beispielsweise die nachhaltige Versorgung mit Pyrethrum aufrechtzuerhalten, bezieht das Unternehmen kenianische Bauern ein. In Partnerschaft mit KickStart und dem Pyrethrum Board of Kenya unterstützt das Unternehmen die Bauern bei der Bewässerung. Mit neuen Pumpen erzielen die Bauern höhere Produktivität und können S. C. Johnson daher besser versorgen. Außerdem steigern sie ihr Einkommen, weil sie mithilfe der Pumpen auch andere Feldfrüchte anbauen können. So verbessert S. C. Johnson & Son nicht nur die Logistikkette des Unternehmens, sondern trägt auch noch direkt und indirekt zu den MDGs 1, 2 und 6 bei.[17]

▶ Verbessern Sie Ihre Geschäftsprozesse jeden Tag –
in jeder Hinsicht.

Credo 10: Sammeln Sie einschlägige Informationen, doch treffen Sie am Ende weise Entscheidungen

Dieser Grundsatz ermahnt uns, laufend und immer wieder dazuzulernen. Die Entscheidung, die Sie am Ende treffen, wird von Ihrem gesammelten Wissen und Ihrer Erfahrung abhängen. Ein Marketingfachmann kann durch seine geistige Reife und seine emotionale Klarheit auf der Grundlage seiner inhärenten Weisheit rasch Entscheidungen treffen.

Diesen Vorgang beschreibt eine interessante Geschichte über Hershey Foods in *The Triple Bottom Line* von Andrew Savitz und Karl Weber.[18] 2001 dachten die Verwaltungsratsmitglieder des Hershey Trust daran, ihre Anteile an Hershey Foods abzustoßen, weil auf dem Markt mächtige Konkurrenten aufgetaucht waren und der Kakaopreis künftig drastisch zu steigen drohte. Aus finanzieller Sicht hätte dies den Wert des vom Verwaltungsrat gemanagten Trusts verringert. Im Zuge seines Strebens nach maximalem Shareholder-Value verkaufte der Verwaltungsrat sämtliche Anteile an Wrigley.

Zu seiner Überraschung wehrte sich eine Gruppe aufgebrachter

194 ▌ Die neue Dimension des Marketings

Mitarbeiter gegen die Übernahme. Sie sammelten sich und protestierten dann gemeinsam auf dem Chocolatetown Square gegen den Verkauf. Der Verwaltungsrat erkannte schließlich, dass seine Entscheidung falsch war. Finanziell mochte sie fundiert sein, doch sie war unklug, weil sie die sozialen Auswirkungen außer Acht ließ – vor allem auf die Mitarbeiter.

▶ Kluge Manager berücksichtigen mehr als nur die finanziellen Auswirkungen einer Entscheidung.

Die neue Dimension des Marketings: Jetzt ist Wandel angesagt!

Ist es möglich, dass ein Unternehmen, das den Menschen in den Mittelpunkt stellt, auch noch Gewinn macht? Dieses Buch bejaht diese Frage. Das Verhalten und die Werte eines Unternehmens werden immer stärker der Überprüfung durch die Öffentlichkeit preisgegeben. Durch die Zunahme sozialer Netzwerke wird es leichter machbar und einfacher, sich über bestehende Unternehmen, Produkte und Marken auszutauschen – sowohl über ihre Funktionalität als auch über ihre Leistungen im sozialen Bereich. Die neue Verbrauchergeneration ist viel sensibler für soziale Fragen und Anliegen. Unternehmen müssen sich neu erfinden und so schnell wie möglich aus den unlängst noch sicheren Grenzen von Marketing 1.0 und 2.0 ausbrechen, um in die neue Welt des Marketing 3.0, die neue Dimension des Marketings, einzusteigen.

Anmerkungen

Kapitel 1: Willkommen im Marketing 3.0

1 Der Begriff *New-Wave-Technologie* geht auf den Terminus *Fifth Wave Computing* aus »How to Ride the Fifth Wave«, *Business 2.0*, Juli 2005, von Michael V. Copeland und Om Malik zurück.

2 Stephen Baker und Heather Green, »Social Media Will Change Your Business«, *BusinessWeek*, 20. Februar 2008.

3 Rick Murray, *A Corporate Guide to the Global Blogosphere: The New Model of Peer-to-Peer Communications,* Edelman, 2007.

4 Steven Johnson, »How Twitter Will Change the Way We Live«, *Time*, 15. Juni 2009.

5 Stephen Baker, »What's A Friend Worth?«, *BusinessWeek*, 1. Juni 2009.

6 Von der Website www.wikipedia.org, aufgerufen im Juni 2009.

7 »Mass Collaboration could change way companies operate«, *USA Today*, 26. Dezember 2006.

8 Henry Chesbrough, *Open Business Models: How to Thrive in the New Innovation Landscape,* Harvard Business School Press, 2006.

9 Don Tapscott und Antony D. Williams, *Wikinomics: How Mass Collaboration Changes Everything*, Portfolio, 2006. Deutsche Ausgabe: *Wikinomics. Die Revolution im Netz*, Hanser Fachbuch, 2007.

10 Alex Wipperfürth, *Brand Hijack: Marketing without Marketing*, Portfolio, 2005.

11 *Consumer-made*, www.trendwatching.com/trends/consumer-made.htm.

12 Ori Brafman und Rod. A. Beckstrom, *The Starfish and the Spider: The Unstoppable Power of Leaderless Organizations,* Portfolio, 2006. Deutsche Ausgabe: *Der Seestern und die Spinne. Die beständige Stärke einer kopflosen Organisation*, Wiley-VCH, 2007.

13 Larry Huston und Nabil Sakkab, »Connect and Develop: Inside Procter & Gamble's New Model for Innovation«, *Harvard Business Review*, März 2006.

14 C. K. Prahalad und Venkat Ramaswamy, *The Future of Competition: Co-*

creating Unique Value with Consumers, Harvard Business School Press, 2004. Deutsche Ausgabe: *Die Zukunft des Wettbewerbs. Einzigartige Werte mit dem Kunden gemeinsam schaffen,* Linde, 2004.

15 Thomas L. Friedman, *The World Is Flat: A Brief History of the Globalized World in the 21st Century,* Penguin Group, 2005. Deutsche Ausgbe: *Die Welt ist flach: Eine kurze Geschichte des 21. Jahrhunderts,* Suhrkamp Verlag, 2008.

16 Robert J. Samuelson, »The World is Still Round«, *Newsweek,* 25. Juli 2005.

17 Joseph Stiglitz, *Globalization and Its Discontents,* W. W. Norton & Company, 2003. Deutsche Ausgabe: *Die Schatten der Globalisierung,* Siedler, 2002.

18 Benjamin Barber, *Jihad vs. McWorld: How Globalism and Tribalism Are Reshaping the World,* Ballantine Books, 1996. Deutsche Ausgabe: *Coca Cola und Heiliger Krieg. Jihad versus McWorld. Der grundlegende Konflikt unserer Zeit,* Scherz, 2001.

19 Thomas Friedman, *The Lexus and the Olive Tree: Understanding Globalization,* Anchor Books, 2000. Deutsche Ausgabe: *Globalisierung verstehen – Zwischen Marktplatz und Weltmarkt,* Ullstein, 1999.

20 Charles Handy, *The Age of Paradox,* Harvard Business School Press, 1994.

21 Douglas B. Holt, *How Brands Become Icons: The Principles of Cultural Branding,* Harvard Business School Press, 2004.

22 Marc Gobé: *Citizen Brand: 10 Commandments for Transforming Brand Culture in a Consumer Democracy,* Allworth Press, 2002.

23 Paul A. Laudicina, *World Out of Balance: Navigating Global Risks to Seize Competitive Advantage,* McGraw-Hill, 2005.

24 »The American Marketing Association Releases New Definition for Marketing«, Pressemitteilung, American Marketing Association, 14. Januar 2008.

25 Daniel H. Pink, *A Whole New Mind: Moving from the Information Age to the Conceptual Age,* Riverhead Books, 2005. Deutsche Ausgabe: *Unsere kreative Zukunft. Warum und wie wir unser Rechtshirnpotenzial entwickeln müssen,* Riemann Verlag, 2008.

26 Richard Florida, *The Rise of the Creative Class: And How It's Transforming Work, Leisure, Community and Everyday Life,* Basic Books, 2002.

27 Richard Florida, *The Flight of the Creative Class: The New Global Competition for Talent,* HarperBusiness, 2005.

28 Stuart L. Hart und Clayton M. Christensen, »The Great Leap: Driving Innovation from the Base of the Pyramid«, *MIT Sloan Management Review,* 15. Oktober 2002.

29 Danah Zohar, *The Quantum Self: Human Nature and Consciousness Defined by the New Physics,* Quill, 1990.

30 Danah Zohar und Ian Marshall, *Spiritual Capital: Wealth We Can Live By,*

Berrett-Koehler Publishers, 2004. Deutsche Ausgabe: *IQ? EQ? SQ!: Spirituelle Intelligenz – das unentdeckte Potenzial*, Kamphausen, 2010.

31 Die Definition von Spiritualität stammt aus Charles Handy, *The Hungry Spirit: Beyond Capitalism, A Quest for Purpose in the Modern World*, Broadway Books, 1998.

32 Julia Cameron, *The Artist's Way: A Spiritual Path to Higher Creativity*, Tarcher, 1992. Deutsche Ausgabe: *Der Weg des Künstlers. Ein spiritueller Pfad zur Aktivierung unserer Kreativität*, Droemer Knaur, 2009.

33 Gary Zukav, *The Heart of Soul: Emotional Awareness*, Free Press, 2002.

34 Robert William Fogel, *The Fourth Awakening and the Future of Egalitarianism*, University of Chicago Press, 2000.

35 Melinda Davis, *The New Culture of Desire: Five Radical New Strategies that Will Change Your Business and Your Life*, Free Press, 2002. Deutsche Ausgabe: *Wa(h)re Sehnsucht. Was wir wirklich kaufen wollen*, Econ, 2003.

36 Richard Barrett, *Liberating the Corporate Soul: Building a Visionary Organization*, Butterworth-Heinemann, 1998.

Kapitel 2: Das Zukunftsmodell für Marketing 3.0

1 Neil Borden erwähnte den Terminus »Marketing Mix« 1953 in einer Rede als Präsident der American Marketing Association. Die vier P wurden später von Jerome McCarthy in *Basic Marketing: A Managerial Approach* (Homewood, IL: Irwin, 1960) eingeführt.

2 »Meinung des Publikums« und »Politische Macht« wurden 1984 von Kotler hinzugefügt; »Menschen«, »Prozesse« und »Physische Belege« wurden von Boom und Bitner 1982 beigetragen.

3 Eric Beinhocker, Ian Davis und Lenny Mendonca, »The Ten Trends You Have to Watch«, *Harvard Business Review*, Juli/August 2009.

4 »Personal Recommendations and Consumer Opinions Posted Online Are the Most Trusted Forms of Advertising Globally«, Pressemitteilung, The Nielsen Company, 7. Juli 2009.

5 Art Kleiner, *Who Really Matters: The Core Group Theory of Power, Privilege, and Success*, The Doubleday Broadway Publishing Group, 2003.

6 C.K. Prahalad und M.S. Krishnan, *The New Age of Innovation: Driving Co-Created Value through Global Networks*, McGraw-Hill, 2008. Deutsche Ausgabe: *Die Revolution der Innovation. Wertschöpfung durch neue Formeln in der globalen Zusammenarbeit*, Redline Verlag, 2009.

7 Seth Godin, *Tribes: We Need You to Lead Us*, Portfolio, 2008.

8 Susan Fournier und Lara Lee, »Getting Brand Communities Right«, *Harvard Business Review*, April 2009.

9 James H. Gilmore und B. Joseph Pine II, *Authenticity: What Consumers Really Want,* Harvard Business School Press, 2007.

10 Stephen R. Covey, *The 8th Habit: From Effectiveness to Greatness,* Free Press, 2004. Deutsche Ausgabe: *Der 8. Weg: Mit Effektivität zu wahrer Größe,* GABAL-Verlag GmbH, 2006 .

11 Al Ries und Jack Trout, *Positioning: The Battle for Your Mind,* McGraw-Hill, 1981. Deutsche Ausgabe: *Die neue Werbestrategie,* McGraw-Hill, 1986.

12 Zum Weiterlesen vgl. Bernd H. Schmitt, *Experiential Marketing: How to Get Customers to Sense, Think, Act, Relate to Your Company and Brands,* Free Press, 1999; Marc Gobé, *Emotional Branding: The New Paradigm for Connecting Brands to People,* Allworth Press, 2001; Kevin Roberts, *Lovemarks: The Future Beyond Brands,* Powerhouse Books, 2004. Deutsche Ausgabe: *Der Lovemarks-Effekt. Markenloyalität jenseits der Vernunft,* Moderne Industrie, 2008.

13 Das ursprüngliche Dreieck Marke-Positionierung-Differenzierung ist zu finden in: Philip Kotler, Hermawan Kartajaya, Hooi Den Huan und Sandra Lu, *Rethinking Marketing: Sustainable Marketing Enterprise in Asia,* Pearson Education Asia, 2002.

14 C. K. Prahalad, *The Fortune at the Bottom of the Pyramid: Eradicating Poverty through Profits,* Wharton School Publishing, 2005. Deutsche Ausgabe: *Der Reichtum der Dritten Welt. Armut bekämpfen, Wohlstand fördern, Würde bewahren,* FinanzBuch Verlag, 2006.

15 James Austin, Herman B. Leonard und James W. Quinn, »Timberland: Commerce and Justice«, Harvard Business School Case, überarbeitete Fassung vom 21. Dezember 2004.

16 Marc Benioff und Karen Southwick, *Compassionate Capitalism: How Corporations Can Make Doing Good an Integral Part of Doing Well,* The Career Press Inc., 2004.

17 Paul Dolan und Thom Elkjer, *True to Our Roots: Fermenting a Business Revolution,* Bloomberg Press, 2003.

18 Peter F. Drucker, »What Business Can Learn from Nonprofits«, in: *Classic Drucker,* Harvard Business School Press, 2006.

19 Charles Handy, »Finding Sense in Uncertainty«, in: Rowan Gibson, *Rethinking the Future: Rethinking Business, Principles, Competition, Control and Complexity, Leadership, Markets, and the World,* Nicholas Brealey Publishing, 1997. Deutsche Ausgabe: *Rethinking the future. So sehen Vordenker die Zukunft von Unternehmen,* Moderne Industrie, 1997.

20 Reggie Van Lee, Lisa Fabish und Nancy McGraw, »The Value of Corporate Values«, *strategy+business,* Heft 39.

Kapitel 3: Die Mission beim Verbraucher vermarkten

1 Anne B. Fisher, »Coke's Brand-Loyalty Lesson«, *Fortune*, 5. August 1985.

2 Lisa Abend, »The Font War: IKEA Fans Fume over Verdana«, *BusinessWeek*, 28. August 2009.

3 Jack Welch und Suzy Welch, »State Your Business: Too Many Mission Statements Are Loaded with Fatheaded Jargon. Play it Straight«, *BusinessWeek*, 14. Januar 2008.

4 Paul B. Brown, »Stating Your Mission in No Uncertain Terms«, *New York Times*, 1. September 2009.

5 George S. Day und Paul J. H. Schoemaker, »Are You a ›Vigilant Leader‹?« *MIT Sloan Management Review*, Frühjahr 2008, Bd. 49, Nr. 3.

6 Michael Maccoby, *Narcissistic Leaders: Who Succeeds and Who Fails*, Harvard Business School Press, 2006.

7 Peter F. Drucker, »What Business Can Learn from Nonprofits«, in: *Classic Drucker*, Harvard Business School Press, 2006.

8 Saul Hansell, »A Surprise from Amazon: Its First Profit«, *New York Times*, 23. Januar 2002.

9 Rafe Needleman, »Twitter Still Has No Business Model, and That's OK«, *CNET News*, 27. März 2009.

10 Laura Locke, »The Future of Facebook«, *Time*, 7. Juli 2007.

11 B. Joseph Pine II und James H. Gilmore, *The Experience Economy: Work Is Theater and Every Business a Stage*, Harvard Business Press, 1999. Deutsche Ausgabe: *Erlebniskauf. Konsum als Erlebnis, Business als Bühne, Arbeit als Theater*, Econ, 2000.

12 Noel Tichy, *Leadership Engine: How Winning Companies Build Leaders at Every Level*, HarperCollins, 2002.

13 Steven Prokesch, »How GE Teaches Teams to Lead Change«, *Harvard Business Review*, Januar 2009.

14 »Storytelling that Moves People: A Conversation with Screenwriting Coach Robert McKee«, *Harvard Business Review*, Juni 2003.

15 Douglas B. Holt, *How Brands Become Icons: The Principles of Cultural Branding*, Harvard Business School Press, 2004.

16 Chip Heath und Dan Heath, *Made to Stick: Why Some Ideas Survive and Others Die*, Random House, 2007. Deutsche Ausgabe: *Was bleibt: Wie die richtige Story Ihre Werbung unwiderstehlich macht*, Hanser Fachbuch, 2008.

17 Gerald Zaltman und Lindsay Zaltman, *Marketing Metaphoria: What Deep Metaphors Reveal about the Minds of Consumers*, Harvard Business School Press, 2008.

18 David P. Reed, »The Law of the Pack«, *Harvard Business Review*, Februar 2001.

200 | Die neue Dimension des Marketings

19 Aktuelle Informationen finden Sie auf der offiziellen Website unter www.project10tothe100.com.

20 Brian Morrisey, »Cause Marketing Meets Social Media«, *Adweek*, 18. Mai 2009.

21 B. Joseph Pine und James H. Gilmore, »Keep It Real: Learn to Understand, Manage, and Excel at Rendering Authenticity«, *Marketing Management*, Januar/Februar 2008.

22 Frederick F. Reichheld, »The One Number You Need to Grow«, *Harvard Business Review*, Dezember 2003.

23 Dan Schawbel, »Build a Marketing Platform like a Celebrity«, *Business Week*, 8. August 2009.

24 Sam Knight, »Insight: My Secret Love«, *Financial Times*, 25. Juli 2009.

Kapitel 4: Die Werte bei den Mitarbeitern vermarkten

1 Gina McGoll, »Business Lacks Respect«, *BRW*, Bd. 31, Ausgabe 25, 25. Juni 2009.

2 Bethany McLean und Peter Elkind, *The Smartest Guys in the Room: The Amazing Rise and Scandalous Fall of Enron*, Portfolio, 2003.

3 Sarah F. Gold, Emily Chenoweth und Jeff Zaleski, »The Smartest Guys in the Room: The Amazing Rise and Scandalous Fall of Enron«, *Publishers Weekly*, Bd. 250, Ausgabe 41, 13. Oktober 2003.

4 Alaina Love, »Flawed Leadership Values: The AIG Lesson«, *Business Week*, 3. April 2009.

5 Jake DeSantis, »Dear AIG, I Quit!«, *New York Times*, 25. März 2009.

6 Neeli Bendapudi und Venkat Bendapudi, »How to Use Language that Employees Get«, *Harvard Business Review*, September 2009.

7 Patrick M. Lencioni, »Make Your Values Mean Something«, *Harvard Business Review*, Juli 2002.

8 Die Informationen stammen aus vielen verschiedenen Quellen, hauptsächlich von den Websites der Unternehmen, aber auch aus Zeitschriften wie *Fortune* und *Fast Company*.

9 Leonard L. Berry und Kent D. Seltman, *Management Lessons from Mayo Clinic: Inside One of the World's Most Admired Service Organizations*, New York: McGraw-Hill, 2008.

10 Elizabeth G. Chambers, Mark Foulon, Helen Handfield-Jones, Steve M. Hankin und Edward G. Michaels III, »The War for Talent«, *The McKinsey Quarterly*, Nummer 3, 1998.

11 David Dorsey, »The New Spirit of Work«, *Fast Company*, Juli 1998.

12 Douglas A. Ready, Linda A. Hill und Jay A. Conger, »Winning the Race for Talent in Emerging Markets«, *Harvard Business Review*, November 2008.

13 Brian R. Stanfield, »Walking the Talk: The Questions for All Corporate Ethics and Values Is: How Do They Play Out In Real Life?«, *Edges Magazine*, 2002.

14 Social and Environmental Assessment 2007, online aufgerufen unter www.benjerry.com/company/sear/2007/index.cfm, Ben & Jerry's, 2008.

15 »The Body Beautiful – Ethical Business«, *The Economist*, 26. März 2006.

16 William B. Werther, Jr. Und David Chandler, *Strategic Corporate Social Responsibility: Stakeholders in a Global Environment*, Sage Publications, 2006.

17 Michael E. Porter und Mark R. Kramer, »Strategy & Society: The Link between Competitive Advantage and Corporate Social Responsibility«, *Harvard Business Review*, Dezember 2006.

18 Nicholas Ind, *Living the Brand: How to Transform Every Member of Your Organization into a Brand Champion*, Kogan Page, 2007.

19 Rosabeth Moss Kanter, »Transforming Giants«, *Harvard Business Review*, Januar 2008

20 Brian O'Reilly, »The Rent-a-Car Jocks Who Made Enterprise #1«, *Fortune*, 26. Oktober 1996.

21 Jim Collins, »Align Action and Values«, *Leadership Excellence*, Januar 2009.

22 Chris Murphy, »S. C. Johnson Does More than Talk«, *Information Week*, 19. September 2005.

23 Robert Levering, »The March of Flexitime Transatlantic Trends«, *Financial Times*, 28. April 2005.

24 Tamara J. Erickson und Lynda Gratton, »What It Means to Work Here«, *Harvard Business Review*, März 2007.

25 Charles Fishman, »The War for Talent«, *Fast Company*, 18. Dezember 2007.

26 Greg Hills und Adeeb Mahmud, »Volunteering for Impact: Best Practices in International Corporate Volunteering«, FSG Social Impact Advisor, September 2007.

27 Rosabeth Moss Kanter, *SuperCorp: How Vanguard Companies Create Innovation, Profits, Growth, and Social Good*, Random House, 2009.

Kapitel 5: Die Werte bei den Vertriebspartnern vermarkten

1 Andrew Park, »Michael Dell: Thinking Out of the Box«, *Business Week*, 14. November 2004.

2 Sunil Chopra, »Choose the Channel that Matches Your Product«, *Supply Chain Strategy*, 2006.

3 Olga Kharif, »Dell: Time for a New Model«, *Business Week*, 6. April 2005.

4 Mitch Wagner, »IT Vendors Embrace Channel Partners«, *BtoB*, 9. September 2002.
5 Paul Kunert, »Dell in Channel Embrace«, *MicroScope*, 7. Mai 2007.
6 Scott Campbell, »Dell and the Channel: One Year Later«, *Computer Reseller News*, 11. August 2008.
7 James Gustave Speth, »Doing Business in a Post-Growth Society«, *Harvard Business Review*, September 2009.
8 Die vollständige Geschichte von The Body Shop ist nachzulesen bei Christopher Bartlett, Kenton Elderkin und Krista McQuade, »The Body Shop International«, *Harvard Business School Case*, 1995.
9 Die vollständige Geschichte von Ben & Jerry's in Russland ist nachzulesen bei Iris Berdrow und Henry W. Lane, »Iceverks: Ben & Jerry's in Russia«, *Richard Ivey School of Business Case*, 1993.
10 Neil Rackham, Lawrence Friedman und Richard Ruff, *Getting Partnering Right: How Market Leaders Are Creating Long-Term Competitive Advantage*, McGraw-Hill, 1996.
11 Tony Haitao Cui, Jagmohan S. Raju und Z. John Zhang, »Fairness and Channel Coordination«, *Management Science*, Bd. 53, Nr. 8, August 2007.
12 Maria Shao und Glenn Carroll, »Maria Yee Inc.: Making ›Green‹ Furniture in China«, *Stanford Graduate School of Business Case*, 2009.
13 Sushil Vachani und N. Craig Smith, »Socially Responsible Distribution: Strategies for Reaching the Bottom of the Pyramid«, *California Management Review*, 2008.
14 »New data show 1.4 billion live on less than $1.25 a day, but progress against poverty remains strong«, http://go.worldbank.org/DQKD6WV4T0 Weltbank, 2008.
15 Sushil Vachani und N. Craig Smith, »Socially Responsible Distribution: Strategies for Reaching the Bottom of the Pyramid«, *California Management Review*, 2008.
16 Auf der Grundlage der Nielsen Online Global Consumer Study, April 2007.

Kapitel 6: Die Vision bei den Aktionären vermarkten

1 Yalman Onaran und Christopher Scinta, »Lehman Files Biggest Bankruptcy Case as Suitors Balk«, *Bloomberg*, 15. September 2008.
2 John H. Cochrane und Luigi Zingales, »Lehman and the Financial Crisis«, *Wall Street Journal*, 15. September 2009.
3 Jim Collins, *How the Mighty Fall and Why Some Companies Never Give In*, HarperBusiness, 2009.

4 »Overcoming Short-termism: A Call for a More Responsible Approach to Investment and Business Management«, The Aspen Institute, 2009.

5 »Shareholders Rights and Wrongs«, *The Economist*, 8. August 2009.

6 Alfred Rappaport, »10 Ways to Create Shareholder Value«, *Harvard Business Review,* September 2006.

7 Philip Kotler, Hermawan Kartajaya, David Young, *Attracting Investors: A Marketing Approach to Finding Funds for Your Business*, John Wiley & Sons, 2004.

8 Jim C. Collins und Jerry I. Porras, »Organizational Vision and Visionary Organization«, *California Management Review*, Herbst 1991.

9 »Forging a Link between Shareholder Value and Social Good«, *Knowledge@Wharton*, 19. Mai 2003.

10 »The Disappearing Mid-Market«, *The Economist*, 18. Mai 2006.

11 Trond Riiber Knudsen, Andreas Randel und Jorgen Rughølm, »The Vanishing Middle Market«, *The McKinsey Quarterly*, Nummer 4, 2004.

12 C. K. Prahalad, *The Fortune at the Bottom of the Pyramid: Eradicating Poverty through Profits*, Wharten School Publishing, 2005. Deutsche Ausgabe: *Der Reichtum der Dritten Welt. Armut bekämpfen, Wohlstand fördern, Würde bewahren*, FinanzBuch Verlag, 2006.; Stuart L. Hart, *Capitalism at the Crossroads: The Unlimited Business Opportunities in Solving the World's Most Difficult Problems*, Wharton School Publishing, 2005.

13 Clayton M. Christensen, *The Innovator's Dilemma: When New Technologies Cause Great Firms to Fail,* HarperBusiness, 2000.

14 Philip Kotler und Nancy R. Lee, *Up and Out of Poverty: The Social Marketing Solution,* Wharton School Publishing, 2009.

15 Muhammad Yunus, *Banker to the Poor: Micro-Lending and the Battle against World Poverty*, PublicAffairs, 2007.

16 Arphita Khare, »Global Brands Making Foray in Rural India«, *Regent Global Business Review*, April 2008.

17 Lynelle Preston, »Sustainability at Hewlett-Packard: From Theory to Practice«, *California Management Review*, Frühjahr 2001.

18 Marc Gunther, »The Green Machine«, *Fortune*, 31. Juli 2006.

19 Al Gore und David Blood, »We Need Sustainable Capitalism«, *Wall Street Journal*, 5. November 2008.

20 Marc Gunther, »Money and Morals at GE«, *Fortune*, 15. November 2004.

21 Daniel Mahler, »Green Winners: The Performance of Sustainability-focused Companies in the Financial Crisis«, A. T. Kearney, 9. Februar 2009.

22 »Doing Good: Business and the Sustainability Challenge«, *Economist Intelligence Unit*, 2008.

23 KLD Broad Market Social Index Fact Sheet, KLD Research & Analytics, 2009.

24 FTSE4Good Index Series Inclusion Criteria, FTSE International Limited, 2006.

25 *Dow Jones Sustainability World Index Guide Book Version 11.1*, Dow Jones, September 2009.

26 »Introducing GS Sustain«, Goldman Sachs Investment Research, 22. Juni 2007.

27 Lenny T. Mendonca und Jeremy Oppenheim, »Investing in Sustainability: An Interview with Al Gore and David Blood«, *The McKinsey Quarterly*, Mai 2007.

28 Bob Willard, *The Next Sustainability Wave: Building Boardroom Buy-in*, New Society Publishers, 2005.

29 »Valueing Corporate Social Responsibility«, *The McKinsey Quarterly*, Februar 2009.

30 Lutz Kaufmann, Felix Reimann, Matthias Ehrgott und Johan Rauer, »Sustainable Success: For Companies Operating in Developing Countries, It Pays to Commit to Improving Social and Environmental Conditions«, *Wall Street Journal*, 22. Juni 2009.

31 Carol Stephenson, »Boosting the Triple Bottom Line«, *Ivey Business Journal*, Januar/Februar 2008.

32 2009 Cone Consumer Environmental Survey, Cone, 2009.

33 Sally Cohen, »Making the Case for Environmentally and Socially Responsible Consumer Products«, *Forrester*, 2009.

34 Mary Jo Hatch und Majken Schultz, »Are the Stars Aligned for Your Corporate Brand?«, *Harvard Business Review*, Februar 2001.

35 BSR/Cone 2008 Corporate Sustainability in a New World Survey, Cone 2008.

36 Jez Frampton, »Acting Like a Leader: The Art of Sustainable Sustainability«, Interbrand, 2009.

Kapitel 7: Soziokulturellen Wandel bewirken

1 B. Joseph Pine II und James H. Gilmore, *The Experience Economy: Work Is Theater and Every Business a Stage*, Harvard Business Press, 1999. Deutsche Ausgabe: *Erlebniskauf. Konsum als Erlebnis, Business als Bühne, Arbeit als Theater*, Econ, 2000.

2 The 2008 Cone Cause Evolution Study, Cone, 2008.

3 Richard Stengel, »Doing Well by Doing Good«, *Time*, 10. September 2009.

4 Liza Ramrayka, »The Rise and Rise of the Ethical Consumer«, *Guardian*, 6. November 2006.

5 Ryan Nakashima, »Disney to Purchase Marvel Comics for $ 4B«, *Time*, 1. August 2009.

6 David E. Bell und Laura Winig, »Disney Consumer Products: Marketing Nutrition to Children«, *Harvard Business School Case*, 2007.

7 Auf der Basis der Zahlen für 2007 und 2008, *The Walt Disney Fact Book*, 2008.

8 Matthew Boyle, »The Wegmans Way«, *Fortune*, 24. Januar 2005.

9 Mark Tatge, »As a Grocer, Wal-Mart is No Category Killer«, *Forbes*, 30. Juni 2003.

10 »The State of Corporate Philanthropy: A McKinsey Global Survey«, *The McKinsey Quarterly*, Januar 2008.

11 Erhebung von Merrill Lynch und Capgemini, zitiert in Shu-Ching Jean Chen, »When Asia's Millionaires Splurge, They Go Big«, *Fortune*, 2007.

12 Gallup Poll, 19. Dezember 2008.

13 Emily Bryson York, »Quaker Kicks Off Brand Campaign in Times Square«, *Advertising Age*, 9. März 2009.

14 Karen Egolf, »Haagen-Dazs Extends Its Honey-Bee Efforts«, *Advertising Age*, 4. August 2009.

15 »Shoppers Determine Grocers' Charitable Giving«, *RetailWire*, 5. September 2008.

16 Ron Irwin, »Can Branding Save the World?« *Brandchannel*, 8. April 2002.

17 »Motorola Foundation Grants $ 5 Million to Programs that Engage Budding Innovators«, Pressemitteilung, Motorola, 25. Juni 2009.

18 Umfrage von Edelman, Edelman-Pressemitteilung, 15. November 2007, zitiert in Ryan McConnell, »Edelman: Consumers Will Pay Up to Support Socially Conscious Marketers«, *Advertising Age*, 16. November 2007.

19 Debby Bielak, Sheila M. J. Bonini und Jeremy M. Oppenheim, »CEOs on Strategy and Social Issues«, *The McKinsey Quarterly*, Oktober 2007.

20 Brendan C. Buescher und Paul D. Mango, »Innovation in Health Care: An Interview with the CEO of the Cleveland Clinic«, *The McKinsey Quarterly*, März 2008.

21 Michael Mandel, »The Real Cost of Offshoring«, *BusinessWeek*, 18. Juni 2007.

22 Lew McCreary, »What Was Privacy«, *Harvard Business Review*, Oktober 2008.

23 Lisa Johnson und Andrea Learned, *Don't Think Pink: What Really Makes Women Buy – and How to Increase Your Share of This Crucial Market*, AMACOM, 2004.

24 Michael J. Silverstein und Kate Sayre, »The Female Economy«, *Harvard Business Review*, September 2009

25 Sylvia Ann Hewlett, Laura Sherbin und Karen Sumberg, »How Gen Y & Boomers Will Reshape Your Agenda«, *Harvard Business Review*, Juli – August 2009.

26 Ian Rowley und Hiroko Tashiro, »Japan: Design for the Elderly«, *Business-Week*, 6. Mai 2008.

27 »Burgeoning Bourgeosie«, *The Economist*, 12. Februar 2009.

28 Sheila Bonini, Jieh Greeney und Lenny Mendonca, »Assessing the Impact of Societal Issues: A McKinsey Global Survey«, *The McKinsey Quarterly*, November 2007.

29 Tim Sanders, »Social Responsibility Is Dead«, *Advertising Age*, 17. September 2009.

30 Human-Centered Design: An Introduction, *IDEO*, 2009.

Kapitel 8: Die Entwicklung zum Schwellenländerunternehmer

1 Pressemitteilung: Nobel Peace Prize 2006, Oslo, 13. Oktober 2006.

2 Ethan B. Kapstein, *Economic Justice: Towards a Level Playing Field in an Unfair World*, Princeton University Press, 2006.

3 C. K. Prahalad, *The Fortune at the Bottom of the Pyramid: Eradicating Poverty through Profits*,: Wharton School Publishing, 2005. Deutsche Ausgabe: *Der Reichtum der Dritten Welt. Armut bekämpfen, Wohlstand fördern, Würde bewahren*, FinanzBuch, 2006.

4 Fareed Zakaria, *Post-American World*, W. W. Norton & Co., 2008. Deutsche Ausgabe: *Der Aufstieg der Anderen: Das postamerikanische Zeitalter*, Siedler, 2009.

5 Eric D. Beinhocker, Diana Farrell und Adil S. Zainulbhai, »Tracking the Growth of India's Middle Class«, *The McKinsey Quarterly*, August 2007.

6 Jeffrey D. Sachs, *The End of Poverty: Economic Possibilities for Our Time*, Penguin Press, 2005. Deutsche Ausgabe: *Das Ende der Armut. Ein ökonomisches Programm für eine gerechtere Welt*, Siedler, 2005.

7 U. N. Millennium Project 2005, Investing in Development: A Practical Plan to Achieve the Millennium Development Goals: Overview, United Nations Development Program, 2005.

8 Von der ITC-Website, www.itcportal.com/rural-development/echoupal.htm.

9 Ruma Paul, »Bangladesh Grameenphone Eyes Rural Users with New Plan«, *Reuters*, 1. Dezember 2008.

10 Luis Alberto Moreno, »Extending Financial Services to Latin America's Poor«, *The McKinsey Quarterly*, März 2007.

11 Von der Unilever-Website, www.unilever.com/sustainability/.

12 »Dell Eyes $1 Billion Market in India«, *The Financial Express*, 13. August 2008.

13 »China to Increase Investment in Rural Areas by over 100 Billion Yuan«, *People' Daily*, 31. Januar 2008.

14 Patrick Barta und Krishna Pokharel, »Megacities Threaten to Choke India«, *Wall Street Journal*, 13. Mai 2009.

15 Stuart L. Hart, *Capitalism at the Crossroads: The Unlimited Business Opportunities in Solving the World's Most Difficult Problems*, Wharton School Publishing, 2005.

16 Clayton M. Christensen, *The Innovator's Dilemma: When New Technologies Cause Great Firms to Fail*, HarperBusiness, 2000.

17 Garry Emmons, »The Business of Global Poverty: Interview with Michael Chu«, Harvard Business School Working Knowledge, 4. April 2007.

18 Sheridan Prasso, »Saving the World with a Cup of Yogurt«, *Fortune*, 15. März 2007.

19 Pressemitteilung – Danone, »Launching Danone Foods Social Business Enterprise«, 16. März 2006.

20 Muhammad Yunus, »Social Business Entrepreneurs Are the Solution«, www.grameen-info.org/bank/socialbusinessentrepreneurs.htm (zuletzt geändert am 20. August 2005, zuletzt aufgerufen am 2. Mai 2007).

21 Don Johnston, Jr. und Jonathan Morduch, »The Unbanked: Evidence from Indonesia«, *The World Bank Economic Review*, 2008.

22 Michael Chu, »Commercial Returns and Social Value: The Case of Microfinance«, Harvard Business School Conference on Global Poverty, 2. Dezember 2005.

23 Von der Unilever-Website: www.unilever.com/sustainability/casestudies/healthnutrition-hygiene/globalpartnershipwithunicef.aspx.

24 Von der Holcim-Website www.holcim.com/CORP/EN/id/1610640158/mod/7.2.5.0/page/ case_study.html.

25 Steve Hamm, »The Face of the $100 Laptop«, *BusinessWeek*, 1. März 2007.

26 Farhad Riahi, »Pharma's Emerging Opportunity«, *The McKinsey Quarterly*, September 2004.

27 Nicholas P. Sullivan, *You Can Hear Me Now: How Microloans and Cell Phones Are Connecting the World's Poor to the Global Economy*, Jossey-Bass, 2007.

28 »Marketing to Rural India: Making the Ends Meet«, *India Knowledge@Wharton*, 8. März 2007.

29 Kunal Sinha, John Goodman, Ajay S. Moorkerjee und John A. Quelch, «Marketing Programs to Reach India's Underserved«, aus V. Kasturi Rangan, John A. Quelch, Gustavo Herrero und Brooke Barton (Herausgeber), *Business Solutions for the Global Poor: Creating Social and Economic Value*, Jossey-Bass 2007.

30 VALS ist das System, das aktuelle und künftige Chancen durch Segmentierung des Verbrauchermarktes auf der Grundlage von Persönlichkeitszügen ermittelt, die das Verbraucherverhalten bestimmen. Eine genauere Beschreibung der Segmentierung finden Sie unter www.strategiebusinessinsights.com

31 Douglas B. Holt, *How Brands Become Icons: The Principles of Cultural Branding*, Harvard Business School Press, 2004.

32 Cécile Churet & Amanda Oliver, *Business for Development*, World Business Council for Sustainable Development, 2005.

33 Von der Website der Co-operative Group: www.co-operative.coop/.

34 Guillermo D'Andrea und Gustavo Herrero, »Understanding Consumers and Retailers at the Base of the Pyramid in Latin America«, Harvard Business School Conference on Global Poverty, 2. Dezember 2005.

35 Christopher P. Beshouri, »A Grassroots Approach to Emerging Market Consumers«, *The McKinsey Quarterly*, 2006, Nummer 4.

Kapitel 9: Das Streben nach ökologischer Nachhaltigkeit

1 Die Darstellung des Falls DuPont stützt sich hauptsächlich auf den Artikel von Nicholas Varchaver, »Chemical Reaction«, *Fortune*, 22. März 2007.

2 Stuart L. Hart, »Beyond Greening: Strategies for a Sustainable World«, *Harvard Business Review*, Januar/Februar 1997.

3 Marc Gunther, »Green is Good«, *Fortune Magazine*, 22. März 2007.

4 Noah Walley und Bradley Whitehead, »It's Not Easy Being Green«, *Harvard Business Review*, Mai/Juni 1994.

5 Die Darstellung des Falls Wal-Mart stützt sich hauptsächlich auf einen Artikel von Marc Gunther, »The Green Machine«, *Fortune*, 31. Juli 2006.

6 Aus www.dictionary.com.

7 »Is Wal-Mart Going Green?« *MSNBC News Service*, 25. Oktober 2005.

8 Timberland-Homepage, www.timberland.com, 11. Mai 2007.

9 Jayne O'Donnell und Christine Dugas, »More Retailers Go for Green – the Eco Kind«, *USA Today*, 19. April 2007.

10 Marc Gunther, »Compassionate Capitalism at Timberland«, *Fortune*, 8. Februar 2006.

11 Daniel C. Esty und Andrew S. Winston, *Green to Gold: How Smart Companies Use Environmental Strategy to Innovate, Create Value, and Build Competitive Advantage*, Yale University Press, 2006.

12 VALS ist das System, das aktuelle und künftige Chancen durch Segmentierung des Verbrauchermarktes auf der Grundlage von Persönlichkeitsmerkmalen ermittelt, die das Verbraucherverhalten bestimmen. Unter www.strategicbusinessinsights.com finden Sie die Segmentierung näher erläutert.

13 Anne Underwood, »10 Fixes for the Planet«, *Newsweek*, 5. Mai 2008.

14 Mehr dazu, wie man Kunden zu verantwortungsbewussteren Entscheidungen anregen kann, lesen Sie bei Richard H. Thaler und Cass R. Sunstein, *Nudge:*

Improving Decisions about Health, Wealth, and Happiness, Yale University Press, 2008. Deutsche Ausgabe: *Nudge. Wie man kluge Entscheidungen anstößt*, Econ, 2009.

15 Charles Lockwood, »Building the Green Way«, *Harvard Business Review*, Juni 2006.

16 Geoffrey A. Moore, *Crossing the Chasm: Marketing and Selling High Tech to Mainstream Customers*, HarperBusiness, 1999.

Kapitel 10: Zusammenfassung

1 Mehr über die MDGs erfahren Sie unter www.un.org/millenniumgoals/.

2 Cécile Churet & Amanda Oliver, *Business for Development: Business Solutions in Support of the Millennium Development Goals*, World Business Council for Sustainable Development, 2005.

3 Donald B. Calne, *Within Reason: Rationality and Human Behaviour*, Pantheon Books, 1999.

4 Stephanie Thompson, »Breast Cancer Awareness Strategy Increases Sales of Campbell's Soup: Pink-Labeled Cans a Hit with Kroger Customers«, *AdvertisingAge*, 3. Oktober 2006.

5 Sébastien Miroudot, »The Linkages between Open Services Market and Technology Transfer«, OECD Trade Policy Working Paper Nr. 29, 27. Januar 2006.

6 Adam M. Brandenburger und Barry J. Nalebuff, *Co-opetition: A Revolutionary Mindset that Combines Competition and Cooperation ... The Game Theory Strategy that's Changing the Game of Business*, Currency Doubleday, 1996. Deutsche Ausgabe: *Coopetition – kooperativ konkurrieren. Mit der Spieltheorie zum Unternehmenserfolg*, Campus, 1996.

7 »Increasing People's Access to Essential Medicines in Developing Countries: A Framework for Good Practice in the Pharmaceutical Industry«, A UK Government Policy Paper, Department for International Development, März 2005.

8 Martin Hickman, »(RED) Phone Unites Rival Telecom Operators in Battle against AIDS«, *The Independent*, 16. Mai 2006.

9 Alex Taylor III, »Toyota: The Birth of the Prius«, *Fortune*, 21. Februar 2006.

10 Marc Gunther, »The Green Machine«, *Fortune*, 31. Juli 2006.

11 Tarun Khanna und Krishna G. Palepu, »Emerging Giants: Building World-Class Companies in Developing Countries«, *Harvard Business Review*, Oktober 2006.

12 Cécile Churet & Amanda Oliver, *op. cit.*

13 Cécile Churet & Amanda Oliver, *op. cit.*

14 Cécile Churet & Amanda Oliver, *op. cit.*

15 Ira A. Jackson und Jane Nelson, *Profit with Principles: Seven Strategies for Delivering Value with Values*, Currency Doubleday, 2004.

16 Philip Kotler und Nancy Lee, *Corporate Social Responsibility: Doing the Most Good for Your Company and Your Cause*, John Wiley & Sons, 2005.

17 Cécile Churet & Amanda Oliver, op. cit.

18 Andrew W. Savitz und Karl Weber, *The Triple Bottom Line: How Today's Best-Run Companies Are Achieving Economic, Social, and Environmental Success – and How You Can Too*, Jossey-Bass, 2006.

Register

»Open Happiness«-Kampagne 70
1984-Kampagne 78
3i-Modell 53–55, 57f., 65
3M 92, 94
4chan.org 82
50/50-Joint-Venture 157

Abverkaufprozess 116
Adams, Scott 71
Agrarzeitalter 13
AIG 47, 88, 119
Akquise 133
Akquisekosten 132
Akteure, drei 168
Aktienkurs 127
Aktienkursentwicklung 127
Aktionär(s)
    -erwartungen 120
–, langfristiger 120
–, kurzfristiger 120
–, struktur, zweischichtige 120
Aktivposten 14, 111
Alleinentscheider 103
Alterspyramide 149
Amazon 75, 77f., 84f., 105, 130
American Express 142
American Marketing Association 36
Anlegerpublikum, breiteres 121
Anleihen 121
Anthropologe 103
Anwerbung 94f., 131
Apple 54, 75, 79
Aspen Institute 120
Attracting Investors 121
Ausbalancierung 184

Ausgaben, konjunkturabhängige 154
Authentizitäts-Marketing 46
Avon Corporation 142f.

Backoffice 38, 96
Bagel Works 95
Bank Rakyat 158
Barber, Benjamin 33
Barret, Richard 40
Barriere, kulturelle 160
Baunorm, ökologische 181
Beckstrom, Rod. A. 29
Ben & Jerry's 96, 110f.
Beschaffungsstrategie 188
Beschäftigungsdiversität 147
Beziehung(s)
–, direkte 106
–, horizontale 48, 111
    -management 115
–, vertikale 48
Bezos, Jeff 75, 77
Big-Risk-Big-Reward-Mitarbeiter 101
Bio-Butanol 170
Biokraftstoffsparte 170
Biotechnologie 128, 171, 175
BIP 47, 145, 149
Blackberry 26
Blog 25f., 76
Blood, David 128, 204f.
Bono 187
Borden, Neil 43, 198
Börsengang (IPO) 121
Bottom-of-the-Pyramid-Protokoll 57
BP 170, 185
Brafman, Ori 29, 196

Brainstorming 151
Branchendurchschnitt 127
Brand Finance 134
Branson, Richard 54, 74, 80
Breakthrough Ideas 73
BRIC-Land 128
BSMI 128
BSR/Cone 205
Buffett, Warren 120
Business Angels 121
Business as Unusual 72–76, 80, 86
Butman, John 123

Calne, Donald 185, 210
Cameron, Julia 39, 198
Campbell Soup Company 186
Capitalism at the Crossroads 57, 124,
    204, 208
Cashflow 120
Category Killer 140, 206
Cause Marketing 142–144, 147, 152, 201
Cemex 166
CFO 130
Charakterbildung 50, 53
Chemie, grüne 171
Chesbrough 28, 196
Chicago Booth/Kellogg School Financial
    Trust Index 48
Chopra, Sunil 105
Chouinard, Yvon 129
Choupal Saagars 114
Christensen, Clayton 38, 124, 157, 197,
    204, 208,
Chu, Michael 157, 208
Cisco 91f., 97, 103, 150
CNN 26
Coca-Cola 34, 69f., 124
Cohen, Ben 129, 205
Co-Kreation 46, 50f.
Colakrieg 70
Colgate 84
Collins, James 119, 122
Community Divided-Programm 164
Cone 133f., 137, 205
Connect & Develop-Strategie 29, 196
ConocoPhilips 185
co-op-Marketing 116

Corian 196
Covey, Stephen 53f.
Craigslist 25, 28
Crate & Barrel 112
Credos, zehn 10, 184
Crest SpinBrush 29
Crowdsourcing 28
Cui 111

D'Andrea 165
Dacron 169
Data Mining 148
Datenschutz 138, 147
Davis, Melinda 40
Day, George 73
Delhi 156
Dell 35f., 105–107, 115, 156
Dell-Aktie 105
Dell, Michael 106, 202
Dell-Theorie 35
Demokratie, kooperative 103
DeSantis, Jake 88
Die vier P (Produkt, Preis, Promotion, Plat-
    zierung) 43f., 46, 50
Dienste, gemeinschaftsbasierte 166
Dienstleistung, »grüne« 168, 178
Differenzierung 24, 40, 49, 53–58, 138,
    140, 143, 162f., 165, 188
Differenzierungsmerkmal 151, 175,
    181–183
Direkt
– Marketing 46
  -vertrieb 105f., 117
  -vertriebsmodell 106
Disney 74, 79, 138f.
Disney Consumer Products (DCP) 139
Distance Healthcare Advancement Project
    (DISHA) 139
Distribution(s)
  -kosten 166
  -methoden, innovative 114
  -modell, innovatives 115
  -netz 107
–, sozialverantwortliche 44, 113–115,
    132, 162, 165f.
  -stelle 117
  -unternehmen 113

Register I **213**

Diversität 150
Diversitätsanliegen 150
Dolan, Paul 60
Donald Duck 138
Doughnut-Prinzip 61
Dow Chemical 171
Dow Jones Sustainability Index (DJSI) 128
Druck, regulierungsbehördlicher 129
Drucker, Peter 60, 77
DuPont 129, 168–171, 182

Earth Day 174f.
eBay 28, 75, 79, 84f., 105, 130
E-Business-Marketing 46
e-Choupal 114
Eclipse Group 148
Ecoimagination-Programm 134
Economist Intelligence Unit 127
Edelman 143
e-Farmer 155
Effizienzsteigerung 172
Ehrgott, Matthias 131
Einbezug 116, 139, 143
Einflussfaktoren 104
Einkanalstadium 117
Einkommenssegment 154
Einzelhandelsebene 116
Einzelinvestor 121
Einzugsbereich 117
Empress La Moderna 171
End
    -abnehmer 115
    -nutzer 107
    -verbraucher 106
    -verbraucherpreis, fairer 112
Energie, alternative 128
Engagement
–, gemeinnütziges 58, 62, 143
–, philanthropisches 59, 141
Enron 87f.
Enterprise Rent-A-Car 92, 98
Entsalzungstechnologie 171
Entwicklung, soziokulturelle 152
Entwicklungsland 14, 80, 103, 114, 129,
    185, 187, 190f.
Erfahrungsmarketing 45f.
Ernährungsleitfaden 139

Ertrags
-kraft 62, 89, 130f.
-management, kurzfristiges 120
-produktivität 128
-steigerung 65, 132
Erzeugnis, umweltfreundliches 169, 183
ESG-Konzept 128
Existenzsicherer 163
Exxon Mobil 49
Exzellenzstadium 117

Fabrikemission 125
Facebook 25, 27, 76f, 80
Fairness 111
Familienunternehmen 56f, 100, 120
Fetzer Vineyards 60, 175
Finanzierung, interne 121
Finanzkrise 15, 48, 88, 119, 125, 127, 158
Flickr 25
Florida, Richard 38
Fluorchlorkohlenwasserstoffe (FCKW) 169
Fogel, Robert William 40
Fokusgruppe 149
Food and Drug Administration (FDA) 139
Ford, Henry 21
Forrester Research 133
Fortune 49, 64, 140
    -Liste 150
Four Seasons Hotel 150
Fournier, Susan 52f
Franchisenehmer 108, 110
Franchising 108
    -Ansatz 110
Friedman, Lawrence 111
Friedman, Thomas 32f, 35
FTSE All-Share Index 96
FTSE4Good Index 128
Führer, narzisstische 77
Führungsentwicklung 78

Gallup-Umfrage 141
Gates Foundation 103
Gates, Bill 73, 75
Gemeinschaftsnetzwerk 132
General Electric (GE) 26, 78, 89
General Motors 47, 86
Generation Y 149

Gerstner, Louis 120
Gesamtumsatz 106, 139
Geschäfts
  -ebene 145
  -modell, ökologisches 175
  -modell, wertorientiertes 40
  -praktiken, nachhaltige 128–130
Gesetz
  –, metcalfesches 83, 85
  –, reedsches 83, 85
Gesundheits
  -index 140
  -versorgung 185
  -wesen 91, 145
Gewährleistung der Präsenz 116
Gewinn
  -marge 166
  -steigerung 64, 127
Giannetti da Fonseca, Eduardo 149
Gilmore, James 53, 77, 85
Glaubwürdigkeit 53, 56, 85, 115, 161
GlaxoSmithKline 147, 159, 187
Globalisierung 31–36, 42, 45, 48, 52, 91, 107
Globalisierungsparadox 23, 31, 34, 41 f, 59
Globalismus 33
Globe Telecom 166
Glücksformel 70
Gobé, Marc 35, 54
Godin, Seth 25, 52 f
Golden-Arches-Theorie 35
Goldman Sachs 128, 173
Google 76, 83 f
Gore, Al 125
Go-to-Market-Strategie 115
Governance (ESG) 75, 128
Go-with-a-Winner-Mitarbeiter 101
Grameen
Bank 153, 165
Danone Food 157 f
Group 157
Phone 156, 160
Greenfield, Jerry 129
Greenwald, Robert 172
Größenvorteil 21, 183, 187
Groupe Danone 157
GS Sustain Focus List 128

Haagen-Dazs 142
Habitat for Humanity 34
Handel, fairer 147
Handelspreis, fairer 111
Handy, Charles 34, 61
Hart, Stuart L. 38, 57, 124, 157, 170
Harvard Business Review 73, 171
Hatch, Mary Joe 133
Haupteinzelhändler 112
Hauptzielmarkt 179
Herrero 165
Hershey Foods 194
Herstellungsverfahren, energieeffizientes 174
Hewlett-Packard 27, 191
Hidden Brain Drain Task Force 149
Higgins-Projekt 148
High-End-Verbraucher 123
High-Tech-Basisprodukte 159
Hills, Greg 102
Hindustan Lever 114 f, 160
Historically Underutilized Businesses (HUBs) 52, 150 f
Holcim 159, 185, 190
Holliday, Chad 171
Holt, Douglas 163
House-for-Life-Programm 159
How the Mighty Fall 119
Human-Centered Design 151
Human-Desire-Project 40
Humannetzwerk 92
Human Spirit 22–24, 42, 53, 56, 123, 130, 133
Human-Spirit-Marketing 37, 77
Human-Spirit-Perspektive 82
Hybrid
  -fahrzeug 175, 187
  -modell 105

IBM 26 f, 79, 89, 102, 147 f
Identität 51, 53, 55, 65 f, 108 f, 112, 118, 148
IDEO 92, 94, 103, 151
Ikone, gesellschaftliche 163
Image 65 f, 87 f, 133, 172, 182
  -verbesserung 141, 173
Imagination Farm 139

Immelt, Jeff 78, 126, 171
Ind, Nicholas 97
Industrie
 -land 107, 124, 147, 155
 -zeitalter 13, 21
Influencer 25
Informationszeitalter 13, 21
Infrastruktur
 –, informationstechnische 155
 –, kommunikationstechnische 155
 –, urbane 156
InnoCentive 28
Innovation(s) 38, 78, 94, 100, 102 f, 126,
 157, 170 f, 180, 182, 187
 labor 124
Innovator 37, 73, 168–171, 173, 175–178,
 182, 187
Innovatorensegment 179
Instore-promotion 116
Instrumentarium, quelloffenes 76, 103
Integration 32, 75, 98, 116, 118, 184
Integrationsprozess 116
Integrität 55–57, 64–66, 85, 87 f, 90, 95,
 97, 103 f, 118, 133, 163
Interbrand 134
Intercentre Cooperative 111
Interkonnektivität 156
Internet
 -handel 105
 -marketing 46
Intrapreneure 78
Investor 47, 77, 89, 121, 127, 168, 171,
 173, 175–178, 182
Investition, langfristige, wertschöpfende 120
Investment
 -experte 130
 -management 121
iPhone 26, 75, 77, 79, 81
iPod 75, 77
Ipsos Mori 138
ITC 114 f
IT-Industrie 115

Jahrgang, geburtenstarker 149
Jobs, Steve 54, 75, 77–79, 81

Kanal, bereichsbasiert 117

Kanal
 -konflikte 117
 -ökonomik 111
 -struktur 111
Kanalisierung 114
Kapital 13, 121
 -beteiligung 121
 -markt 122, 130
Kapitalismus, langfristig orientierter 120
Katalysator 108, 112, 171, 181
Kaufbereitschaft 183
Käufer, vorsichtiger 178, 180–183
Kaufmann, Lutz 131
Kaufverhalten 27, 179
Kearney, A. T. 127
Kelleher, Herb 73 f
Kelly, David 103
Kennzahl 131
Kernkapazität 106
Kevlar 169 f
Key Performance Indikator 64 f
KickStart 194
KidSmart Early Learning Program 147
Kindersterblichkeit 185
Kindle 75, 77
KLD Broad Market Social Index (BSMI)
 128
Kleinunternehmen 115
Knudsen, Trond Riiber 123
Konfiguration, individuelle 105, 107
Konkurrenzvorteil 94
Konkurs 87 f, 119
Konsumausgaben
Konsument 21, 133, 137, 142 f, 149, 161,
 165, 181, 193
Konsum
 -erfahrung 118
 -güterhersteller 113
 -muster 161
 -produkt 56 f, 139, 190
 -wachstum 125
Konzern, multinationaler 13, 156, 164
Kooperations
 -partner 108
 -zwang 105
Korruption 128
Kosten

216 ❙ Die neue Dimension des Marketings

-belastung 125
-produktivität 130 f, 134
Kramer, Mark 96
Kreativität(s)
-index 38
–, multidisziplinäre 92
Kreativgesellschaft 23, 41
Krisenlinderung 128
Krishnan, M. S. 51
Kroger 139
Kulturwandel, globalisierungsorientierter
90
Kunde
–, einkommensschwacher 161
–, »nicht bankfähiger« 156
Kunden
-beschwerde 131
-beziehungsmanagement (Customer Relationship Management – CRM) 192
-beziehungsmarketing 46
-bindung 116
-kapital-Marketing 46
-kontakt 97
-management 43 f, 50
Kurssteigerung 127

L'Oreal 96, 189
Label 139, 175
Lagerumschlag 116
Landflucht 156
Leadership, Innovation, and Growth (LIG)
78
Lebensmittel
-einzelhändler 140
-segment 141
Lebenszyklus 181, 183
Lee, Nancy 124
Lee, Scott 172
Lehman Brothers 47, 119
Leit
-figur, inoffizielle 160, 165 f
-linien 44, 99
Liberalisierung 32
Liddy, Edward 88
Lieferphase 151
Life-Sciences-Unternehmen 171
Lifestyle

-Marketing 46
-Mitarbeiter 101
Linux 28
Lizenzgeber 138
Loads of Hope-Programm 84
Logistikkette 35, 125, 128, 194
Lokalmarkt 98, 115
Lord Myners 120
Lucite 169
Lynch-Capgemini, Merrill 141

Mac, Freddie 119
Maccoby, Michael 73
MacGyver 80
Macher 163
Mae, Fannie 119
Magnolia Home Theater 112
Mahmud, Adeeb 102
Makro-Marketing 46
Management, aktives 116
Many-To-Many-Kooperation 24
Marc Ecko 27
Marge
–, operative 140
–, schrumpfende 156
Maria Yee, Inc. 112
Marke
–, kooperative 37
–, kulturelle 37
–, nationale 35
–, sozialverantwortliche 133, 143
Marken
-geschichte 79–85, 97, 130
-identität 55, 56, 59
-image 46, 55, 56, 59, 188
-integrität 55–59,
-Kapital 45, 46, 134
-kapital-Marketing 46
-management 43, 45, 50
-mission 70–90
-positionierung 113
-story 85, 97, 113, 115
-versprechen 95
-wert 56, 94, 130, 133, 134, 173, 174
Marketing
– 1.0 15, 21–24, 44, 48, 195
– 2.0 15, 21–24, 45

Register **I 217**

- 3.0 4, 7–13, 16, 17, 21– 45, 53, 56, 59, 65, 66, 71, 72, 77, 89, 90, 92, 93, 99–118, 130–134, 144, 152, 183–185, 190, 195, 196, 198
- 3.0-Praktik 132
- 3.0-Status 152
- 3.0-Unternehmenskultur 103
- Aktivität 44, 141, 142, 175
- Audit 46
- Element 162
- –, emotionales 22, 45, 46, 54,
- Ethik 46
- Fachmann 103, 194
- –, gesellschaftsorientiertes 46
- –, globales 46
- –, grünes 10, 178, 181
- –, internes 46
- Kommunikation 27, 181
- Kommunikations-Strategie 143
- Konzept 24, 43, 45, 46, 48, 50, 52
- –, kooperatives 42
- Krieg 46
- –, kulturelles 36, 42,
- Kurzsichtigkeit 46
- –, lokales 46
- Manager 29, 138
- Mix 43, 46, 161, 162, 165, 167
- Modell 45, 161, 162
- –, produktorientiertes 24
- –, sozialverantwortliches 46
- Spezialist 22, 54, 137
- –, spirituelles 42
- Strategie 179
- –, verbraucherorientiertes 24
- –, wertorientiertes 8, 24, 59

MarkPlus 2, 17
Mark-to-Market-Accounting 87
Markt
–, armer 122
  -bedürfnis 152
  -chance 124, 130, 132
–, einkommensschwacher 132
  -forschung 70
  -nachfrage 173
  -penetration 114
  -pyramide 124, 63
–, reifender 137

–, reifer 122, 126, 132, 133, 137–145, 156, 192
  -segment 46, 118, 133, 156, 181, 182
  -segmentierung 46
  -trend 187
–, unterversorgter 156, 160
–, wachsender 126
Marriott 96
Marvel Comics 138, 205
Maslow, Abraham 39,
Maslow-Pyramide 39, 91, 103, 143, 145, 146, 151
Massen
  -handelsware 137
  -markt 21, 25, 72, 74, 75, 107, 176–182
  -ware 44, 137
Master Manufacturing 150
MasterCard 142
Matrix, wertbasierte 62
Mayo Clinic 91, 92
MBA-Absolventen 95
McCarthy, Jerome 43, 44, 198
McDonald's 35, 36, 139,
McKee, Robert 78
McKinsey 48, 94, 101, 130, 150, 154, 172
McNealy, Scott 25
Medien
–, expressive soziale 25
–, kollaborative 25, 27
–, soziale 27, 37, 48, 142, 148
Mega-Marketing 46
Mehrkanal
  -ansatz 108
  -stadium 117, 118
Merchandising 140
Merck 147, 187
Merkmale einer gelungenen Mission 72
Metcalfe, Robert 83
Methodik, unternehmenseigene 103
Micky Maus 138
Microblogging 26
Microsoft 27, 75
Mikrofinanzierung 153, 158, 190
Mikrokredit 124, 153, 156, 165, 167,
  -anbieter 158
  -institut 158
  -umfeld 163

Millenniumsentwicklungsziele (MDGs) der
  Vereinten Nationen 184, 185, 187, 190,
  191, 194
Miller, Herman 123, 175 f
Milstein 170
Misstrauen, vertikales 48
Mitarbeitersegmente 100
Mitarbeitersegmentierung 101
Mittelschicht 146, 149, 150
Mittelsmann 114
Mjøs, Ole Danbolt 153
Model T 21
Moore, Geoffrey 181
Morse, Dave 110
Moss Kanter, Rosabeth 97, 102
Motorola 143, 187
Mundpropaganda 48, 85, 181, 183
Mutter-Kind-Versorgung 164
MySpace 27, 76
myStonyfield 113

Nachhaltigkeit(s)
  -konzept 133
–, ökologische 16, 126, 128, 168, 183, 185
  -welle 126
Nationalismus 32, 35
Nemesis 106,
Net Promoter Score 85
Netzwerk, menschliches 114
Neugier, kooperative 92
New Coke 69, 70
New York Times 88
New-Wave-Technologie 24, 25, 42, 48,
Negroponte, Nicholas 159
Nichtregierungsorganisation 132
Nickelodeon 138
Niedrigpreisstrategie 188
Nielsen Global Survey 48
Nischenmarkt 125, 176–179, 189
Novartis 147
Nova netPC 159
Novo Nordisk 159
NRO 161, 164
Nullsummenspiel 116
Nutzen
–, monetärer 185
–, nichtmonetärer 185

Nutzungsverhalten 166
Nylon 169

Obama, Barack 17, 82
Office Depot 150, 151
Oil of Olaz Regenerist 29
Öko
  -effizienz 180, 181, 183
  -standard 180
  -vorteil 180, 183
One-on-One-Beziehung 52
One-To-Many-Transaktion 24
One-To-One-Beziehung 24
One-to-one-Marketing 148
Online-Start-up 77
Open-Source-Basis 27
Outdoor-Design 64

Pandemie 23, 82
Paradigmenwandel 120
Paradox
–, soziokulturelles 33
–, wirtschaftliches 33
Partner Advisory Council 106
PartnerDirect-Programm 106
Partnerschaft, kreative 117
Partnerschaftsmechanismus, fairer 112
Patagonia 123, 129, 175
Path of Service 57, 58, 64, 65, 174
Patrimonio Hoy 166
Peer-to-Peer-Basis 165
Peer-to-Peer-Vetrieb 115
Pepsi 70
Performance 65, 130
Personal Computer 45
PetSmart Charities 192
Philanthropie 60, 141, 143, 144
Philips 164, 185
Pine, Joseph 53, 77, 85
Pink, Daniel 37
Planung, strategische 116
Platz des himmlischen Friedens 31
Platzierung (Distribution) 44, 50, 114, 162
Point of Sale 192
Polarisierung 122, 126, 134, 184
Polymerchemie 169
Porras, Jerry I. 122

Register I **219**

Portfoliorisiko 156
Positionierung 24, 44, 46, 48, 50, 54–58,
  162–164, 180, 188
Positionierungsmodell 45
Positioning 54
Post-Wachstumsgesellschaft 107
Post-Wachstumsphase 107
Prahalad, C. K. 30, 38, 51, 56, 124, 167
Praktik, nachhaltige 123, 125, 127–130,
  133, 134
Preisstabilität 111
Primarschulbildung 185
Prioritätenliste 154
Private Equity 121
Privatisierung 32
Procter & Gamble 29, 89, 185, 191
Produkt
  -botschafter 165
  -design 103
  -entwicklung 24, 29, 30, 51, 69, 131
–, grünes 113, 168, 172, 177–179, 181,
  182
  -innovationsgeschäft 173
  -lebenszyklus 46
  -management 43, 44, 50
  -märkte, 4 Ebenen von 189
  -orientierung 21
  -segment 117
  -spezifizierung 24
  -verantwortung 125
Produktions
  -kosten 21
  -sektor 43, 125
  -zentrum 32
Produzent 116
Profitgenerator 152
Project 10^{100} 83
Project Shakti 160
Promotion (Kommunikation) 44, 50, 114,
  162, 178,
Propagator 168, 171–182
Protektionismus 35
Prototyp 151
Prozess, brennstoffeffizienter 172
Public-Private Partnerships 14
Public-Relations
  -Instrument 8

-Krise 129
-Strategie 143
-Werkzeug 85
Pyrethrum Board of Kenya 194

Quaker 142
Qualcomm 150
Qualitätsstandard 111
Quelle, nachhaltige 125

Rabobank 185
Rackham, Neil 111
Raju, Jagmohan S. 111
Ramaswamy, Venkat 30
Randel, Andreas 123
Rappaport, Alfred 120
Rauer, Johan 131
Raute 153, 155, 167
Recycling-Materialien 174
Region, einkommensschwache 166
Regulierungspotenzial, wachsendes 176,
  177
Reichheld, Frederick 85
Reifezustand 107
Reimann, Felix 131
Reinventing Education 147
Rentabilität 16, 62, 89, 121, 130, 131
Research
–, ethnografisches 151
Ressource(n) 40, 81, 102, 125, 126, 131,
  147, 149, 162, 163, 176, 177
  -knappheit 122–126, 134
Revolution, Industrielle 13, 23, 24
Rezession 47, 48, 81, 137, 141
Ries, Al 54
Riesen, sieben 81
Risiko-Nutzen-Gruppe (Big-Risk-Big-Re-
  ward-Segment) 101
Risiko-Nutzen-Segment 101
Roberts, Kevin 54
Roddick, Anita 72, 73, 75, 108, 112, 129
Roddick, Gordon 129
ROI-Marketing 46
Room & Board 112
Rotten Tomatoes 25
Ruff, Richard 111
Rughølm, Jorgen 123

S. C. Johnson & Son 2, 56, 57, 62, 63, 64
Saab-Gemeinde 85
Sachs, Jeffrey D. 155
Samuelson, Robert 32
Save-the-World
 -Mitarbeiter 101
 -Segment 102
Savitz, Andrew 194
Sayre, Kate 148
Schmetterlingseffekt 73
Schmitt, Bernd H. 54
Schneeballeffekt 181
Schnittstellen zum Verbraucher 104, 107,
 112, 113
Schoemaker, Paul J. H. 73
Schultz, Howard 54, 96, 133
Schulungskosten 131
Schwellen
 -land 38, 44, 95, 126, 132, 141, 157
 -länderunternehmer 153
 -markt 95, 107
Segment
 –, globales 189
 –, »glokales« 189
 –, lokales 189
Serv-a-palooza 174
Service
 -aufwand 131
 -Marketing 46
 -Sabbaticals 174
Shareholder Value 120, 122, 126–128,
 130, 194,
 –, langfristiger 122, 128
Sherbin, Laura 149
Shriver, Bobby 187
Silverstein, Michael J. 123, 148
Smile-Programm 84
Smith, N. Craig 114
Solarpaneel 126
Sondierung, systematische 81
Sozial
 -aktivismus 75, 79
 -marketing 46, 124
 -unternehmen (Sozial Business Enter-
 prise) (SBE) 126, 158, 161, 162, 164,
 167
Sozialmedien

–, kollaborative 25, 27,
 -Marketing 46
Spaltung, digitale 191, 192
Sparpackung 165
Speth, James Gustave 107
Sponsorship-Marketing 46
Stabilisierung 32
Standardhalter 178, 180–183
Starbucks 54, 96
Start-up 77, 121
Stearns, Bear 47
Steuerbelastung 141
Stiglitz, Joseph 32
Stonyfield Farm 113
STP (Segmentierung, Targeting, Positionie-
 rung) 44, 45, 50
Subway 147
Sumberg, Karen 149
Sun Microsystems 25
Sunday Times 96
SuperCorp 102
Superunternehmen 102
Support
 –, technischer 118
 -System 175
Swiffer Staubmagnet 29
Synergie 116, 122
 -effekt 55
Synthese 151
System zur Mitarbeitersegmentierung 101

Tapscott, Don 28
Team, multidisziplinäres 103, 151
Technologie, kooperative 90
Technologietransfer
 –, horizontaler 186
 –, vertikaler 186
Technorati 25
Teflon 169
The Body Shop 36, 72, 75, 79 f., 96, 108,
 110, 129, 133, 147, 188 f.
Tichy, Noel 78
Tide 84, 179
Tide Coldwater 179
Timberland 57 f., 60, 64 f., 168, 174 f.,
 182
Time 82

Register **221**

T-Mobile Cisco Systems 150
Toffler, Alvin 13
Toyota 81, 171, 187
Traumatherapie 164
Treasure Hunt 123
Trend
  -setter 178 f.
  -stream / Lightspeed Resaerch 48
  -watching 29
Tribalismus 33, 46, 52
Triebkräfte 24
Trout, Jack 54
Tweet 26
Tweet Squad 26
Twitter 25 f., 69, 76 f.
Tyco 87
Tyvek 169 f.

Überangebot 156,
Umsatzsteigerung 123, 133
Umwelt
  -bewusstsein 170, 174, 183
  -bilanz 169, 176 f.
  -schutzbestrebung 173
  -technik 128
  -wirkung 168, 175–177, 181
UNICEF 139
Unilever 96, 110, 124, 156, 159, 185 f.,
  190 f.
Unterhaltungsgeschäft 138
Unterkonsum 156
Unternehmen(s)
  -charakter 152
  -DNS 60, 78
  -image 134
–, kreatives 137
  -kultur 40, 60, 74, 90, 98, 104, 130
  -leistung, langfristige 120
  -lenker 71, 127
  -mission 61, 71, 78, 122
  -politik 99
  -strategie 128
  -vision 122, 129, 134
  -wert 88 f., 91, 96, 99–102, 111
–, wertegesteuertes 188
U. S. Climate Action Partnership (USCAP)
  169

US-Einlagensicherung FDIC 119
US-Finanzsektor 119

Vachani, Sushil 114
VALS-System 161, 179
Verbraucher
  -einfluss 116–,
–, einkommensschwacher 114, 161, 165,
  190
  -gemeinschaft 56, 59, 115, 131, 133,
  166
  -markt 124, 150
–, nachhaltigkeitsbewusster 128
  -netzwerk 84 f.
  -segment 177
  -verhalten 31, 33, 85, 188
  -vertrauenssystem 51
  -zielgruppe 124
Verfahren, gemeinschaftsbasierte 166
Vergemeinschaftung 50–52, 115
Verhalten
–, gemeinschaftliches 90, 92 f., 97, 103
  -kodex 88
Versorgung, integrierte 92
Vertrieb(s)
–, direkter 105 f.
–, indirekter 105 f.
– -kanal 113, 116–118, 132
  -kanalpartnerschaft, wertorientiert
  118
  -kanalpraktiken 107
  -konflikt 117
  -partner, kompatible 109
  -partnerorganisation 108
  -stelle 112
  -team 118
–, traditioneller 107
Vigilant Leader 73
Virgin 54, 74, 80, 187
Visa 142
Vodafone 185, 187
Volunteering for Impact 102
Wachovia 119
Wachstum(s)
–, aggressives 110, 119, 126
–, kurzfristiges 119
  -markt 106, 115, 132, 156

222 ▌ Die neue Dimension des Marketings

-migration 105
–, moderates 110
-phase 107, 137
-stadium 179, 181, 183
Wagniskapitalgeber 121
Waitrose 142
Walley, Noah 171
Wal-Mart 125, 140 f, 151, 168, 171–174, 177, 182, 188
Walt Disney Company 74, 138
Wandel, soziokultureller 137, 144–146
Warner Bros. 138
Washington Mutual 119
Wasseraufbereitungstechnologie 191
Water, Manila 166
Weber, Karl 194
Wegmans 91 f, 97, 140
Weitsicht, strategische 73
Welch, Jack 71
Welch, Suzy 71
Welt
-macht 154
-marke 35
-wirtschaftskrise 47, 119
Werbemedien 58, 112
Werbung 27, 30, 48, 53, 76, 83–85, 131, 165
Wert
-angebot 24
-bewusster 178–183
-botschafter 90
-kette 116
–, ökologischer 110
-schöpfung, langfristige 120
-schöpfungskette 31, 116
–, sozialer 110
–, sozialverantwortlicher 110
Werte
–, angestrebte 90
-system 94, 96, 184
–, zentrale 49, 90, 94 f, 101
–, zufällige 90
Wettbewerbsvorteil 122, 125 f, 129 –132, 134, 151, 175, 177, 180
Whitehead, Bradley 171

Whole Foods 92 f, 103, 123, 125, 140, 142, 147, 175, 177, 193
Widerspruch, makroökonomischer 32
Wiederverkäufer 106, 116, 118
Wikipedia 25, 28, 76, 79
Willard, Bob 129
Williams, Anthony D. 28
Windturbine 126 f
Win-Win-Situation 111
Win-Win-Verhandlung 112
Wipperfürth, Alex 29
Wirtschafts
-lenker 59, 73, 127
-wachstum, aggressives 126
Wissen, lokales 98
WorldCom 87
Wrigley 194

XO-Laptop 159

Yahoo! 105
Yee, Maria 112 f
Yelp 84
Young, David 121
Youthography 149
YouTube 25–27, 113
Yunus, Muhammad 124, 153, 158, 165

Zakarias, Fareed 154
Zaltman Metaphor Elicitation Technique (ZMET) 80
Zaltman, Gerald 80 f
Zaltman, Lindsay 80 f
Zeitalter, wertorientiertes 22
Zhang, Z. John 111
Zielgruppen 48, 102, 145 f, 148–151, 178, 180 f, 183
-bestimmung 161 f
-gruppenkategorie 150
-markt 22, 145, 149, 166, 179, 188
Zinszahlung 121
Zohar, Danah 38 f, 197
Zuckerberg, Mark 76 f
Zukav, Gary 40
Zwischenhandel 105

Cay von Fournier
Die 10 Gebote für ein gesundes Unternehmen
Wie Sie langfristigen Erfolg schaffen

2., erweiterte Auflage
2010. Ca. 250 Seiten, gebunden
ISBN 978-3-593-39329-2

E-Book:
ISBN 978-3-593-40934-4

Sei kreativ! Sei konsequent! Sei einfach!

Dies sind nur drei der zehn einfachen Grundregeln, die ein Unternehmen auf Erfolgskurs bringen und im Tagesgeschäft direkt umsetzbar sind. Diese Gebote schaffen langfristigen Erfolg, denn: Der »Unternehmensdoktor« Cay von Fournier hat die »Gesundheit« des Unternehmens im Blick und nicht nur den schnellen Gewinn. Praxisnah, mit vielen Beispielen und einem neuen Kapitel zeigt von Fournier, was Unternehmer tun können, um diese fundamentalen Grundlagen des langfristigen Erfolgs in ihrem Unternehmen zu verankern.

»Pragmatisch und doch tiefgründig« **Wirtschaft & Weiterbildung**

»Fournier setzt die Akzente richtig und unterscheidet angenehm klar, was für den Erfolg wichtig ist und was nicht.« **Financial Times Deutschland**

Mehr Informationen unter www.campus.de

campus
Frankfurt · New York